왜
나쁜 역사는
반복되는가

"역사는 되풀이된다. 처음 듣는 것이 없기 때문이다."

– 무명씨

왜

21세기의 야만, 난민, 냉전, 불평등

제니퍼 웰시 지음 | 이재황 옮김

나쁜 역사는
반복되는가

산처럼

| 일러두기 |

1. 이 책은 Jennifer Welsh의 *The Return of History: Conflict, Migration, and Geo-politics in the Twenty–First Century*(House of Anansi Press, 2016)를 번역한 것이다.
2. 외래어 인명과 지명은 국립국어원의 외래어 표기법에 따라 표기했다.
3. 본문에 설명이 필요한 부분에는 괄호 안에 옮긴이 주를 달았다.

왜
나쁜 역사는
반복되는가

차 례

제 1 장

역사는 비틀려서 되풀이된다

역사의 회귀

모든 세대가 자기네는 특별한 시대를 살고 있다고 생각한다. 우리 부모 세대에게는 제2차 세계대전의 트라우마와 기적 같은 전후 재건이 그 특별함이었다. 우리 손위 형제들에게는 1960년대 말 저항운동과 민권 및 성 평등의 쟁취가 그것이었다. 그리고 우리 세대에게는 냉전 종식이 있었다.

1989년 가을에는 세계 차원에서 엄청난 일이 일어나고 있었다. 동유럽의 격동은 고립된 사건들이 아니었고, 더 큰 과정의 일부로 보였다. 물론 그 궤적은 아직 확실치 않았다. 나는 옥스퍼드대학 대학원생이었는데, 11월 9일 텔레비전에서 동독인들이 베를린장벽을 무너뜨리는 것을 보고 학교 친구 몇 명과 함께 베를린행 비행기를 탔다. 한 제국의 멸망을 직접 보기 위해서였다.

이튿날 도착해보니, 베를린장벽 부근은 축제 분위기로 터질 듯했다. 루프트한자항공공사 승무원들은 쟁반에 담긴 카나페(크래커나 얇게 썬 빵 위에 과일, 야채, 고기, 달걀 등을 얹어, 한입에 먹는 서양 요리—옮긴이)를 사람들에게 나누어주고 있었고, 방금 바다를 건너온 미국 텔레비전 앵커맨들은 '현장 생중계' 보도를 위해 가설 스튜디오에 자리를 잡았다. 그 벅찬 날들을 가장 예리하게 관찰한 영국 언론인 겸 작가 티머시 가턴 애시는 11월의 이 기간을 "세계 역사상 최고의 거리 축제"라고 표현했다.[1] 정말 그랬다. 장벽이 무너진 뒤의 주말에 200만 명 가까이 되는 동독 사람들이 서베를린으로 건너왔다. 대부분은 서독

1989년 11월 16일 베를린장벽 위에 독일인들이 올라가 있다.

정부가 주는 100마르크의 환영 선물을 쓰기 위해서였다. 나는 낙서가
휘갈겨진 장벽의 파편 한 조각을 들고 집으로 돌아왔다. 역사의 한가
운데에 있었다는 희열도 따라왔다.

　공산 정권들은 너무나 갑작스럽게 붕괴되어서, 학자나 언론인들은
이를 따라가느라 허둥거렸다. 폴란드와 헝가리에서 시작되고 독일로
확산된 혁명은 체코슬로바키아 · 루마니아 · 불가리아에서 격변을 일
으켰다. 이 물결은 마침내 소련으로까지 넘쳐 들어갔다. 에스토니아 ·
라트비아 · 리투아니아 등 발트해 연안국과 아르메니아 · 조지아 같은
연방 구성 공화국들에서 억압된 민족주의가 독립을 요구하는 목소리

들을 분출시켰다. 악화일로였던 소련 경제는 이런 민족주의 정서를 부채질할 뿐이었고, 소련을 구성하는 공화국들이 잇달아 독자적인 경제 체계와 법체계를 만들었다.

요정은 병 밖에 나와버렸는데, 크렘린의 공산당 강경파들은 1991년 여름 미하일 고르바초프 대통령을 축출하는 쿠데타를 일으켜 변화에 맞서고자 했다. 이 기도는 군부의 도움을 받은 러시아 공화국 대통령 보리스 옐친에 의해 좌절됐고, 모스크바의 공산당 정권은 치명상을 입었다. 그나마 남아 있던 정권의 권위는 금세 날아가버렸다. 소련은 1991년 12월 26일 공식 해체되어, 세계에서 가장 크고 영향력 있었던 공산국가의 통치가 막을 내렸다.

이런 소란스러운 일들이 일어나고 있는 가운데 미국의 정치 평론가 프랜시스 후쿠야마는 「역사의 종말」이라는 유명한 논문을 썼다. 그의 핵심 주장은 1989년 동·서 양 진영 사이의 대결 종식이 냉전 종식 이상의 의미가 있다는 것이다. 그것은 또한 인류의 사회문화적·이데올로기적 진화의 종점과 "서방 자유민주주의의 보편화가 인간의 최종적인 정부 형태"[2]임을 보여주었다. 자유민주주의가 승리하고 그것이 확산되면 과거와 같은 강권 정치나 대규모 충돌은 사라지고 보다 평화로운 세계가 찾아올 것이라고 그는 예측했다.

10년 후, 냉전이 종식되고 자유민주주의 국가 수가 증가하면서 정말로 국가 간 전쟁과 민족 간 전쟁이 모두 뚜렷하게 줄었다. 망명자와 난민 역시 줄었다. 1990년대에 과거의 초강대국들은 독일 재통일에 협력하고 아프리카에서 대리전을 중단했다. 미국은 또한 유럽 주둔군을 축소하고 북대서양조약기구NATO로 하여금 과거 소련 진영에 속했던 나라들을 받아들이도록 하는 변화를 이끌었다. 중유럽·동유럽과 발트해 지역 나라들은 민주주의를 채택하고, 확대되고 있는 유럽연합EU의 세력권으로 들어왔다. 유럽연합은 자유무역 지대로 시작했지만, 1993년 마스트리흐트조약을 비준한 이후 단일 통화를 만들고 외교·사법·이민 등의 분야에서 정치적 협력을 강화했다.

국제연합UN 역시 냉전의 그늘에서 벗어나 세계 평화와 안전을 위해 역할을 늘려갔다. 단합된 안전보장이사회 덕분이었다. 변화의 조짐이 뚜렷해진 것은 1990년 8월 이라크의 쿠웨이트침공 이후였다. 미국과 소련의 대립으로 제기능을 발휘하지 못하는 시대를 마감하고 안전보장이사회는 함께 행동에 나서 이라크의 조건 없는 철수를 요구했다. 과거의 두 맞수는 이렇게 전례 없는 협력에 나서면서 제임스 베이커 전 미국 국무부 장관이 했던 다음과 같은 말을 실증했다.

냉전은 … 시작된 지 반세기 만에 숨을 거두었다.

1992년 1월 안전보장이사회는 첫 정상회담을 가졌다. 각국 대사와 국가수반들이 유엔헌장에 나와 있는 본래의 집단 안전보장 목표에 헌신할 것을 재확인하는 성명을 채택했다. 그들은 또한 부트로스 부트로스갈리 UN 사무총장에게, 냉전 이후에 UN이 갈등을 해결하고 평화를 유지하는 능력을 증대하는 방법에 관한 권고 사항의 목록을 마련하도록 했다.

부트로스갈리는 이후 나온 「평화를 위한 과제An Agenda for Peace」라는 보고서에, 수십 년 동안 이어져왔던 세계 초강대국들 사이의 긴장이 종식되면서 이 기구가 "새로운 힘의 원천"을 얻게 됐다고 적었다. 그것을 이용해 세계의 안전에 대한 새로운 위협에 맞서고 새로운 조직과 역량을 개발할 수 있다는 것이다.[3] 그 결과 1990년대 초에 유엔인권고등판무관사무소OHCHR가 창설되어 전 세계적으로 인권의 촉진과 보호에 나섰고, 유엔인도지원조정국OCHA은 UN의 인도적 · 자연적 재난에 대한 대응을 개선토록 했다.

개인적으로는 대체로 평화적이면서도 마법 같았던 1989년의 혁명들이 내뿜는 불꽃을 계속해서 즐기고 있었다. 40년 동안 일당독재가 지배하던 나라들에서 민주적 선거가 치러졌다. 중앙계획경제가 거의 하룻밤 사이에 자본주의적 시장경제로 바뀌고, 너무나 오랫동안 일반 사람들이 구할 수 없었던 값비싼 소비재들이 가게 진열대와 거리 모퉁이에 모습을 드러냈다. 어느 곳에서나, 미리 정해진 듯했던 것과는 다른 미래에 대한 희망에 부풀었다.

냉전이 종식됨으로써 수십 년 동안 지속돼온 긴박한 외교와 핵무기 증강, 비용이 많이 드는 대외 간섭을 넘어설 가능성이 생겼다. 그것은 또한 철의 장막 뒤에 살던 사람들에게 새로운 출발을 약속했다. 나는 1992년 여름을 체코의 수도 프라하에서 보냈다. 옛 소련 및 동유럽의 공산주의 진영에서 온 초롱초롱한 학생들에게 서방 자유주의의 개념을 가르쳤고, 새로 생겨난 바와 디스코텍에 들락거렸으며, 과거 반체제 인사이자 극작가였던 바츨라프 하벨이 이끄는 새로운 민주국가 건설 작업에 열광했다. 되돌아보니 그해 여름은 내 생애 최고의 여름이었다.

옛 유고슬라비아가 해체되고 무력 충돌과 잔혹한 인종청소 행위가 발생하는 것조차도 '새로운 세계 질서' 담론에 맞설 수 없을 듯했다. 나는 국제관계론을 가르치는 풋내기 교수로서, 떠오르고 있는 새 질서의 구조와 체계에 관해 분석하고 가르쳤다. UN의 평화 유지 역할이 확장되고, 유럽연합이 확대되고 심화되는 일 같은 것들이었다. 나는 또한 세계의 어느 지역이 다음번에 자유민주주의의 강력한 영향력에 빨려 들어갈지 궁금해하는 신자들의 합창단에 합류했다.

후쿠야마가 쓴 논문의 핵심은 역사의 **진보**에 관한 대담한 낙관론이었다. 그 주장은 대체로 그가 읽은 19세기 독일 철학자 게오르크 헤겔의 주장에 근거하고 있다. 헤겔은 충돌하는 관념들이 결국 정리되는 특징이 있고 기술의 변화로 촉진되는 일련의 시기들을 지나면서 역사가 진보한다고 보았다. 후쿠야마의 주장은 역사가 근대 국민국가의 지도 이념인 자유민주주의가 승리하면서 사실상 끝난다는 (또는 최고조에 이른다는) 것이었다. 적어도 많은 역사가가 기록한 투쟁의 역사는 그렇다는 것이다. 이 승리는 세 가지 핵심 요소를 수반한다. 자유롭게 선출된 정부, 개인의 권리 확대, 국가의 감독이 비교적 적은 자본주의적 경제체제의 창설 등이다. 후쿠야마가 주장하는 이상적인 모델은 이런 것이었다.

정치 영역의 자유민주주의가 경제 영역에서 비디오 카세트 녹화기

VCR와 스테레오를 쉽게 살 수 있는 체제와 결합한 것.**4**

일단 이런 상태가 이루어지면 다른 모든 갈등과 모순은 근대 자유민주주의 국가의 환경 안에서 해결될 수 있다.

자유민주주의의 우월성

자유민주주의의 승리는 결코 정해져 있는 결론이 아니었다. 사실 후쿠야마의 모델 정치체는 거대한 정치적 힘과 특정한 역사적 순간의 산물이었다. 물론 민주주의는 아주 오랜 정치적 원칙이다. 데모스 dēmos 즉 인민에 의한 지배라는 놀라우리만큼 간단한 생각에 바탕을 둔 것이다. 그 핵심 주장은 개인이 폭군의 변덕에 휘둘리는 무력한 신민이어서는 안 되고, 자기네를 통치할 원칙을 만드는 데 발언권을 가져야 한다는 것이다. 그러기 위해 그들은 정치 생활에 적극적으로 참여할 기회를 가져야 한다.

인류 역사를 통해 이 민주주의 원칙은 여러 가지 방식으로, 그리고 여러 가지 정치 제도를 통해 해석되어왔다. 그 제도 가운데 일부는 **직접**민주주의 방식으로 이루어진다. 모든 법률이 사회 성원 전체의 투표로 직접 만들어지는 것이다. 2천여 년 전 고대 그리스에서 작은 시민 집회를 통해 시행됐던 것과 같다. 다른 방식은 **간접**민주주의 형태다. 예컨대 우리의 선출된 의회 의원 시스템 같은 것이다. 의원들은 자기 선거구 사람들의 견해를 대변하고, 그들을 대신해서 법률을 만든다.

그러나 직접민주주의든 간접민주주의든, 데모스에 의한 지배가 언제나 최선이고 가장 성공적인 정치 방식이라고 생각되지는 않았다. 사실 역사 발전의 여러 시점에서 비판자들은 민주주의를 무가치한 것으로 치부했다. 그리스 철학자 플라톤은 민주주의를 중우정치衆愚政治라고 깎아내렸다. 여기서는 다수가 자기네 의지를 소수에게 강요할 수 있다. 아무리 차별적이고 억압적인 것이라도 말이다. 서기전 4세기 아테네인들이 마케도니아 왕들에게 짓밟혔을 때 민주주의는 찬양받기보다는 조롱당하는 정치체제였다. 정치적 의사 결정에 보다 광범위하게 참여를 허용하려는 사례들이 있기는 했지만(13세기 이후 영국에서 '의회'를 만들고 확대해 나간 것이 가장 대표적이다), 수천 년 동안 정치권력은 대체로 책임지지 않는 지배자들의 손에 집중되어 있었다.

근대 국민국가가 출현한 16세기 및 17세기 유럽에서 가장 설득력 있는 정치적 주장은 '민중의 힘'을 표방하는 것이 아니라, 오로지 신에게만 책임지는 군주의 절대권을 인정하는 것이었다. 종교개혁 이후에는 오로지 **절대**주권만이 유럽을 덮친 혼란과 폭력에 맞서 주민들의 물리적 안전을 보장할 수 있다고 믿었다.[5] 이와 대조적으로 민주주의는 무질서하고 위험한 것으로 보았다. 미국 헌법의 핵심 설계자인 제임스 매디슨은 이 용어를 고의적으로 회피하며 민주주의를 "혼란과 다툼의 현장"이며 "단명한 것만큼이나 그 종말이 폭력적"[6]이라고 폄하했다.

프랑스혁명 시기였던 1792년 8월 10일 루이 16세가 강제 유폐되어 있던 튈르리궁전을 무장한 시민들이 카루젤 광장에서 습격하는 장면. 그림은 프랑스 화가 장 뒤플레시 베르토의 「스위스 근위대의 학살」로 당시 튈르리궁전의 국왕 일가는 스위스 용병대가 경호하고 있었다.

 민주주의가 매력적이고 살아남을 수 있는 정치조직의 원리라는 것을 다시 주장하기까지는 대략 200년이 걸렸다. 그것이 재등장하는 데에는 두 번의 결정적 순간이 있었다. 미국독립전쟁(1775~83) 및 새로운 공화국 건설과 프랑스혁명(1789~99)이다. 프랑스혁명 동안에는 혁명가들이 국왕 루이 16세의 절대 권력을 제한하기 위해서, 그리고 왕정을 떠받쳐온 귀족들의 특권 체계 전체를 끝내기 위해서 싸웠다.

 영국의 정치철학자 존 던에 따르면, '민주주의'를 의미하는 'democracy'라는 단어는 이 혁명기에 통치체제를 나타내는 명사에서 확장되어 특정한 유형의 사람을 가리키는 명사 'democrat'(민주주의자)와 거기에 충실함을 나타내는 형용사 'democratic'(민주적인), 그리고 대중의 자치를 채택하는 변화 과정을 묘사하는 동사 'democratize'(민주화하다) 등으로 뻗어나갔다.[7]

그것은 결코 순탄하기만 한 과정은 아니었다. 프랑스혁명의 주역들은 그들이 무엇을 부수려고 하는지에 대해서는 합의를 봤지만, 정확하게 어떤 종류의 사회를 건설할 것인지에 대해서는 이견을 보였다.

18세기 프랑스 철학자 장자크 루소의 생각을 받아들인 일부 사람들은 진정한 민주주의는 통치자가 인민의 의지(통상 다수의 의지로 이해됐다)를 직접 입법할 때에만, 그리고 원칙이 모든 사람에게 똑같이 적용될 때만 실현될 수 있다고 생각했다. 루소는 합의와 평등이라는 두 가지 민주주의적 개념을 이용해 신이 주었다는 국왕의 권리가 왕의 입법권과 권위를 정당화한다는 주장에 도전했다. 이와 반대로 오직 사람들 사이의 자유롭고 평등하며 호혜적인 합의만이 정치적 공동체에서 합법적인 권위의 바탕이 되고 법의 근거를 제공할 수 있다는 것이다.[8] 따라서 입법권은 통치자가 아니라 인민에게 있고, 이것이 이후 **국민**주권popular sovereignty으로 알려지게 된다. 게다가 국가는 더 이상 자연 질서나 신이 만든 질서라기보다는 인간이 만든 것, 시민들의 집단이익을 확대하기 위해 조직한 것으로 보게 됐다.[9]

이런 접근법의 잠재적 위험은 프랑스에서 막시밀리앙 드 로베스피에르가 혁명 지도자가 돼서 시민 수천 명을 여론재판에 넘겨 사형 선고를 내리면서 참혹한 전모가 드러났다. 공포정치로 알려지게 되는 기간에 일어난 일이다.

프랑스혁명 이후에 민주주의의 옹호자들은 두 가지 큰 문제와 씨름했다. 첫째는 인민의 의지가 무엇인지를 누가 결정하느냐 하는 문제였고, 두 번째는 다수의 의지가 노예제도나 대량 학살 같은 도덕적으로 받아들일 수 없는 행위를 강제하면 어떻게 되느냐 하는 문제였다.

미국 건국의 아버지들을 따르는 두 번째 혁명가 그룹은 대중의 의지 표명이 그 자체로 좋은 통치를 보장하지는 않는다는 점을 받아들였다. 다른 두 가지 요소가 필수적이었다. 첫째로, 그들은 근대 자유주의의 아버지로 널리 인식되고 있는 영국 철학자 존 로크의 사상에 의지해 국민주권이 여러 가지 기본권으로 보완돼야 한다고 주장했다. 이 기본권이 다수의 독단적인 의지로부터 소수를 보호하는 것이다. 둘째로, 그들은 통치권의 세 주요 부문인 입법 · 행정 · 사법 사이의 권력 분산을 주장했다. 그 가운데 어느 한 부문의 권력 남용을 막기 위해서다. 이런 견제와 균형의 체계 안에서 독립적인 사법부는 다수의 횡포를 막는 통치 구조의 결정적인 부분으로 인식됐다.

핵심적인 시민적 · 정치적 권리로 간직된 개인에 대한 존중과 법의 지배에 대한 존중은 자유민주주의의 핵심적인 토대가 됐다. 이런 이유로 세계 각지의 자유민주주의 국가들은 대부분 지금 헌법을 가지고 있다. 그것이 통치 각 부문 사이의 관계를 분명하게 설명하고 모든 시민의 기본권을 정리한 기본 문서 구실을 한다.

기본권 사상은 이들 권리가 보편적인 것이라는 주장으로 귀결된다. 모든 인간에게 공통적인 어떤 것이라는 얘기다. 그 결과 18세기 말의 혁명들은 전반적인 '인간성'을 규정하고 보살피는 과정을 시작하도록 만들었다. 이 의식과 관심의 확대에서 중요한 순간은 영국의 노예무역 철폐였다. 그것은 1780년대에 시작되어 1807년 의회 입법으로 마무리됐다. 노예제 폐지 운동은 근대 인도주의 운동의 시작을 알리는 것이었다. 지역적인 자선 운동을 넘어서, 우리 공통의 인간성을 인식하고 멀리 떨어진 나라의 사람들이 겪는 고통을 덜어주는 일이었다.[10] 이에 따라 18세기 말의 자유와 평등 촉진은 영국 역사가 조너선 이즈리얼이 표현한 대로 '정신의 혁명'을 불러왔다. 그것은 사람들로 하여금 사회조직에 대한 사고방식을 근본적으로 바꾸도록 만들었다. 위계질서 모델에서 보다 평등하고 포용적인 패러다임으로 변한 것이다.[11]

그럼에도 불구하고 이 시기에 나타난 민주주의는 특수한 종류였다. 직접민주주의가 아니라 대의제代議制 민주주의였다. '민주주의'라는 말은 고대 그리스에서 시민 총회와 배심원단이 통치했듯이 국민이 **말그대로** 통치하는 정부 형태를 의미하지는 않았고, 선거를 통해 정치적 대표를 선출한 뒤 통치 권한을 맡기는 형태였다. 제임스 매디슨은 이 정치 계급이 대중의 편견을 걸러내고 그들의 지혜와 경험을 통해 더 넓은 대중의 이익을 식별함으로써 "대중의 관점을 다듬고 확대"한다고 주장했다.

더욱이 '정신의 혁명'은, 이를 특히 정치 영역에서 평등에 대한 구체적인 표현으로 바꾸는 데는 150년이 걸렸다. 민주주의의 첫 형태였던 아테네 도시국가의 민주주의는 위계적이었다. 시민의 10퍼센트에 해당하는 대략 3만 명의 성인 남성은 정치적 권리를 가졌지만, 노예·외국인·여성은 투표권이 없었다. 가장 이른 이 자유민주주의는 시민 대다수를 정치 참여에서 배제했다.

이상적인 비전은 견제와 균형으로 제한을 받는 인민에 의한 통치였지만, 정치에서는 줄곧 인민을 좁게 정의하는 것이 일반적이었다. 데모스에서 배제된 주요 집단은 세 부류다.

첫 번째 부류는 재산이 없는 사람들이었다. 작지만 강력한 소수였던 부유한 민주주의자들은 자주 가난에 빠지는 다수에게 투표권을 줄 경우 초래할 결과를 두려워했다. 그들의 관심은 자기네의 관심과 근본적으로 다를 수 있었다. 예컨대 영국에서도 20세기 초까지 시민의 상당수가 투표권을 얻지 못했다.

성별은 정치적 권리가 제한되는 두 번째 근거였다. 19세기 중반 이후 여성 참정권 운동가들이 거센 정치적 활동을 펼쳤지만, 영국과 캐나다에서 여성이 투표권을 얻은 것은 제1차 세계대전이 끝날 무렵인 1918년이 돼서였다. 미국에서는 일부 주에서 독자적으로 투표권을 여성에게까지 확장하는 조치를 취하기는 했지만, 전국 규모로 성별에 따른 제한을 없앤 것은 미국 헌법 제19차 수정이 통과된 1920년이 되고 나서다. 다른 많은 서방 국가에서는 제2차 세계대전이 끝난 뒤 투표권이 여성에게까지 확장됐다.

세 번째이자 마지막 배제의 근원은 인종이었다. 노예무역 반대 운동 같은 이전의 인도주의적 표현들이 보편적인 인간의 존엄성이라는 이상에 바탕을 둔 것이라고는 하지만, 실제로 그런 것들은 그저 '다른 사람'에 대한 동정이나 유발했지 진정한 평등은 아니었다. 18세기에 노예제 폐지 운동이 펼쳐졌지만, 그 대상이 됐던 노예들은 여전히 시

1965년 투표권법에 조인한 뒤 린던 존슨 대통령과 아프리카계 미국인의 민권운동을 이끈 마틴 루터 킹이 만났다.

민적·정치적 권리를 부여받은 '인격체'와는 거리가 멀었다. 미국의 문학사가 린 페스타에 따르면 그들은 "고통을 당하는 것 외에는"[12] 아무런 실질적인 권리가 없었다.

이에 따라 인종을 근거로 정치 참여가 배제되는 일은 100년 이상 더 이어졌고, 나중에 미국에서 전후 민권 운동의 초점이 됐다. 아프리카계 미국인이 미국 정치에 참여하는 일을 이론적으로 허용하는 규정이 있기는 했지만, 관료주의적 장벽이 높아 극소수만이 실제로 투표에 참여할 수 있었다. 아프리카계 미국인이 완전히 데모스에 포함된 것은 1965년 투표권법이 통과된 이후였다.

민주주의를 굳히는 데는 이렇게 여러 차례의 정신 혁명이 필요했다. 그것이 전 세계로 확산되는 일 역시 고르지 않았고 실패투성이였다. 12세기 초에 세계에는 대략 10개 정도의 민주국가가 있었다(물론 민주주의를 어떻게 정의하느냐에 따라 다를 수 있다[13]). 이 숫자는 제1차 세계대전 직후에 두 배 이상으로 늘었다. 우드로 윌슨 미국 대통령은 이 전쟁이 "민주주의가 안주할 수 있는 세계를 만들기 위한" 전쟁이라는 유명한 말을 했다.

그러나 불과 몇 년 사이에 역전의 시기가 닥쳤다. 대공황으로 초래된 경제 위기와 정치적 혼란의 결과였다. 발트해 연안 국가들과 폴란드 등 신생 민주국가들이 흐트러지기 시작했고, 에스파냐 · 이탈리아 · 독일 등 유럽 중심부에서 갓 태어난 민주국가들은 엄청난 실패를 겪었다. 이 지역에서는 질서와 번영을 내건 파쇼 정권이 들어섰다. 한편 라틴아메리카에서는 군부 쿠데타가 브라질 · 우루과이 · 아르헨티나의 민주 정권을 전복시켰다.

민주주의의 발전이 역전된 사례는 이뿐만이 아니었다. 두 세계대전 사이에 민주주의의 이상도 파시즘과 공산주의 등 경쟁하는 이념들로부터 도전을 받았다. 미국의 정치 분석가 로버트 케이건이 말했듯이, 민주주의가 "필연이라는 통념이 사라졌다."[14] 1930년대에는 고립주의로 후퇴하고 있던 미국의 체제나 프랑스 · 영국의 삐걱거리는 민주주의보다 무솔리니의 이탈리아, 히틀러의 독일, 스탈린의 소련에서 채택한 정치체제가 더 강력하고 성공적인 것처럼 보였다. 케이건은 이렇게 썼다.

사람들은 승자를 따른다. 그리고 두 세계대전 사이에 민주주의-자본주의 국가들은 약하고 뒤로 물러나는 것처럼 보였다.[15]

그 결과, 1941년이 되면 세계에는 민주국가가 겨우 아홉 개가 남았다. 그래서 윈스턴 처칠은 영국이 나치 독일에 무릎을 꿇으면 "새로운 암흑시대"가 올 것이라고 예측했다.

1945년 이후 민주주의의 두 번째 큰 물결을 일으킨 것은 파시즘의 결정적인 군사적 패배와 일본·한국·독일 같은 나라들을 연합국이 점령한 것이었다.[16] 민주주의의 유력한 대안 하나가 완전히 신뢰를 잃었다. 여러 서방 국가에서 높은 수준의 경제성장을 이루고 중산층이 급증하며 복지국가가 확대된 데 힘입어 거둔 승리였다. 사실 시장경제의 흥성은 민주주의의 강화에 직접 기여했다. 높은 교육 수준, 개인의 자유로운 이주, 법에 의한 통치, 정보 이용의 편의 등 경제성장을 가능케 한 현상들 또한 광범위하고 동등한 정치 참여를 뒷받침했다. 그와 더불어 1960년대가 되면 식민지의 독립 과정과 개발도상 세계의 새로운 국가 건설(그것이 경우에 따라 새로운 민주주의 정권으로 이어졌다)에 힘입어 세계의 민주국가 수가 네 배나 늘었다.

그러나 민주주의가 그 경쟁체제들보다 인간의 열망에 더 잘 부응한다고 주장할 수 있게 된 것은 1980년대에 들어서 비로소 가능했다.[17] 돌이켜 생각해보면 민주주의의 세 번째 큰 물결은 1970년대 중반에 일어나기 시작했다. 그리스·에스파냐·포르투갈 등 유럽 남부의 나머지 권위주의 국가들과 라틴아메리카의 여러 나라가 민주화되면서다.

그러나 서유럽과 북아메리카에 있는 세계 유수의 민주국가들은 여전히 냉전의 심연에 빠져, 소련·중국이 이끄는 공산주의 모델과 계속해서 경쟁하고 있었다. 게다가 그들의 경제는 높은 수준의 실업 및 인플레이션에, 낮은 수준의 경제성장이 결합된 '스태그플레이션'이라는 이중의 저주로 고통을 겪고 있었다. 이 단계에서는 자유민주주의에 대한 존립 가능한 대안이 바닥 났는지가 아직 분명치 않았고, 많은 이론가가 민주화가 한계에 이른 것은 아닌지를 공공연하게 이야기했다.[18]

경제체제로서의 마르크스레닌주의가 파산하고 공산주의의 영향력이 무너지는 데는 그로부터 또 10년이 필요했다. 1989년부터 1991년 사이에 중유럽·동유럽에서 일어난 민주주의 혁명은 민주주의의 "세 번째 물결을 쓰나미로 바꿔놓았다."[19] 전 세계 인구의 절반 이상이 민주 정부의 통치 아래서 살고 있고, 민주국가의 수는 100개 이상 늘었다. 경쟁하는 체제들의 "허세"는 "결국 역사에 의해 실체가 드러났다"[20]고 후쿠야마는 주장했다. **자유**민주주의는 (그리고 그것과 대중정치, 인권 보호, 법에 의한 통치, 시장경제의 결합은) 지구촌의 정치적·경제적 패권 경쟁의 분명한 승자였다. 이 승리는 또한 많은 서방의 정치 계급을 자극해 자유민주주의의 정치·경제 모델을 세계의 다른 지역에 알리도록 하고, 이에 따라 후쿠야마가 말했듯이 "보편적 동질同質 국가"의 확산을 촉진토록 했다.

진보냐 반복이냐

후쿠야마가 대담한 예측을 한 지 사반세기가 지난 지금 우리는 어디에 있는가? 서방 국가들 안에서는 그가 말한 것이 대부분 아직도 진실인 것처럼 들린다. 어떤 사람들은 자유민주주의 사회에서 모든 정치는 애매한 중간으로 몰린다고 주장했다. 자유주의적 경제 정책과 기본적인 복지국가의 안전망, 그리고 헌법으로 보장된 권리와 자유의 굳건한 토대가 바람직하다는 대체적인 합의가 있는 곳이다. 독일계 미국 정치철학자 허버트 마르쿠제가 『일차원적 인간』(1964)에서 말했듯이, 자유주의는 정치 무대에서 복원력이 크다는 것이 입증됐다. 수십 년 동안에 걸쳐 그것은 비판자들을 포섭하는 세련된 능력을 개발했다. 그들에게 정치적 표현을 할 수 있도록 하고, 중요치 않은 부분에서 스스로를 개혁하는 등의 일을 통해서다. 그렇게 함으로써 보다 급진적인 도전을 막았다.

많은 사람이 자유민주주의를 내부에서 근본적으로 비판하는 것은 거의 불가능해졌고, 좌우 양극단의 입장은 한물간 듯하다고 주장할 것이다. 버락 오바마 미국 대통령이 2009년 1월 링컨기념관에서 했던 취임 전 연설에서 "이데올로기로부터의 … 독립선언"을 요구한 것은 유명한 일이다. 한편 전 영국 총리 데이비드 캐머런은 한때 자신이 "이즘ism에 매달리지 않는다"라고 자랑했다. 정당들의 정책 차이는 더 파악하기 어려워졌고, 정치는 점점 "테크노크라트 놀이"[21]가 되어가고 있다.

지구촌 규모에서 '역사의 종말' 명제는 얼핏 보기에 더욱 확실한 것처럼 보인다. 민주주의는 아직 압도적으로 가장 일반적인 정부 형태이며, 다른 형태의 정권 아래서 살고 있는 사람들에게 민주주의에 대한 호소력은 여전히 광범위하다. 민주주의와 인권에 대한 옹호는 여전히 유럽과 북아메리카의 여러 나라뿐만 아니라 라틴아메리카와 아시아·아프리카 일부 나라들의 외교정책 과제의 바탕을 이루고 있다(적어도 서류상으로는 그렇다).

그러나 멀리서 보면 그림은 다르게 보인다. 사실 역사는 되풀이되고 있는 듯하다.

중동에서는 내전과 국가 간 전쟁이 불을 뿜고 있다. 민간인들에게 무차별적이고 야만적인 공격을 가하고 종교적·민족적 소수자들을 몰살하며 주민들을 굶주림에 시달리게 하는 것은 교전국의 전략 리스트에서 빠지지 않는 부분이다. 조지 W. 부시(아버지, 1946~) 대통령과 그 참모들이 2003년 미국의 이라크 침공을 통해 '시동을 걸고자' 했던 대로 이 지역에서 자유민주주의를 육성하기는커녕, 미국의 정책 담당자들은 이라크와 시리아 양국에서 모두 심각한 통치 실패에 직면하고 있다.

일부에서는 현재 이 지역에서 일어나고 있는 갈등이 1916년 사이크스-피코협정(영국의 마크 사이크스와 프랑스의 프랑수아 조르주피코가 아랍 지역을 남북으로 분할해 각기 영국과 프랑스의 세력권으로 두도록 한 비밀 협정—옮긴이)의 결과라고 생각한다. 멸망해가고 있던 오스만제국의 중동 지역에 있던 주들은 이 협정을 통해 영국과 프랑스가 통제하

사이크스-피코협정의 지도. 이 지도는 1916년 5월 9일 파울 캠번이 에드워드 그레이 경에게 보낸 편지 안에 있었다.

는 지역들로 나뉘었고, 나중에 독립 국가들로 발전했다.[22]

한편 러시아에서는 "자유롭고 공정한 선거"를 통해 권위주의적 정권이 들어서, 국경을 맞대고 있는 이웃들과 그 너머의 이웃들을 위협하며 뻔뻔스럽게 1990년대 초 소련이 붕괴하면서 상실한 영토를 회복하고 있다. 그들은 또한 핵무기에 다시 투자하겠다는 의사를 표명했다. 구체적으로 서유럽과 북아메리카까지 도달할 수 있는 미사일

시스템에 초점을 맞췄다. 러시아와 서방 국가들 사이의 이견은 다시 한 번 UN 안전보장이사회가 제대로 작동하지 못하게 만들었고, 공통의 기반을 찾는 건설적인 외교보다는 서로 비난하는 사태를 낳았다.

실제로 1990년대 초 UN이 재탄생하면서 생겨났던 낙관론은 점점 커지고 있는 불만과 절망에 밀려났다. 회원국들이 갈등과 불안정과 이주의 상황에 대해 집단적이고 과단성 있는 대응책을 내놓지 못했기 때문이다. 전 세계적으로 난민 수는 제2차 세계대전 말 극심한 대량 탈출 시대의 수치를 넘어서고 있다(2015년에 6530만 명이었다).[23] 집단행동을 취하지 못해 생긴 결과는 시리아에서 가장 비극적이다. 5년 연속으로 시리아인이 25만 명 이상 죽었고, 600만 명 이상이 나라 안에서 살던 곳을 떠났으며, 500만 명 가까이가 난민이 돼서 탈출했고, 무력 충돌은 계속되고 있다.

민주주의의 전반적인 건강성을 살펴보면 생명의 징후는 마찬가지로 불안하다. 얼마 전까지만 해도 민주주의로의 이행을 이루었다 해서 찬사를 받았던 국민국가들(예컨대 타이나 터키 같은 나라들이다)은 이제 권위주의로 퇴보하는 증상을 드러내고 있다. 심지어 유럽과 북아메리카의 자유민주주의 국가들조차도 상당한 수준의 실업과 저성장, 부의 불평등 심화, 그리고 이민이나 난민들에 대한 편협한 관점의 증가로 혼란을 겪고 있다.

2016년 1월 덴마크 정부는 유럽이 얼마나 깊게 추락했는지를 보여주었다. 난민이 도착하면 경찰관이 그들을 수색해 값나가는 재산을 압수하고 그것으로 그들의 숙박비를 지불할 수 있도록 하는 법안을

2015년 헝가리와 세르비아 사이의 철조망으로 된 국경 .   © Schmidt Andrea

통과시킨 것이다. 그러나 무엇보다도 상징적인 조치는 헝가리의 포퓰
리즘 정당 지도자 오르반 빅토르가 취한 조치였을 것이다. 그는 사반
세기 전 헝가리가 공산주의로부터 평화롭게 벗어나는 과정에서 핵심
적인 역할을 한 인물이었다. 2015년 가을, 오르반은 1억 유로를 들여
세르비아와의 국경선에 철조망 담을 쳤다. 이주자들이 밀려들어오는
것을 막기 위해서였다. 가턴 애시는 비탄에 잠겨 이렇게 적었다.

　　유럽은 담을 허문 대륙으로 알려져왔는데, 이제 담이 다시 올라가
　　고 있는 대륙이 됐다.[24]

물론 누군가는, 긴 역사적 경향을 보면서 후쿠야마가 그랬듯이 단기적인 현상이나 노면의 돌부리에만 집착하면 안 된다고 주장할 것이다. 오래가는 정치체제임을 입증하는 것은 그것이 장기적으로 유지되는지의 여부에 있지 특정한 시기 몇 년 동안에 어떤 모습을 보이느냐에 있는 것이 아니다.[25]

어수선한 2008년 금융 위기의 악영향에도 불구하고 지난 40년 동안 전체 경제 생산은 증가했다. 모든 대륙에서 마찬가지다. 이런 성장은 대체로 무역과 투자의 자유화, 그리고 시장경제 세력이 과거 공산주의 국가들에 진출한 덕분이었다. 비슷한 내용은 정치 분야에서도 이야기될 수 있다. 1970년대 중반에서 2010년 사이에 선거제 민주국가의 수는 거의 네 배 가까이 확대됐다. 1989년 동유럽의 혁명들만으로는 이런 증가를 다 설명할 수 없다. 그것은 또한 라틴아메리카에서 시작되고 이어 사하라사막 이남 아프리카와 아시아로 확산된 더 큰 추세의 결과이기도 했다.

이 관망대에서 바라볼 때 중동에서 벌어지고 있는 일들은 '역사의 종말' 명제에 대한 반박이 아니라 그런 길로 가고 있는 도중이라는 증거다. 자유민주주의의 여정 가운데 이 단계에서의 갈등은 이라크처럼 아직 "역사 단계"(즉 자유민주주의적이지 않은 상태)에 있어 변화 과정에 있는 나라들 내부에서나, 역사 단계의 나라들과 "역사 단계를 지난" 나라들 사이에서 일어난다. 이 주장은 이어, 이런 갈등이 우리를 성가시게 하기는 하지만 그것 때문에 궁극적인 종점을 의심할 수는 없다고 말한다.

그러나 내가 하고자 하는 말은 우리가 이 낙관적인 추론, 또는 그것을 강조하고 있는 선형線型 사고linear thinking(인과관계를 기계적이고 직선적으로 파악하는 사고방식으로, '방사형 사고radiant thinking'와 대비된다—옮긴이)에 의존할 수 없다는 것이다. 우리가 냉전 이후 사반세기 동안 경험하고 있는 부정적인 정치적·경제적 경향은 탈역사 세계를 향해가는 과정의 '과도기'라기보다는 역사의 되풀이라는 느낌을 주고 있다.

국내외 민주주의의 위기

지난 10년 동안은 민주국가가 양적으로만이 아니라 질적으로도 줄곧 내리막길을 걸었다. 선거의 공정성, 표현의 자유, 출판의 자유 같은 척도를 가지고 생각해봤을 때 말이다.[26] 더욱 문제가 되는 것은 정치적 자유 옹호 기구인 프리덤하우스가 주장하고 있는 내용이다. 즉 민주주의가 세계의 지배적인 정부 형태임을 인정하는 것이 지금, 지난 사반세기의 그 어느 때보다도 어려워졌다고 한다. 권위주의적 정권들은 민주주의적 가치들을 드러내 놓고 무시하고 있으며, 확실한 민주국가들은 신뢰감과 능력 부족을 드러내고 있다. 미국 정치학자 래리 다이아몬드는 더 나아가, 이런 경향들을 "민주주의의 후퇴"의 증거라고까지 말한다. 전 세계 민주국가의 수는 10년 전부터 줄기 시작해 이제 살아날 줄을 모른다. 노골적인 쿠데타가 일어나거나 민주주의적 가치와 제도가 쇠퇴한 탓이다. 억압적 정권들이 부패하고 권력을 남용하는 증거가 있을 뿐만 아니라, 반대파들과 시민사회가 들어설 자리를 없애기 위해 과학기술의 발전에 힘입은 새로운 검열 기법과 새로운 합법적 전략을 시도하고 있기도 하다.[27]

5년 전 '아랍의 봄' 동안에 우리는 이집트 카이로의 타흐리르광장에서 열린, 이 나라의 억압적인 정권에 저항하는 대규모 집회의 엄청난 광경에 숨을 죽였었다. 오늘날 우리는 출판의 자유가 제한되고 정치적 반대파 인사들이 투옥되거나 처형되는 이집트를 보고 있다. 현재는 '아랍의 봄'이 시작된 튀니지만 민주주의를 지키는 데 성공했다. 그러나 그 발걸음은 여전히 위태위태하고, 끊임없는 공격에 노출되어 있다. 언론 보도에 따르면 이 나라는 인구 대비로 이른바 '이슬람국가 IS' 신병을 가장 많이 배출한 나라다.[28]

이와 비슷하게, 10년 전에 아프리카 국가들은 다당제 선거와 행정부의 역할을 축소하는 헌법으로 이행한다고 찬사를 받았다. 오늘날 그 같은 나라들(부룬디와 콩고민주공화국 같은 나라들이다)의 여러 지도자는 대통령의 임기 제한에 관한 헌법 조항을 없앨 것을 요구하고, 자기네의 집권 연장에 반대하는 유력자들을 억압하고 있다.

이런 모든 사태의 전개는, 자유롭고 공정한 선거라는 최소한의 요건으로 규정한 민주 정부가 여전히 세계 정치 지형을 지배하고 있지만 인권 존중과 법에 의한 통치라는 **자유**민주주의를 구성하고 있는 다른 두 가지 중요한 요소는 상당히 부족한 상태임을 보여주고 있다. 20년 전, 작가이자 CNN의 방송 진행자인 파리드 자카리아는 '비자유주의적 민주주의illiberal democracy'의 출현을 경고했다. 대중적 합법성을 약속하고는 있지만 권력 집중이나 행정권 남용, 개인의 권리(특히 언론의 자유와 결사의 자유) 침해에 대한 활발한 견제가 없는 통치 형태다.[29] 정부가 어떻게 선출되느냐, 즉 투표함을 통해서냐 아니냐에만 초점을 맞춤으로써 그 정부가 어떤 목표와 정책을 추구하느냐 하는 보다 근본적인 문제를 경시한다고 그는 주장한다. 그는 이렇게 썼다.

민주주의가 자유와 법을 보호하지 못한다면 그것이 민주주의라는 이야기는 작은 위안에 지나지 않는다.[30]

오늘날 비자유주의적 민주주의 국가들은 자기네 나라 국민들의 권리를 짓밟고 있을 뿐만 아니라, 종종 다른 나라 국민들의 안전과 행복을 위협하는 행위를 저지르거나 지원하고 있다.

그러나 문제는 더욱 심각해서, 자유민주주의 역시 예외가 되지 못한다. 많은 선진 자유민주주의 국가에서 정치 제도에 대한 신뢰 수준은 사상 최저이고, 포퓰리즘 정당들이 전례 없는 수준의 영향력을 발휘하며 선거에서 승리하고 있다. 이런 정당들이 국가 정치의 주변부에서 한가운데로 진출하고, 이에 따라 공개적인 논쟁을 주도하며 민족주의적이고 외국인을 혐오하는 표현을 당연한 것으로 만들고 있다. 그것이 프랑스 마린 르펜의 국민전선FN이든, 네덜란드 헤르트 빌더스의 자유당PVV이든, 영국 나이절 패라지의 영국독립당UKIP이든, 포퓰리즘 정당들의 이민과 세계화에 반대하는 주문呪文은 서방 정부들과 그들이 만든 국제기구들의 정당성에 강력한 도전이 되고 있다.

가장 최근에 포퓰리즘의 대두를 보여준 사례는 영국이 유럽연합 회원국으로 남을 것인지의 여부를 국민투표에 부쳤다가 '탈퇴' 진영이 승리를 거둔 일이다. 그들은 일차적으로 영국 노동자 계층 유권자들의 지지를 얻어내는 데 성공했다. 노동자 계층은 주류 정당들과 상층 관료들이 자기네의 이익을 무시하고 있다고 생각한다. 우익 포퓰리즘은 2016년 미국 대통령 선거전의 양상도 바꾸었다. 도널드 트럼프가 일약 공화당 후보로 올라선 것이다(트럼프는 2016년 11월 미국 대통령에 당선됐다—옮긴이).

포퓰리즘 정치인들은 민주주의와 관련된 두 가지 핵심 관념을 붙잡는 데 성공했다. 첫 번째는 국민주권설이라는 관념이다. 진정한 민주주의에서는 통제권을 가진 것이 국민이라고 그들은 합창을 한다. 그러나 관료화와 세계화 과정을 통해 국민은 자기네의 통치권을 빼앗겼고, 의사 결정은 이른바 전문가들과 별 관계도 없는 국제기구 지도자들에게 넘어갔다고 그들은 주장한다. 오늘날 거의 모든 포퓰리즘 정치인은 공개 발언에 '통제권을 되찾자'라는 상투구를 넣고 있다. 유럽연합에 관한 영국의 국민투표 다음 날, 나이절 패러지는 그 결과가 "진짜 국민, 보통 국민, 훌륭한 국민"을 위한 승리라고 선언했다.

포퓰리즘 정치인들이 가져다 쓴 또 다른 민주주의의 이상은 공정성이다. 저명한 미국 정치학자 시드니 버바가 설명했듯이, 민주주의는 두 가지 형태의 평등을 필요로 한다. 첫 번째는 정치에 동등하게 참여하는 것이다. 그의 표현으로 "동등한 정치적 목소리"다. 이것은 그저 보통선거만 가지고 달성될 수 있는 것은 아니고, 언론 및 출판의 자유와 법 앞에서의 동등한 지위, 그리고 정치적으로 조직화할 수 있는 동등한 권리도 있어야 한다. 그러나 동등한 목소리는 그저 평등의 한 부분일 뿐이다. 민주주의에는 시민들의 이익에 대한 동등한 **고려**도 필요하다. 요컨대 모든 목소리가 정부에 전달될 필요가 있다.[31] 그러지 않으면 입법자들의 결정은 공정하거나 적법한 것으로 받아들여지지 않을 것이다. 포퓰리즘 정치인들은 오늘날의 자유민주주의 국가들이 평범한 노동자의 이익은 소홀히 하고 부유한 엘리트가 좋아하는 것만 챙긴다고 주장한다.

그들의 이야기에는 일리가 있다. 냉전이 끝난 이후 번영의 확산은 좋게 말해서 공정하다고 하기가 어려웠다. 세계의 소득 불평등은 지난 20년 동안 줄어들었지만(중국·인도·인도네시아 같은 인구가 매우 많은 나라의 성장 덕분이었다), 각 나라 **안에서의** 불평등은 1980년대 이래 뚜렷하게 심화되고 있다. 특히 발전 정도가 매우 높은 나라들에서 그렇다. 실제로 부유한 사람들과 가난한 사람들 사이의 격차는 대부분의 경제협력개발기구OECD 회원국에서 30년 사이 최고 수준이며, 국민소득에서 차지하는 상위 소득자의 비중은 급격하게 커지고 있다. 2014년 말에 OECD 국가 주민들 가운데 가장 부유한 10퍼센트의 소득은 가장 가난한 10퍼센트의 소득의 거의 10배에 육박했다(이에 비해 1980년대에는 그 비율이 7 대 1이었다).[32] 게다가 피라미드의 맨 꼭대기(이른바 1퍼센트)는 국민소득에서 지난 30년 가운데 가장 높은 비율을 차지했다.

그러나 또 다른 척도인 프랑스 경제학자 토마 피케티의 **재산** 불평등에 대한 생각을 고려한다면 선진 자유민주주의 국가의 부유한 사람들과 가난한 사람들 사이의 격차는 더욱 뚜렷해진다. 이 척도는 봉급의 차이뿐만이 아니라 과거에 축적한 재산까지 포함하는 것이다. 1945년 이후 상당 기간에 경제학자들은 경제가 성장하고 지식 및 기술이 확산되면 부가 점점 더 소수의 손에 집중되는 현상이 완화될 것으로 낙관해왔다. 그러나 지금 많은 선진국에서 경제성장이 둔화되고 실업과 실질임금 감소가 동반되고 있어, 더 많은 기술을 익히고 자격증을 취득한다고 이것이 반드시 경제적 평등의 확대로 이어지지는 않는 것으로 보인다. 그 결과 우리의 경제적 안녕을 좌우하는 데 결정적인 것은 살아가는 동안 직장에서 버는 돈이 아니라 상속재산이 될 것이라고 피케티는 예측한다. 18세기 및 19세기의 상황과 흡사해지는 것이다.[33] 기회의 평등이라는 관념, 그리고 신분 이동의 가능성에 대한 가장 명백한 도전이다.

국제 무대로 눈길을 돌려보면, 갈등을 해결하고 평화를 구축하며 인도주의적 가치를 촉진한다는 측면에서 자유민주주의의 실적은 마찬가지로 참담하다. 우리는 고향을 떠난 전쟁 난민이 대량으로 발생하고 민간인들에게 점점 치명적인 수단을 쓰고 있는 데서 역사가 되풀이되고 있음을 볼 수 있다.[34] 오늘날 전체적으로 전쟁이 덜 일어나고 있음에도 불구하고, 2008년에서 2014년 사이에 전쟁으로 인한 사망자는 세 배나 늘었다. 폭력의 강도가 높아지고 국제인도법國際人道法 (IHL. 무력 분쟁이 발생했을 때 그 수단을 통제하기 위한 일련의 국제법 체계로, 제네바협약 등이 이에 포함된다—옮긴이)에 대한 존중이 약화됐기 때

문이다. 2014년 한 해에만 그 수는 10만 명에 달했다. 20년 사이 최다 수치다.[35]

1945년 이후 장래에 '총력전'(특히 민간인들을 상대로 한)이 일어나는 것을 방지하기 위해 만들어진 국제인도법은 여러 가지 제한을 두어, 무력 분쟁 도중 군사적 필요의 논리가 반드시 인간의 생명에 대한 고려와 균형을 이루도록 했다. 보다 구체적으로, 이 법은 전쟁의 모든 당사자는 민간인(및 학교 같은 민간 목표물)과 군사적 목표물을 구분하고, 인도주의적 원조 제공을 안전하고 제한 없이 받을 수 있도록 하며, 보호 대상으로 규정된 의료 시설의 지위를 존중하도록 요구하고 있다.

최근의 무력 충돌에서 민간인들이 당한 폭력은 제2차 세계대전 이후 초유의 수준이고, 분쟁 당사자들이 가하는 구속도 경쟁하듯이 악화되고 있다.[36] 오늘날의 분쟁에서는 인구 밀집 지역에서 폭발성 무기를 사용하는 일이 늘어나고 있다. 학교·시장·병원과 의료 요원들에 대한 공격도 잦다. 급수 설비 같은 중요한 민간 기반 시설들도 공격 목표로 삼는다. 그리고 구호물자를 실어 나르는 인도주의적 수송대가 민간인 거주 지역에 들어가는 것을 막기도 한다. 이런 규모의 민간인 피해는 '전쟁의 혼란' 속에서 일어나는, 불가피한 결과로서의 비극이 아니다. 오히려 그것은 전쟁 당사자들이 의식적으로 선택한 결과다. 그들 가운데 일부는 서방 정권들의 지원을 받고 있다.

2016년 1월 초 시리아의 마다야 지역에 사는 앙상하고 굶주린 아이들의 모습은 여러 서방 국가로 하여금 시리아 정부와 반군 양쪽을 협상 테이블에 앉도록 압박했다. 그러나 이 민간인들의 고난은 빙산의 끄트머리일 뿐이었다. 2014년에서 2016년 사이에 시리아에서 상시적으로 전쟁터에 갇혀 있는 사람은 45만 명에서 65만 명에 이르는 것으로 추산됐다.

역사는 비틀려서 되풀이된다

지난 5년 동안 일어난 이런 현상들은 서방 자유민주주의 모델이 궁극적 승리로 가는 과정에서 만나는 단순한 길바닥의 돌부리나 과도기적 순간이 아니다. 오히려 그것들은 그 지속 가능성에 근본적인 도전을 제기하고 그 지도자들이 내린 결정들에 관해 곤란하지만 정당한 질문을 던진다. 그것들은 또한 냉전의 종식으로 약속됐던 평화로운 미래와 '역사의 종말' 명제에 의문을 제기한다. 무엇보다도, 그것들은 우리로 하여금 자유민주주의를 구축하는 데 도움을 주었던 과거의 용감한 투쟁들을, 그리고 불평등이 억제되고 처리되며 다름이 존중되고 전쟁이 제한되며 권력이 일부의 목표가 아니라 집단의 목표에 이바지하도록 보장하기 위해 내려졌던 결정과 타협들(국내적인 것과 국제적인 것 모두)을 상기하도록 촉발할 것이다.

이어지는 다음 장들에서 나는 21세기에 역사가 되풀이됨을 여러 측면에서 이야기할 것이다. 다음 장 '야만의 회귀'에서는 국가 또는 국가의 형태를 갖추지 않은 무장 세력들의 전략과 전술이 이미 만들어진 국제인도법을 우롱하고 민간인들의 생명을 갈수록 더 큰 위험에 빠뜨리고 있음을 검토할 것이다. 제3장 '대량 탈주의 회귀'에서는 오늘날 이주 문제의 전례 없는 본질을 분석하고, 유럽 안과 그 너머에서 새로운 장벽이 처지고 있음을 보여줄 것이다. 제4장 '냉전의 회귀'에서는 블라디미르 푸틴 러시아 대통령의 지정학 재활용과 그의 독특한 개념 '주권민주주의'가 냉전의 대치를 연상시키는 방식으로 서방에 도전하고 있음을 논의할 것이다. 그리고 마지막 장 '불평등의 회귀'에서는 서방 자유민주주의 국가의 내부에서 볼 수 있는 역사의 되풀이를 검토할 것이다. 여기서는 경제적 불평등이 극적으로 악화되고 그것이 공정성의 가치를 훼손함으로써 여러 가지 방식으로 우리의 안정성과 번영의 지속 가능성에 최대의 위협이 되고 있음을 주장할 것이다.

다시 후쿠야마의 '역사의 종말'이라는 표현으로 돌아가서, 그의 주장이 완전히 우월주의적인 것은 아니었음을 기억해둘 필요가 있다. 때로 그것은 비애의 분위기마저 풍기고 있다. 역사를 특징지었으며 지난 세대들에게 용기와 이상주의를 잔뜩 불어넣었던 엄청난 투쟁은 탈역사의 시기에는 관료주의적 임시변통과 보다 복잡한 형태의 소비지상주의에 압도당하게 될 것이라고 그는 예측했다. 정치의 큰 문제들이 일단 모두 해결되면 인간은 철학자 프리드리히 니체가 이야기했던 허무주의에 빠진 '말인末人'(letzte Mensch. 니체가 『자라투스트라는 이렇게 말했다』에서 이야기한 초인超人(Übermensch)의 반대 존재―옮긴이)과 상당히 비슷해 보이기 시작할 것이라고 미국 역사가 월터 러셀 미드는 썼다.

> 다음번 쇼핑센터에 가는 것 외에는 별 대단한 욕망도 없는 자기도 취에 빠진 소비자다.[37]

아마 이제는 쇼핑센터에 가는 것도 아니고, 인터넷 쇼핑 사이트에 접속할 것이다.

그러나 오늘날 우리가 가지고 있는 것은 이야기의 발췌본뿐이다. 한편으로, 자유민주주의의 핵심 국가들은 여전히 역사 저 깊은 곳에 머물고 있는 나라들과 공존한다. 그리고 월터 러셀 미드가 말했듯이 역사를 뛰어넘은 것처럼 보이는 나라들은 "역사의 태양이 아직도 빛나고 있는" 나라들의 동기를 이해할 수 없고 그들의 전략에 대응할 수 없다.[38] 앙겔라 메르켈 독일 총리는 2014년 러시아의 크림반도 병합 직후 버락 오바마 미국 대통령과의 전화 통화에서 블라디미르 푸틴이 "다른 세계에 살고 있다"고 말했다는 소문이 있었다. 그러나 푸틴은 우리 세계와 우리 시대의 상당 부분을 이루고 있다. 그곳은 지정학과 국경선 변경이 다시 한 번 '살아 있는' 관행이 되고 있는 곳이다. 또 다른 한편으로, 앞으로 보겠지만 역사는 자유민주주의 국가들의 대문을 걷어차고 (폭력과 빈곤으로부터 달아나는 사람들이라는 형태로) 그들을 내부로부터 흔들겠다고 위협하고 있다. 극단적인 불평등과 성난 포퓰리즘 정치를 통해, 그리고 서방 도시들에서 벌어지는 외부의 사주를 받은 테러 행위를 통해서다.

다음의 장들에서 이야기하는 것은 크게 세 가지 주제다. 첫째, 역사가 되풀이되고 있다면 그것은 현대적인 변형을 통해서 되풀이되고 있는 것이다. 역사는 결코 완전히 똑같이 반복되지는 않는다. 따라서 이라크시리아이슬람국가ISIS는 적을 참수하는 데 칼을 사용하지만(중세의 야만성을 떠올리게 하는 행위다), 전사를 모집하고 자기네의 범죄 사진을 퍼뜨리는 데에 소셜 미디어도 사용한다. 국경으로 가기 위해 며칠씩 걸어가거나 낡아빠진 배를 타고 바다를 건너는 이민자들과 망명 요청자들의 사진은 과거에 있었던 대량 탈주를 떠올리게 하지만, 그들은 국경 통제소를 피하거나 목적지로 삼은 나라의 형편에 관한 정확한 정보를 스마트폰과 소셜 네트워크를 이용해 실시간으로 얻는다. 그리고 푸틴 대통령은 우크라이나를 공격하기 위해 탱크와 대포를 사용하기도 하지만, 국내에서 세심하게 역정보를 흘리기도 하고 '적들'의 정보 기술 인프라를 공격해서 사이버 공간에서 싸움을 벌이고 있기도 하다.

두 번째 주제는 현 시점에서 역사를 이용하는 일과 관련된 것이다. 냉전이 끝나면서 전 세계 사람들은 자기네 역사를 초월하는 시대가 시작될 것으로 생각했지만, 오늘날 세계화 사회에서는 적극적으로 역사의 회귀를 바라는 사람들도 있다. 그 뚜렷한 사례 가운데 하나가 푸틴이다. 그가 크림반도에 극적으로 개입하고 이어 우크라이나와의 국경에 군대를 집결시킨 것은 국경을 유동적인 것으로 취급하고 이웃 나라들을 러시아의 이익에 부수적인 것으로 보았던 제정러시아를 떠올리게 했다. 그의 행동은 또한 러시아가 대결을 넘어 서방과 서로 관계를 맺고 의존하는 특전을 부여받았다는 유럽 지도자들의 믿음을 무색케 했으며, 냉전 이후 안정적인 질서가 유지되고 있다는 그들의 믿음을 흔들었다. 사실 여러 해 동안 서방의 군사전략은 **해외**에서 군사작전을 전개하는 것이 중심이었지, 본국에 가공할 방어 병력을 유지하는 것이 중심은 아니었다. 그러나 푸틴이 우크라이나에서 취한 조치의 반작용으로 유럽의 군대는 다시 한 번 러시아의 바로 이웃에서 전쟁이 일어날 것에 대비해 훈련을 하고 있다.

현대 시리아와 이라크의 지하드(이슬람교에서 신의 길을 위한 '분투' 또는 '노력'을 가리키는 말로, '성전聖戰'은 그 일부에 불과하다—옮긴이) 운동가들 역시 향수를 불러일으킨다. 그들은 중동의 지도를 다시 그리려 하고, 8세기에 나타났던 그들의 영웅 하룬 알라시드가 지배했던 칼리파 왕국을 재건하려 한다. (다만 이 칼리파의 통치 아래서 시아파나 종교적 소수자들을 너그럽게 다스려서 유명했다는 사실은 간단하게 무시한다.)**39** 인도 같은 평화롭다고 분류되는 곳에서는 역사가 현대화에 대항하는 보수적 반동을 부추기고 있다. 소수자들에 대한 위험스러운 증오와 여성의 자유에 대한 제한이 특징적이다.

오늘날의 역사 사용자들은 과거를 살려놓으면서 그들이 지녔거나 잃어버렸던 것을 그대로 되돌려놓지는 않는다. 그 대신 그들은 매우 새롭고 불안정한 어떤 것을 만들어낸다고, 영국의 소설가이자 언론인인 아티시 타시르는 주장한다.**40**

많은 사람은 현대 서방 자유민주주의의 바닥에 금이 가 있기는 하지만, 그 대안으로 살아남을 수 있는 것은 아직 없다고 주장한다. 군

주제·파시즘·사회주의와 여러 형태의 전체주의 등 후보가 될 수 있는 모든 체제는 불신을 받게 됐다. 우리는 진정한 반론이 없는 사회에서 살고 있다. 대안이 될 만한 경제·정치체제를 생각하는 것조차 무익해 보이는 사회다. 자유를 부정하고 자신의 정치적 반대파들에게 잔혹한 처우를 하는 사람들조차도 종종 민주주의의 언어를 끌어댄다. 따라서 "우리가 아직 거기에 도달하지는 못 했"지만, 후쿠야마의 명제가 결국 표준적인 것이며 그것은 전염성이 있는 자유민주주의에 대한 욕구에 관한 것임은 기억해야 한다고 이 주장은 이어간다. 그리고 이 관념의 세계에서 그가 승리를 주장하는 것은 정당한 일일지도 모른다. 그는 2014년에 이렇게 썼다.

러시아와 아야톨라(이슬람교 시아파의 종교 지도자—옮긴이)의 이란은 민주주의적 이상을 짓밟으면서도 그것에 경의를 표한다.[41]

그러나 이상ideals은 고인 상태가 되고 썩는다. 새로운 세대가 그것을 뒷받침하는 토대를 매번 이해하지 못하면 그 실현을 위한 열의는 약해진다. 그래서 세 번째이자 마지막 주제는 역사의 되풀이가 우리 모두에게 다음과 같은 사실을 기억하도록 자극해야 한다는 것이다. 우리의 자유민주주의 사회는 당연한 것이 아니어서 희생과 타협과 리더십을 필요로 한다는 사실과, 우리 모두는 개인으로서 그것을 보존하고 발전시키는 데 보다 적극적인 역할을 해야 한다는 사실 말이다.

결국 인류 역사에서 가장 오랜 기간 시행된 정치 형태는 민주주의

가 아니라 독재정치였다. 그리고 우리는 지난 경험을 통해 자유주의
의 전진이 뒤집힐 수도 있음을 알고 있다. 1848년('민중의 봄날'로 불리
는 해다)에 자유주의 혁명이 이탈리아 · 프랑스 · 독일과 오스트리아제
국을 휩쓸며 몇몇 왕공을 자리에서 내치고 다른 많은 사람을 정치적
망각에 빠질 위험에 처하게 했다. 그러나 그들의 성과는 오래가지 못
했고, 군주들이 사실상 반혁명을 일으켰다. 혁명가들의 패배는 내부
요인과 외부 요인 모두의 산물이었다. 자유주의 운동 내부의 분열, 혁
명을 분쇄하기로 작정한 전제 권력(특히 러시아와 프로이센)의 군사적
힘, 영국과 프랑스가 취한 중립적 자세 등이었다. 마지막 문제에 대해
로버트 케이건은 이렇게 지적했다.

영국과 프랑스는 모두 같은 자유주의자에게 지원을 보내는 것보다
강대국들 사이의 평화를 보존하는 데 더 관심이 있었다.[42]

20세기로 접어들면서, 그리고 제2차 세계대전 동안 파시즘의 도전
이후에 자유민주주의를 되살리는 데 일조한 것은 특정 국가들의 의지
였다. 그러나 자유민주주의의 발전에 관한 모든 이야기와 마찬가지로
용기 있는 개인들의 역할도 있었다.

1989년의 혁명들은 비록 공산주의 체제 파산과 자석과도 같은 서
방의 흡인력이 만들어낸 '자연스러운' 결과로 인식되고 있지만, **개인**
의 상상력과 용기가 필요한 일이었다. 시위자들이나 정치가들(그들
은 곧 권력의 자리에서 쫓겨나게 된다) 양쪽 모두 마찬가지였다. 프라하의

한 남자(또는 여자)가 주머니에서 열쇠고리를 꺼내들고 허공에서 흔들자 30만 명이 그 단순한 행위를 따라 했고, 이를 통해 혁명의 함성을 일으켰다.[43] 1989년 5월, 개혁 성향의 헝가리 총리 네메트 미클로시는 자신의 정부가 헝가리와 오스트리아 사이에 쳐진 보안 장벽(전기 철조망 담이다)에 대한 예산 지원을 중단할 것이라고 발표했다. 동독인들이 자유를 찾아가는 우회로를 제공한 것이다. 동시에 철의 장막에 첫 구멍을 내서 소련의 의지를 시험하고 있었다. 그리고 소련 지도자 미하일 고르바초프는 1989년 10월 동독의 탄압 정책(당국이 경찰과 군 병력을 동원해 평화적인 시위를 진압함으로써 병원을 희생자들의 피로 물들이게 했다[44])을 지원하지 **않고**, 그 대신 서독과의 경제 관계 개선을 통해 소련의 개혁을 추진한다는 이성적인 결정을 내렸다. 이로써 그는 동독의 혁명을 가능케 했다. 비록 자신의 나라에서는 어떻게든 혁명을 막아야 한다고 생각했지만 말이다.

거의 30년이 지난 지금, 1989년의 사건들을 전해주는 지나치게 단순화한 이야기들 즉 공산주의는 서방에 대적할 수 없었기 때문에 무너졌다거나 1987년 6월 로널드 레이건 미국 대통령이 고르바초프에게 "이 장벽을 허물라"고 요구한 것이 불가피한 과정에 불을 붙인 불똥이었다는 이야기들은 구조적인 힘과 개별 행위자들의 행동, 그리고 단순한 사건들 사이의 상호작용을 보다 민감하게 살피면서 다시 쓸 필요가 있다.

우리는 지금 『뉴스위크』 기자 마이클 마이어 덕분에, 특히 두 사람이 11월 9일 중요한 결정을 내림으로써 자신도 모르는 사이에 베를린

장벽을 개방했다는 것을 알고 있다.[45]

첫 번째는 동독 공산당 정치국의 공식 대변인이다. 그는 정례 일일 브리핑에서 모든 동독인은 여권을 가질 수 있도록 한다는 결정을 발표하기로 했다. 오후 일곱 시 직전에, 이 새로운 결정이 언제부터 발효되느냐는 질문 공세가 이어지자 이 대변인은 당황했다(그는 결정이 내려질 때 휴무였다). 엉겁결에 그는 "즉각"이라고 말해버렸다. 생방송으로 텔레비전에 보도된 이 소식은 동독 사람들에게 이 나라를 떠나도 좋다는 허가가 난 것으로 받아들여졌다. 물론 정권의 의도와는 반대였다. 이에 따라 사람들은 서방으로 가는 여러 길목으로 몰려들었다.

그런 길목 가운데 하나인 C검문소(찰리 검문소)에서 동독 국경경비대원 한 명이 두 번째의 운명적인 결정을 내림으로써 의도하지 않았던 결과를 가져왔다. 군중들이 장벽 검문소로 몰려드는 것을 걱정스레 지켜보던 그는 미친 듯이 명령을 내릴 상관들을 찾았다. 밤 11시 직후, 상관들에게 여러 차례 전화를 걸어도 받지 않자 그는 에라 모르겠다는 듯이 명령을 내렸다.

"열어버려!"

사람들이 말하듯이, 그 이후는 누구나 다 아는 역사다.

'역사의 종말' 명제 같은 거창한 이야기들은 개별적인 작용력들을 대수롭지 않게 생각한다. 그 이야기들은 또한 어떤 역사적인 사태 전개는 때로 돌발적이거나 불가능하다고 생각됐던 (돌이켜 생각해보면 불가피했다고 생각되는 것일지라도) 것이라는 사실을 간과하는 경향이 있다. 베를린장벽 붕괴와 독일 재통일은 두 가지 사례다. 또 한 가지 사례는 로마제국의 멸망이다. 우리 모델이 최고라는 확신에 마음을 놓은 채, 현재의 도전은 결국 우리를 이기지 못할 것이며 세계의 다른 모든 사람이 '우리가 원하는 것을 원한다'고 계속 얼버무리고 지나가면 예측 못한 충격이나 쇠퇴의 조짐에 대응할 준비를 하지 못할 것이다.

자유민주주의는 비교적 짧은 역사를 가지고 있지만 많은 위기를 극복했다. 그러나 자유민주주의의 그런 능력은 서방 국가들의 통치자와 피통치자 모두를 자기만족 상태에 빠지도록 만들었다.[46] 과거에는 비교적 성공을 거두었던 일이 약점을 만들어, 지금 우리를 10년 또는 그 이상의 커다란 정치적·경제적 혼란으로 밀어 넣을 위험에 빠뜨리고 있다. 역사는 돌아왔다. 맹렬한 기세로.

제 2 장

IS는 '중세의 괴물'인가

야만의 회귀

2014년 여름, 현지에서 다에시로 알려진 이른바 ISIS가 이라크 북부 니나와주의 민간인 주민들을 상대로 거친 군사행동을 펼쳤다. 니나와는 이 나라의 민족적·종교적 소수자들이 많이 거주하는 곳이다. ISIS는 크고 작은 도시와 마을로 진군하면서 수백 년 된 공동체와 전통들을 조직적으로 쓸어버리고, 사당과 사원과 교회를 고의적으로 파괴했다. 주민들을 총으로 위협해 이슬람교로 개종시키고, 사회와 종교 지도자들을 광장에서 공개적으로 처형했으며, 여자들을 납치해 성노예로 만들고, 어린 아이들까지 전투에 내보냈다. 정확한 사망자 수는 아직 알 수 없으나, 80만 명이 강제로 쫓겨났다.

ISIS의 분노는 특히 야지디 사회에 초점이 맞추어졌다. 이들은 쿠르드어를 사용하는 소수민족으로, 그들의 종교는 고대 페르시아의 신앙에서 유래해 기독교와 이슬람교의 요소를 모두 지니고 있었다. ISIS의 영문 잡지 『다비크Dabiq』는 야지디가 "악마 숭배자들"이라고 비난하고, 그들의 다신론적 신앙은 근절돼야 한다고 선언했다. ISIS의 이슬람교에 대한 엄격한 해석과 공존할 수 없다는 것이다. 기독교도나 유대교도 소수자들은 개종을 하거나 아니면 지즈야라는 세금을 내면 죽음을 피할 수 있었지만, 야지디교도는 노골적인 인종청소 작업의 대상이 됐다.

8월 첫 주 동안, 신갈레 산꼭대기의 험준한 등성이를 따라 맹공격이 있기 전에 집을 빠져나왔던 야지디교도 약 4만 명은 ISIS 전사들

신자르 지역 자발산에 있는 야지디인.

에게 포위되어 탈수증과 기아에 직면했다. UN 인권 담당관들은 오도 가도 못하는 야지디교도 어머니들의 절박한 전화를 받았다. 야지디교 도 어머니들은 국제사회가 그들을 구조하러 오지 않는다면 IS에 잡 혀 성노예가 되느니 딸과 같이 자살하겠다고 호소했다.

  마침내 버락 오바마 미국 대통령은 8월 7일 이들을 보호하기 위한 공습을 승인했다. 그는 전 국민을 상대로 한 텔레비전 연설에서, 자신 의 재임 중에 인종 대학살이 일어나게 할 수 없다고 강조했다. 8월 14 일, 미국 공군의 지원을 받은 시리아의 쿠르드인 병력이 피난 통로를 만들어 야지디교도들은 신갈레산에서 도망 나올 수 있었다. 그러나 많은 사람이 산에서 죽었고, 탈출한 대부분의 사람은 계속해서 혼란 과 불안에 휩싸였다.[1]

IS가 야지디나 이라크·시리아의 다른 소수자들에게 가한 조직적이고 잔인한 폭력은 2011년 겨울 이른바 '아랍의 봄' 초기 단계 동안에 많은 평론가가 그렸던 중동의 진보적인 모습과는 너무도 동떨어진 것이다. 야채 장수 무함마드 부아지지는 경찰의 부패에 항의해 지방 관청 앞에서 분신자살을 하려고 결심했는데, 개인적인 용기를 발휘한 이 상징적 행위로 튀니지 전역에서 비폭력 시위가 촉발됐고 그것이 장기 집권한 대통령 제인 엘아비디네 벤 알리를 물러나게 했다. 이집트·바레인·예멘과 이어 시리아에서 일어난 대중 봉기의 도미노 효과는 처음으로 수백만 명이 대규모 행동에 나서게 했고, 그것은 후쿠야마가 예측했던 자유민주주의 확산의 다음번 성공의 장소가 중동임을 확인하는 듯했다.

그러나 시민의 저항 행위에 자극된 민주주의의 고조는 5년째 뒷걸음질치고 있는 것으로 보였다. 이전의 부패 관행이 계속되고 최신판 독재 정권들이 다시 들어섰으며, 정부의 탄압과 내전, 파벌 간의 피비린내 나는 폭력이 새로이 밀려들었다. 혼란이 심하고 테러 조직들이 힘의 공백을 비집고 쉽게 새로운 세력을 형성하자 일부에서는 향수에 젖어 "옛날이 좋았지" 하며 중동의 권위주의 체제들을 그리워했다. 2014년의 테러 공격으로 사망자가 3만 2,685명이나 발생한 것은 이전의 모든 기록을 깬 것이며, 이는 21세기 초와 비교하면 아홉 배나 됐다. 이런 사망자 수는 서방세계에 속하지 않는 단 다섯 나라에 집중되어 있으며, 가장 많은 나라는 이라크다.[2]

그러나 다른 사람들은 지금의 이 불안정한 시기가 '고통 없이는 얻는 게 없다'는 명제를 증명한 것으로 본다. 다시 말해서 정치적 이행은 순탄치 않은 것이어서 좌절이 있을 수밖에 없고, 민주주의의 진화에는 어느 정도의 고통이 수반된다는 것이다. 정치학자 셰리 버먼이 주장했듯이, 1789년의 프랑스혁명과 1917년의 러시아혁명을 포함한 많은 혁명은 고약한 '역류'가 있어 그 사회를 폭력과 대항 폭력의 파도 속에 빠뜨렸다. 이런 관점에 따르면, 문제는 민주주의 모델이나 주민들이 그것을 받아들이는 데 '미숙'하고 무능한 데 있는 것이 아니다. 오히려 그것은 이전 체제의 병적인 측면과 분열적인 지배 전략에서, 그리고 억눌린 불신과 반감을 남겨놓는 그 경향에서 찾을 수 있다. 버먼은 이렇게 썼다.

심지어 실패한 민주주의 실험조차도 언제나 그 나라의 정치 발전에서 중요한 긍정적 단계가 된다. 그 시기에 그들은 과거의 반민주적인 사회적 · 문화적 · 경제적 유산을 근절하기 시작한다.[3]

정치 발전에 대한 이 '장기지속longue durée'(프랑스 역사가 페르낭 브로델이 구분한 역사의 지속 시간대 가운데 초장기지속très longue durée 다음으로 긴 시간대로, 중세나 근대 같은 정도의 시간대를 말한다—옮긴이) 관점에는 세 가지 문제점이 있다.

첫째는 그것이, 완곡하게 '차질'이라 표현되는 급격한 변동은 자유민주주의의 궁극적인 승리라는 하나의 큰 목적에 이바지한다고 가정한다는 것이다. 그러나 실제로는 폭력이 반드시 불가피하지 않고 그

궤적이 예측하기 어려운 모든 종류의 역학 관계를 가능케 한다(그리고 저지한다). 예컨대 시리아와 이라크에서는 그것이 비폭력적 형태의 행동 원칙을 밀어내고 대개의 보통 사람을 극단주의 조직에 맞추도록 했다. 그날그날의 생존에 대한 우려 때문이었다. 시리아 내전은 정치 개혁과 경찰의 만행 중지를 요구한 '아랍의 봄'에 자극을 받아 평화적인 저항에서 시작되어 커졌다. 이후 온 나라를 뒤덮은 내전 기간에도 민간단체인 '시리아비폭력운동SNVM'은 납치·구금·살해에도 불구하고 인권 침해를 기록하고 팸플릿과 잡지를 발간하는 등 활동을 이어갔다. 뿐만 아니라 '정상' 생활의 요소를 유지하기 위해 할 수 있는 일은 모두 했다. 2016년 3월 잠시 휴전을 하는 동안 시리아인 수백 명은 거리로 나가 다시 한 번 평화적인 시위를 하며 폭력 없는 미래를 위한 그들의 헌신을 보여주었다.

둘째, '고통 없이는 얻는 게 없다'는 명제는 중동에서 나타난 특히 치명적인 종파 간 폭력이 상당한 정도로 미리 정해진 것이었음을 시사한다. 현지 활동가들뿐만이 아니라 서방의 어리석은 정책에 의해서도 도움을 받고 교사된 현상이 아닌 것이다. 미국은 사담 후세인이 비축했다는 대량 살상 무기로 인해 제기되는 위협을 억제하기 위해 2003년 이라크 침공을 기획했는데, 처음에는 승리를 선언했다. 조지 W. 부시 미국 대통령이 항공모함 에이브러햄링컨호 갑판에서 했던 유명한 '임무 완수' 연설은 상징적인 장면이었다. 그러나 곧 무장 반란과 새로운 전투, 그리고 결국은 종파 간 폭력으로 빠져들었다. 이라크전쟁의 교훈을 밝히기 위한 공개 조사는 2009년 영국 정부가 발의해 2016년 7월 그 결과를 발표했는데, 미국과 영국이 문제가 있는 정보에 근거해 성급하게 이라크에 개입하는 쪽을 선택했다고 결론지었다. 뿐만 아니라 한심할 정도로 전후 계획이 부실했다는 비판을 불러왔다. 2년 동안 조사를 이끈 존 칠콧은 이라크가 혼란에 빠질 가능성은 시간이 지난 뒤에야 알 수 있는 것이었다는 주장을 단호히 거부했다. 내부 갈등과 이 일대의 불안정, 폭력적 극단주의의 성행 등 연합군의 "성공적인" 군사작전 이후에 겪은 문제는 상당 부분이 "예견됐거나 예견할 수 있는 것"[4]이었다.

셋째, 정치적 개발주의자들의 거시 수준에서의 관점은 우리의 현시기와 민주화가 이루어지지 않은 지역들에 관한 구체적인 부분들을 알기 어렵게 만든다. 특히 그것은 '아랍의 봄' 저항운동의 반작용인 IS에서 무엇이 정말로 가장 큰 문제이고 가장 큰 편익인지 이해하는 데 도움이 되지 않는다. 미국은 2011년 마침내 이라크에서 군대를 철수하면서 현지 반군과 폭력적 극단주의자들이 다시 일어나지 못하도록 충분한 타격을 주었다고 생각했다. 그러나 3년 남짓 뒤에 ISIS는 이라크와 시리아의 영토를 상당 부분 점령했다. 이라크 제2의 도시 모술을 포함해서다. 그들은 점령지 주민들을 잔혹하게 억압하고 있다. 대중을 동원한 돌멩이 처형, 신체 훼손, 십자가 처형 같은 것들이다. 기혼 미혼 여성들을 강간하고 성노예로 삼았다. 여덟 살에서 열여섯 살 된 아이들을 강제로 데려다가 자기네 사병으로 입대시켰다. 그리고 알카에다를 세계에서 가장 유명한 지하드 운동가 집단으로 변모시켰다.

인도 원리에 대한 저항

자이드 알후세인 UN 인권고등판무관은 ISIS가 민간인 주민들에게 가하고 있는 광범위하고 조직적인 공격이 "인도에 반하는 범죄crimes against humanity"[5]가 될 수 있다고 규정했다. 지난 150년 동안에, 그리고 특히 지난 30년 동안에 전 세계 정부들은 민간인 보호와 '구분' 원칙(이는 전쟁 당사자들이 언제든지 전투원과 민간인을 구분하고 공격은 오직 전투원에게만 하라고 한다)을 촉진하고, 인도적 지원을 받는 데 제한을 받지 않도록 보장하며, 가장 심각한 국제 인도주의와 인권법 위반을 다루는 법정을 설립함으로써 전쟁을 통제하는 법적인 틀을 강화하는 데 상당한 노력과 정치적 자산을 쏟아부었다.

이러한 진전은 민주적이든 그리 민주적이지 않든 가리지 않고, 모든 형태의 정부들로부터 지지를 받았다. 그러나 자유민주주의 국가들은 이런 교전 원칙을 확산시키고 특정한 사건에서 그 이행을 역설하는 일에 특히 적극적이었다. 더욱 중요한 것은, 제1장에서 암시했듯이 전쟁의 원칙은 바로 자유민주주의 모델 형성에 결정적이었던 인간성을 옹호하는 옛 운동에서 자라난 것이라는 점이다.

전쟁이 규제될 수 있느냐나 규제돼야 하느냐에 관한 논쟁은 역사에서 오랜 내력을 갖고 있다. 모든 종교와 문화를 통틀어, 전쟁에서 죽일 권리는 제한이 없고 약탈 · 강간 · 고문 · 구금은 그저 전쟁의 구성 요소 중 일부라는 관점이 일부 집단에서 끈질기게 이어져왔다. 여러 정치 지도자들과 그 휘하 군 지휘관들은 그러한 폭력이 전쟁 윤리에 필수적임을 받아들이고, 그것을 사용하는 일이 예외적으로 필요하다는 주장에 상당한 이유가 있다고 생각했다.

미국 남북전쟁 도중인 1864년, 북군 장군 윌리엄 티컴서 셔먼이 애틀랜타 시를 폭격하라고 명령해, 남아 있던 주민들을 강제로 쫓아낸 일은 유명하다. 셔먼 장군은 "전쟁은 지옥이다"라는 말을 한 것으로 알려져 있다. 그는 적의 전투원뿐만이 아니라 넓은 의미의 전쟁 활동(예컨대 무기와 식량 생산 같은 일들이다)을 수행하고 있는 적의 민간인 역시 공격하는 것이 필요하면서도 정당한 일이라고 주장했다. 전쟁터를 민간용 기반 시설들로까지 확대함으로써 북군은 남부연합 쪽 민간인들의 사기를 떨어뜨려 빠른 승리를 거둘 수 있다고 생각했다.

그러나 이런 관점과 함께 덜 강력하지만 매우 끈질긴 또 다른 접근법도 존재했다. 이는 인도주의 옹호자 휴고 슬림이 "자제 윤리"[6]라 부른 것으로, 전쟁에서 누구를 어떤 방식으로 죽일 수 있는지에 관한 분명한 한계를 요구하고 있다. 이런 관점에서는 전쟁에서 재난은 심각한 문제이며 그저 전쟁의 불가피한 결과는 아니다.

이런 접근법의 여러 형태는 다양한 종교적·세속적 전통들에서 찾아볼 수 있다. 그러나 그것은 아마도 이른바 '정의의 전쟁jus bellum' 이론에서 가장 분명하게 드러났던 듯하다. 이 이론에 대한 이른 시기의 가장 중요한 서술은 로마제국이 붕괴되던 4세기 말 신학자 아우렐리우스 아우구스티누스의 저작에서 발견할 수 있다. 콘스탄티누스 대제가 기독교로 개종한 이후 기독교도들은 적극적으로 로마 사회에 참여하고 있었는데, 아우구스티누스는 성서에 많이 나타나고 있는 살인하지 말라는 기독교도들의 계명과 전쟁의 모순을 해결하는 일에 직면하고 있었다. 고대 로마의 전쟁에 대한 관점은 로마 국가의 존립에 위협이 된다고 생각되는 적에게는 어떤 폭력도 정당화하고 있었지만, 아우구스티누스는 전쟁을 통한 물리력 사용은 구체적인 부당 행위에 대응하는 징벌 수단일 경우에만 정당화될 수 있다고 주장했다. 물리력이 정당한 대의의 이름으로 사용되고 권위 있는 존재(중세 시기 대부분에 그것은 기독교도 황제나 교황을 의미했다)에 의해 선포된다면 그것은 사실상 공정한 행위가 되는 것이다. 따라서 이런 일을 하는 병사들은 제멋대로인 살인자가 아니라 법 집행관이었다.[7]

　물론 이렇게 전쟁을 처벌로 접근할 때 생기는 문제는 양쪽이 서로 정의의 편에 서서 싸우고 있다고 주장할 수 있다는 것이다. 따라서 자기편이 질 경우 추가적인 처벌을 받게 될 전투원들은 격렬하고 잔혹한 결말에 다다를 때까지 싸운다. 18세기 중반 스위스의 법학자이자 철학자였던 에메르 드 바텔은 정의에 관한 판단은 전쟁의 **원인**이 아니라 그 **행위**에 초점을 맞추어야 한다고 주장하면서, 전쟁의 '패자'에 대한 보호가 없는 문제를 제기했다. 단결된 기독교 국가들의 영향이 줄면서 이 시기 동안에 등장하고 있던 독립 주권국들의 세계에서 지배자들은 더 이상 자신들을 서로서로에 대한 심판관으로 내세울 수 없었다. 그 대신 교전국들은 **어떻게** 싸울 것이냐에 대한 공통의 원칙을 마련해야 했다. 양쪽에 평등하게 적용할 수 있는 원칙이다. 이렇게 해서 전쟁의 법으로, 적군 포로를 보호하고 휴전 백기를 존중하며 고문을 금지하는 등 원칙들이 생겨났다.

군사적 충돌과 인도주의적 행동에 관한 현대의 설명은 전쟁의 원인에 대한 이런 판단 유보적인 접근법에서 유래한 것이다. 1862년, 스위스의 금융업자이자 사업가인 앙리 뒤낭은 유명한 『솔페리노의 회상』을 썼다. 1859년 오스트리아 황제 프란츠 요제프 1세의 군대와 나폴레옹 3세가 지휘하는 프랑스군 및 비토리오 에마누엘레 2세가 지휘하는 사르디니아군 사이에서 벌어진 거대한 대결을 목격하고 기록한 것이다. 이 전투는 프랑스·오스트리아·에스파냐 및 이탈리아 도시국가들이 분점하고 있던 이탈리아를 통일하기 위한 민족주의적 투쟁의 중요한 부분이었으며, 군주들이 군대를 직접 지휘해 작전을 벌인 마지막 주요 전투였다.

뒤낭은 솔페리노전투 다음 날 그가 목격한 대학살의 현장을 너무도 자세하게 묘사했다. 이 전투는 이전에 유럽 작가들과 시인들이 전쟁에 관해 썼던 낭만적인 방식에 도전했고, 그 처참한 후유증에 대해 깊이 성찰하도록 촉구했다. 예일대학의 역사학자 존 페이비언 위트가 지적했듯이, 뒤낭은 "우리의 시선을 처음 병사들을 전쟁터로 보냈던 열정과 확신과 계획에서 돌려 전투의 사상자들에게" 도덕적인 관심을 집중시켰다. 사실 뒤낭은 어떠한 명분도 그런 제멋대로의 살해와 파괴를 정당화할 만큼 크지 않음을 암암리에 제기하고 있다.[8]

이듬해 뒤낭은 부상병들을 보살피는 구호단체를 만들어, 현대적인 형태의 인도주의를 탄생시켰다. 그것이 국제적십자위원회ICRC가 된다. 이전에는 마을 사람들이나 종교 교단이 비공식적으로 전시에 다치거나 빈곤한 사람들을 보살폈는데, 뒤낭의 계획으로 공식적이고 국

스위스 제네바에서 제1차 제노바협약을 서명했다.

가의 승인을 받은 인도주의적 활동을 만들어냈다. 그것은 전쟁 당사
자들이 인정하는, 중립적이고 믿을 수 있는 제삼자라는 관념에 바탕
을 둔 것이었다. 그런 활동의 목적은 전쟁의 고통 문제를 해결하려는
것이었다. 고통에 빠진 사람들이 어느 편이냐는 상관이 없었다.

　1864년 제네바에서 열린 외교 협의는 제1차 제네바협약(1906 ·
1929 · 1949년의 2∼4차 협약으로 보완됐다―옮긴이)으로 불리는데, 전쟁
규제라는 측면에서 중대한 발전을 이룩했다. 12개 유럽 국가는 구급
차와 군 병원의 중립과 면책을 인정하고, 다치거나 아픈 병사들을 보
살필 것을 약속했다. 제1차 제네바협약에 이어 1899년과 1907년에
헤이그협약이 체결됐다. 이는 특히 심하게 파괴적인 무기 사용을 규
제하고 전쟁 포로에 대한 보호책을 제공하려는 시도였다.

　전쟁에 대한 규제가 처음에 병사와 전쟁 포로들의 곤경에 초점을

맞추었다면, 제네바협약을 바
탕으로 하는 법과 관행, 그리
고 인도적 지원을 제공하는
조직들은 비전투원의 고통 역
시 다루기 시작했다. 이런 움
직임은 특히 제1차 세계대전
의 영향을 받았다. 전쟁 동안
양쪽 모두의 비전투원들은 강
제적인 유랑과 대학살, 굶주
림과 질병을 겪었다. 전쟁이
끝난 뒤 비전투원은 전쟁의
윤리와 관행이라는 측면에서
더욱 중요한 주제가 됐다.

제1차 세계대전 적십자 포스터.

게다가 그들은 오늘날 우리가 당연한 것으로 생각하는 특별한 이름
을 얻었다. 1914년 이전에는 이들을 표현하기 위해 여러 가지 용어가
사용됐다. 비무장 시민, 비전투원, 적국 시민, 점령지 시민 같은 것이
다. 1920년대에 적십자와 다른 인도주의 기구들은 이들을 군인과 구
별하기 위해 '민간인civilian'이라는 용어를 쓰기 시작했다. 그들은 또
한 활동을 확대해 전쟁으로 재난을 당한 **민간인**들에게 의료 서비스,
식수와 음식, 보호시설 등을 제공했다.[9]

이런 조직들은 민간인의 고통에 초점을 맞추어, 국가법의 초기 형
태인 미국의 1863년 리버 규칙Lieber Code에 의존했다. 이것은 미국 독

립전쟁 동안 북군의 행동을 규제하기 위해 만들어진 것으로, 나중에 1870~71년의 프로이센-프랑스전쟁에서 사용하기 위해 유럽의 법률가들이 번역했다. 이 규칙의 내용들은 나폴레옹에 맞서 싸웠던 전 프로이센군 장교 프랜시스 리버가 썼는데, 비전투원과 그들의 재산을 보호하는 일에 분명한 관심을 기울이고 있다. 리버는 비전투원 주민들에 대한 불필요한 학대와 무분별한 폭력, 강간과 약탈을 금지했으며, 또한 '군사적 필요성의 원칙'으로 알려지게 되는 것을 설명했다.

이 규칙과 미국 독립전쟁에서 그것을 사용한 일에 대한 위트의 권위 있는 연구는 군사적 필요성의 원리가 전쟁에서의 고통 문제를 보다 깊이 고려하고 있음을 보여주고 있다. 뒤낭의 보다 포괄적인 서술과 다른 부분이다. 리버가 보기에 모든 고통이 똑같은 것은 아니었다. 그 가운데 일부는 보다 큰 정치적 목표에 기여하고 있었다. 역사적인 관점에서 서방 문명을 '야만인들'로부터 구하는 일 같은 것이다. 요컨대 전쟁은 어떤 경우에는 궁극적으로 고통을 **줄이는** 작용을 할 수 있었다.[10]

이것은 전쟁의 목적과 수단 사이의 관계에 대한 다른 설명이다. 이 철학은 위트가 말한 "만능의 고통 경감"이 아니었다. 오히려 특정한 싸움의 서로 다른 지점에서, 어떤 수준과 방법의 폭력이 정당화될 수 있느냐는 것은 상황 판단이 필요하다고 강조한 것이다. 군사적 필요성이 정당화된다면 군대는 예컨대 민간인들이 포위전의 영향을 감내하도록 강제하거나 역사적 기념물과 문화시설에 포격할 수 있다.

이 논리의 변종이 제2차 세계대전 동안 주요 사건들에서 분명하게 나타났다. 연합국 쪽 정부들은 독일 도시들을 폭격하는 쪽을 선택했으며(이로 인해 민간인 수천 명이 죽었다), 미국 정부는 일본의 도시들에 원자폭탄을 떨어뜨린 이후의 피해와 태평양에서의 전쟁을 일찍 끝내고 연합국 지상군 병력의 추가 배치를 피해 얻을 수 있는 이득을 놓고 저울질을 했다.

전쟁의 고통에 관한 이 두 가지 관점(무슨 수를 써서라도 그것을 최소화해야 한다는 입장과 전쟁의 궁극적 목표와 균형을 이루어야 한다는 입장)은 현재 각국 군대에 가장 영향력이 큰 법체계인 1949년의 제네바협약과 1977년의 그 추가의정서에 나타나 있다. 요컨대 현대의 전쟁법들은 언제 어디서 충돌이 일어나든 군사적 필요성과 인도주의적 고려 사이의 균형을 추구하려 하고 있다. 우리가 그것을 표현하기 위해 사용하는 이름(국제인도법)은 이 두 가지 유산에 신빙성을 부여한다. 한편으로, 구분 원칙은 추가의정서 1과 2에 들어가 있다. 다른 한편으로, 리버의 군사적 필요성에 대한 생각 역시 정당한 군사적 목표물에 대한 특정한 공격을 법적으로 정당화시켜주는 것으로서 제네바협약에 들어가 있다. 그런 공격이 민간인들에게 부정적인 영향을 미칠지라도 말이다.

현대의 국제인도법이 표방하고 있는 미묘한 균형은 전쟁 동안 자기네들이 저지른 행위에 대해 책임을 물으려 하는 각국 군대와 다양한 조직들에게 경계를 요구한다. 그것이 없으면 전쟁을 벌이는 당사자들이 전쟁에서의 정당한 행위에 관한 법(양쪽 **모두**에게 적용되는 법이다)을 존중함으로써 얻을 수 있는 서로의 이익은 곧바로 쓸려나가 무분별한 살육으로 이어진다.

1945년 이래 서방 자유민주주의 국가 정부들은 국제인도법을 확산시키는 데에 앞장섰고, 관련 조약들을 승인하도록 권장했다. 게다가 서방 국가들의 군대는 다른 나라 군대가 그 법의 요구 사항을 준수하도록 훈련시키는 데 많은 투자를 했다. 이는 결코 서방 국가들이 한결같이 국제인도법을 준수했다는 말은 아니다. 그들이 전쟁법을 어긴 일들은 유명하다. 알제전투(1956~57)에서의 프랑스군이나 베트남전쟁 때 미라이에서의 미국군 같은 경우다. 그러나 자유민주주의 국가들이 자기네가 서명한 법적 책무를 실제로 이행하는 데서 가장 앞서 나갔다는 강력한 증거가 있다. 그들의 육·해·공군을 위한 행동 강령을 만들었고, 특정 전투들을 위해 구분 원칙과 비례 원칙(과잉 금지 원칙)을 존중하는 교전 규칙을 만들었으며, 위반자들의 책임을 추궁하는 일을 했다.

전쟁법을 지키기 특히 어려운 경우는 내전 상황이다. 사실 국제적인 무력 충돌(국가 간 전쟁)과 비국제적 무력 충돌(국가 내부의 전쟁)을 규제하는 법적 틀은 동일하지 않다. 추가의정서를 통해 진전을 이루었어도 말이다. 가장 큰 차이 중에 하나는 전쟁 포로의 처우와 관련된 의무다. 내전 상황에서는 그 의무가 없다. 보다 일반적으로, 내전에서는 양편의 힘이 비등한 경우가 드물어서 '상호 제한' 주장이 힘을 발휘하지 못한다. 비대칭 상황에서 강한 쪽은 무력을 과도하게 사용한 데 대한 보복을 거의 두려워하지 않는다. 반면에 약한 쪽에서는 강한 적을 이기기 위해서 비상한 수단을 사용해야 한다고 생각한다. 현지 주민들에게 공포감을 확산시키는 일 같은 것들이다.

내전을 규제하려는 시도가 가진 또 다른 문제점은, 어떤 전쟁 당사자들은 정부를 대표하거나 정부에 통제되지 않아 책임을 묻기가 훨씬 어렵다는 점이다. 1977년 추가의정서 2의 조인 이후 내전을 벌이고 있는 비국가 무장 단체도 제네바협약을 준수할 의무가 있다. 특히 교전 집단들이 무력 충돌에 능동적으로 참여하지 않는 사람들 즉 민간인들을 상대로 무력을 사용하지 않게 하는 이른바 공통 조항 제3항 같은 것이다. 비국가 무장 단체의 개개 구성원들 역시 국제인도법의 중대한 위반에 대해 국제형사재판소ICC나 기타 국제재판소들에 의해 기소될 수 있다. 그러나 실제로는 비국가 무장 단체들이 전쟁법을 준수하라고 장려하는 것도 어렵고, 국제 범죄를 저질렀다고 그 구성원들을 체포하기도 어려웠다.

더욱 복잡한 문제는 영토를 확보하고 있는 비국가 무장 단체가 잔혹 범죄를 저지르지 **않을** 소극적인 의무를 넘어서서 자기네 관할 아래 있는 주민들을 보호할 의무가 있는지 여부다. 지금까지 국제사회는 그들에게 그런 의무가 있음을 인정하기를 꺼려왔다. 그런 조치는 무장 집단을 영토와 주민들에 대한 합법적인 권위를 가진 '국가와 같은' 실체로 인정할 우려가 있기 때문이다.

내전에서 국제인도법을 강제하는 일과 관련된 어려움과 딜레마는 이라크와 시리아 모두에서, 특히 ISIS가 지배하고 있는 지역에서 비극적으로 드러났다. 실제로 ISIS는 처벌이나 기소를 막기 위해 자기네의 범죄 행위를 숨기거나 축소하기는커녕 자기네가 주민들에게 가하는 공포를 미화한다. 그들의 시신을 모든 사람이 볼 수 있도록 전봇대에 매달거나 소셜 미디어에 시범 참수 장면을 올린다.

중세의 괴물?

IS가 이라크에 이어 시리아로 기세 좋게 확산되자, 많은 서방 평론가는 그 야만적인 전쟁과 점령 방식에 대해 중세로 퇴보한 것 같다고 비유했다. 2015년 12월 영국 하원 의원들이 공습을 이라크에서 시리아로 확대해야 하는가를 토론하는 도중에 데이비드 캐머런 전 총리는 ISIS 추종자들을 "야지디 신자들을 노예로 삼고, 동성애자들을 건물 밖으로 집어던지며, 인도주의 구호원들을 참수하고, 열 살도 되지 않은 아이들을 강제로 결혼시키"는 "중세의 괴물"로 묘사했다. ISIS는 살인과 잔인성을 보여주는 비디오를 잇달아 공개하면서(매번 이전보다 더 소름끼치는 장면을 보여준다) 야만적인 짓을 저지르는 자기네들의 손아귀에 들어올 수 있다는 공포를 불러일으켜 적들의 기를 꺾고 더 많은 전사를 자기네 사병으로 끌어들이려 하고 있다. 따라서 역사는 특수하게 변형된 형태로 되풀이되는 것으로 보인다.

물론 역사를 되돌아보면 서방에서도 강제 개종과 공개 참수, 종교적 기념물과 묘지에 대한 마구잡이 파괴가 낯설지 않다. 서로 다른 기독교 분파 사이의 교리 전쟁은 서방 문명의 초기 역사에서 빠질 수 없고, 그것이 전쟁법 발전의 배경을 이루었다. 종교개혁이 로마가톨릭

30년전쟁 당시를 묘사한 프랑스 동판화가 자크 칼로의 판화 「교수형」(1633).

교회의 지배에 도전한 이후인 16세기 후반부터 유럽 국가들은 잇단 종교전쟁에 말려들었다. 그것은 프랑스 내전(1562~98년에 프랑스 신·구교도 사이에 벌어진 위그노 전쟁을 말한다—옮긴이)으로 시작되어 개신교 국가들과 가톨릭 국가들 사이에서 벌어진 30년전쟁(1618~48)으로 절정에 달했고, 이후 유럽 강대국들 사이의 더욱 전면적인 전쟁으로 양상이 변했다. 종교는 이전에는 내부 안정의 핵심적인 근원이었고 유럽 바깥에서의 전쟁과 정복의 원동력이었는데, 분열된 기독교는 30년전쟁 동안에 자기 내부로 파고들기 시작했다. 현대 중동에서 벌어지고 있는 이슬람교 분파들 사이의 갈등과는 다른 방식이었다.

영국 역사가 마크 그린그래스는 이 기간에 기독교 내부의 갈등을 특징지었던 야만과 "죽음의 축제"를 생생하게 묘사했다. 그 가운데는 1527년 신성로마제국 황제 카를 5세가 로마를 약탈할 때 산피에트로 대성당 계단에서 교황 경호원들을 학살한 일도 있었다. 그러나 가장 악명 높은 사건 중의 하나는 1572년 성 바르톨로메오 축일의 학살이었다. 이때 프랑스 칼뱅파 개신교도(위그노로 알려지기도 했다)의 핵심 지도자인 가스파르 드 콜리니 제독이 살해되어 그의 집 창문 밖으로 던져졌다. 그의 죽음은 파리 전역에서 반위그노 물결을 촉발했고, 죽은 사람들(많은 여자와 아이들도 있었다)의 시체가 수레에 실려 옮겨져 센 강에 던져졌다.

16세기 말과 17세기 초, 종교적 폭력과 전쟁은 유럽 각국의 왕들이 당시 떠오르고 있던 강자 오스만제국에 맞서 통합할 수 없게 만들었다. 잉글랜드 여왕 엘리자베스 1세가 가톨릭 국가인 에스파냐보다 이슬람 세력을 덜 걱정했다는 것은 시사적이다.

오늘날 IS가 옹호하는 과격한 이데올로기는 종교적 폭력을 선동하고도 있지만 세상의 종말에 관한 옛 예언을 연상시키는 천년왕국설의 언어를 차용하고 있다. 그것은 자기네들이 알라의 '참된' 길을 따르며 시리아의 다비크시에서 벌어질 연합 세력과 '로마의 군대' 사이의 마지막 싸움을 위한 준비를 하고 있다고 천명한다. 2014년 11월 미국 인도주의 국제 구호원 피터 카시그의 잘린 머리가 ISIS 비디오로 공개됐을 때 처형자는 이렇게 선언했다.

"자, 이렇게 다비크의 첫 번째 미국인 십자군을 묻어버리고, 당신네 군대의 나머지 병력이 도착하기를 열렬하게 기다리겠다."

ISIS를 특징짓는 지하드 운동의 특정 부류는 수니 이슬람의 한 분파인 살라프파에서 나온 것이다. 그들은 이슬람교 초창기의 율법과 사회 구조를 엄격하게 준수하는 것을 지지한다. 살라프라는 이름은 '독실한 선조들'을 의미하는 '알살라프 알살리흐al-salaf al-salih'에서 왔다. 이 선조들에는 선지자 무함마드와 함께, 632년 무함마드가 죽은 뒤 무슬림을 이끌었으며 살라프파가 일상생활 모든 측면의 모델로 숭배하는 초기 '칼리파'('후계자'라는 뜻)들도 포함된다. 그 결과로 ISIS가 통제하는 영토에서는 무엇을 먹고 마실 것인지, 누구와 이야기할 것인지 등 모든 법령이 "선지자 무함마드의 방법론"[11]을 존중하고 본받는 것으로 되어 있다. IS 신학의 권위자인 프린스턴대학 버너드 헤이컬에 따르면, 그 추종자들은 지금 하고 있는 노예 부리기와 참수, 공개적인 십자가 처형 등이 7세기 전반 무함마드의 정복 때 시행했던 전쟁 규범을 충실하게 재현하고 있다고 믿고 있다. 그는 이렇게 주장한다.

　　IS 전사들은 중세 전통의 한가운데에 들어가 그것을 전면적으로 우리 시대로 가져오고 있다.[12]

2010년 이후 서방 지도자들의 IS에 대한 대응이 지닌 문제점 가운데 하나는 그들을 떠받치고 있는 종교적 이데올로기의 본질과 역할을 이해하지 못했다는 것이다. 그들의 행동을 신학적으로 정당화하는 것은 그저 중세를 '가장'하는 것으로 치부됐다. 세속주의 원칙이 종교적 다양성에 대한 관용으로 이어지고 종교가 점점 더 개인적인 영역으로 물러나고 있는 우리 자유민주주의 모델에서는 종교가 그렇게 심각한

중요성을 지닌다는 것을 믿기 어려웠다. 단순히 한 집단의 전술에 대해서가 아니라 그 핵심 전략에 대해서 말이다.

그래서 서방 분석가들과 정책 담당자들은 그 아래 도사리고 있음직한 보다 구체적인 정치적 동기들을 탐색했다. 서방은 오사마 빈 라딘이, 미국이 사우디아라비아에서 철수하고 무슬림 땅에서 독재 정권을 더 이상 지지하지 않도록 보장하는 것이 자신의 목표라고 하자 마침내 알카에다 초기 세대의 바탕에 깔려 있는 목표를 알게 됐다. 그러나 종말론적 비전을 갖고 있는 IS는 계속해서 이라크와 시리아의 영토를 점령하면서 협상 테이블에 희미하게나마 알아볼 수 있는 것조차 전혀 내놓지 않고 있는 듯했다.

21세기 종교 전사

ISIS의 미스터리는 그것이 혼합적 특성을 지니고 있다는 것이다. 중세적인 것과 현대적인 것이 뒤섞여 있고, 널리 퍼진 것과 토착적인 것이 뒤섞여 있다. 그 이전의 알카에다와 마찬가지로 이 조직은 서방에서 자율적이고 분권화된 다양한 세포들을 통해 활동한다. 영국 언론인 제임스 미크는 이 모호하고 유동적인 네트워크를 고정된 주소나 지휘·통제 센터가 없는 "프랜차이즈와 에토스 사이의 어딘가"에 해당하는 것으로 표현했다. 따라서 파리의 바와 음악당, 그리고 브뤼셀의 교통 중심지에 대한 공격은 IS가 내비쳤듯이 그들이 직접 내린 명

령이 아니었다.[13]

반면에 중동에서는 ISIS가 국가에 가깝다. 시리아 북부 라카에 있는 훈련소 같은 확실한 기반 시설들이 있고, 영토적 기반을 건설하려는 분명한 계획도 있다. 그들의 당초 군사전략은 주요 공급로와 전기 관련 시설, 그리고 돈이 되는 유전들을 점령하기 위해 만들어진 것이었다. 모두가 영토에 대한 통제권을 확대하고 재정적으로 자립하며 남들이 자기네에게 에너지 공급을 더욱 의존토록 하기 위한 디딤돌이었다.

2014년 6월 IS가 이라크에서 두 번째로 큰 도시 모술을 점령하자, 영토를 정복하고 지배하려는 그 야망은 단순한 비유 이상의 것이 됐다. 이 도시의 이슬람 중심 사원 설교대에서 ISIS의 자칭 최고 지도자 아부 바크르 알바그다디는 자신을 다음 칼리파(무함마드의 후계자)라고 선언하며, 전 세계의 무슬림들에게 복종을 맹세하라고 초청했다. 그 뒤에 지하드 운동의 물결은 이를 방해하려는 서방의 노력에도 불구하고 시리아와 이라크로 흘러들어갔다.

ISIS의 영토 주장에서 두드러진 것은 그들이 기존의 국경을 넘어섰다는 점이다. 북아일랜드의 아일랜드공화국군IRA이나 에스파냐의 바스크 분리주의자들, 스리랑카의 타밀호랑이LTTE 등 다른 테러 단체들은 기존 국가 안에서 땅을 잘라내고자 했지만(때로 탈퇴 같은 방식을 통해서다), ISIS의 목표는 이들과 달리 팽창주의적이다. 그들은 시리아와 이라크 두 나라를 아예 없애고 하나의 통일 칼리파 왕국을 만들어 이 지역의 지도를 근본적으로 바꾸려 하고 있다.

이에 따라 알카에다는 지하로 철수하는 등 끊임없이 장소를 이동하고 모습을 바꾸었지만, IS의 야망은 이런 선택을 배제하고 있다. 그들은 한 줌의 땅이라도 지배하고 있지 않으면 칼리파 왕국을 유지해 나갈 수가 없다. 캐나다의 언론인 그레임 우드는 이렇게 썼다.

그들이 영토를 지배하지 못하게 되면 모든 충성 맹세는 더 이상 의미가 없을 것이다.

영토를 보유하는 것은 행정적·재정적·법률적 구조를 갖춘 매우 현대적인 국가 건설 프로젝트와 결합되어 있다. 일부 ISIS 비디오들은 소름 끼치는 처형을 공개하지 않는 경우에 칼리파 왕국에서 일상을 영위하는 '보통' 민간인들의 모습을 보여준다. 그들은 학교에 가고, 시장에 가고, 치과 병원에 간다. 이런 일상생활의 장면들은 혼란에 빠진 지역에서 IS 점령 지역이 평온한 섬처럼 보이게 한다.

그러나 질서가 잘 잡힌 칼리파 왕국의 중요성은 보호를 제공하는 통치 주체나 샤리아 율법(이슬람교 신자들을 통제하는 종교적 율법 체계)이 강제될 수 있는 장소로서의 그 지위를 넘어서는 것이었다. 그것은 우드가 '구원 수단'이라 부른 것이기도 하다. IS 추종자들은 무슬림이 칼리파에게 충성을 맹세하지 않으면 일상적인 실천이 아무리 독실하더라도 완전한 이슬람의 삶을 살 수 없다고 믿기 때문이다.[14] 따라서 ISIS가 장악하고 있는 땅을 여행하는 것은 개인의 영적 구원 행위다.

ISIS는 통상적인 전투를 벌이고 그 지리적 발판 유지에 필요한 상당수의 병력을 모으는 데 이 신학적인 언명을 편리하게 이용했다. 게릴라 방식의 전투나 임시방편의 테러 행위는 그들의 영토적 목표를 이루는 데 충분한 수단이 되지 못한다. 그들은 또한 그 지역 나라들과 그들을 지원하는 서방 국가들에 대한 전통적인 형태의 군사적 승리도 필요하고 그것을 통해 세력을 키운다.

2015년 5월 이라크 라마디시 정복은 IS 지휘관들이 탐지와 공습을 피한 복잡한 전투 계획을 능숙하게 수행했음을 보여주었다. 그들은 병력이 많은 적 이라크보안부대ISF의 의표를 찔렀을 뿐만 아니라, 미국에서 훈련을 받고 많은 찬사를 받으며 이 도시 방어를 위해 여러 달 동안 싸워온 '황금 사단'으로 알려진 특수작전부대도 물리쳤다. ISIS 전사들은 또한 라마디를 공격하는 동안에 서방 군사 장비를 노획하는 결정적인 개가를 과시했다. 그들은 소화기 발사로부터 안에 타고 있는 병사들을 보호하도록 만들어진 미군 장갑차를 개조해 오클라호마 시티 폭탄 테러(1995년 오클라호마의 연방정부 건물 앞에서 폭발물을 가득 실은 트럭을 폭파시켜 168명이 죽고 680명 이상이 부상당했으며 건물 300여 채가 파손됐다―옮긴이)의 위력에 맞먹는 이동식 대형 폭탄을 만들었다. 그 폭탄으로 이라크보안부대의 방어선을 뚫고 다층 건물 여러 채도 동시에 파괴했다.[15]

이렇게 무용을 과시한 것은 ISIS가 사이버 공간에서 선전 도구들에 이용할 핵심 콘텐츠들로 제공되고, 무엇보다도 외국인 전사들을 모집하는 데 이용된다. 현대의 과학기술이 ISIS의 불길을 위한 연료라고 말하는 것은 전혀 과장이 아니다. IS는 다른 테러 집단이나 극단주의 집단들에 비해 수준이 높아서 사이버 공간 특히 소셜 미디어에 자주 나타나고 있다. 과거에 알카에다 같은 조직들은 인터넷을 주로 테러 세포들 사이의 의사소통 수단으로 이용했지만, IS는 그것을 온갖 목적을 위해 채택했다. 자기네를 홍보하고, 과격분자를 만들어 신병을 모집하며, 돈을 모으고, 심지어 협박하는 일까지.

ISIS의 홍보 조직인 알하야트미디어센터는 매일 40건에 가까운 포토에세이, 기사, 오디오 프로그램 등을 만들어내고 있다. 많은 국영 텔레비전 방송망보다도 많은 숫자이며, 모두가 다국어로 제공된다. 이 조직은 트위터에서 하루 5만 건으로 추산되는 트윗을 날릴 뿐만 아니라, 꼼꼼하게 연출한 처형 비디오를 가장 많은 시청자가 볼 수 있도록 만드는 데에 능숙하다. 그 비디오들을 2014년 브라질 월드컵에 사용되는 해시태그 같은 인기 있는 트위터 해시태그에 거는 식이었다.

IS는 또한 독일에 본사를 둔 텔레그램 같은 최첨단 메신저 애플리케이션의 발 빠른 사용자이기도 하다. 텔레그램은 안전한 대화 채널을 제공하고, 선전 메시지를 탐지하거나 대응하기 어렵게 만든다. 알하야트에서 퍼뜨리는 텔레그램들은 추종자들이 무기를 구하고 폭탄을 만드는 방법과 소규모 집단 또는 외로운 늑대 lone wolf(자생적 테러리스트) 식의 공격 방법에 관한 훈련 매뉴얼과 조언을 공유할 수 있게 했다. 이런 식으로, IS는 에드워드 스노든이 미국과 유럽 정보기관들의 광범위한 소셜 미디어 감시를 폭로하면서 고조된 최근의 프라이버시를 중시하는 분위기 덕을 보았다. 스노든 사건이 터지자 통신 회사들은 서둘러 고객의 프라이버시 보호를 강조하고 나섰다. 그러나 암호화 소프트웨어를 자유롭고 싸게 구입할 수 있도록 함으로써 대형 통신 회사들은 ISIS가 그 활동을 숨길 수 있도록 해주었다.

ISIS가 지닌 혼합적 특성의 마지막 사례는 그들이 붙잡아둔 여성 포로들을 계속 조직적으로 강간하기 위해 현대적인 피임법을 사용한다는 것이다. IS 지도부는 자기네의 성노예화 관행이 옛 선지자 무함마드 시절의 것과 거의 비슷하다고 주장한다. 효과적인 충원 수단이 되는 것은 말할 나위도 없다. 결정 과정이 분명치 않지만 중세 이슬람 율법에서 남자는 성노예로 삼은 여자와 성관계 전에 그 여자가 임신하지 않았음을 확인해야 한다고 규정하고 있기 때문에, 오늘날 ISIS 병사들은 여자들에게 경구 피임약을 주거나 데포프로베라 같은 피임 주사를 맞게 한다. 이렇게 함으로써 여자들은 반갑잖은 임신이 되지 않은 상태로 ISIS 한 전사에게서 다른 전사에게 넘겨질 수 있다.

한 무리의 젊은 야지디 여성이 데포프로베라 주사를 맞으러 정기적으로 지역 병원에 갈 때 그들을 '보호'하던 한 중년 여성은 ISIS 지휘관과 병사들이 여자들을 사고파는 모습을 이야기하고 있다. 전에 이 여성은 비극적이게도 여러 전사에게 강간당한 자기의 십대 딸을 데리고 간 적이 있었다. UN이 이라크 북부에 세운 한 진료소의 사례를 보면, 그런 관행은 그 고약한 목적을 달성한 것으로 보인다. 진료소에서 치료를 받은 강간 희생자 700여 명 중에 단 5퍼센트만이 임신한 것으로 보고됐다. 어느 특정한 달에도 젊은 여성의 출산율이 20퍼센트에서 25퍼센트에 이르는 점을 감안하면 매우 낮은 수준이다.[16]

외국인 테러 전사

성노예가 무한정 공급된다는 약속은 IS 홍보 자료의 핵심 항목 가운데 하나였다. 그 선전 내용은 흔히 중세적인 것으로 보이지만, 그 형태는 매우 현대적이고 유별나게 현대적인 목표물을 향하고 있다. 바로 서방의 신병 후보자들이다. 그럴듯한 홍보 비디오의 배경음악은 서방 청년문화를 떠올리도록 설계됐고, 오싹할 정도로 「콜 오브 듀티 Call of Duty」나 「그랜드 세프트 오토Grand Theft Auto」 같은 서방의 인기 있는 비디오게임에 나오는 것 같은 장면들이 들어 있다. 이런 신병 모집 수단의 위력은 수치에서 확인할 수 있다. 2015년 말 UN은 IS 같은 폭력적인 과격주의자들이 외국인 전사 3만 명 이상을 모집한 것으로 추산했다. 100여 개 나라에서 시리아·이라크는 물론 리비아·예멘과 아프가니스탄으로 간 사람들이다.[17]

이들 전사들을 용병(과거든 현재든)과 구별 짓는 것은 그들이 그저 일자리를 얻기 위해 총질을 하는 것이 아니라는 점이다. 그들은 (대체로) 자유를 위해 서비스를 제공한다. 모집자들은 지역 공동체가 아니라 초국가적 공동체(이 경우에는 무슬림 움마Ummah 즉 공동체의 원수를 갚는 영웅들의 형제애다)와 연결된 정체성을 가진 사람들에게 호소하며, 이 공동체가 존립의 위협에 직면하고 있다면서 목표로 하는 대상을 설득한다. 요컨대 위험 감수에 대한 보상은 물질적인 것이기보다는 정신적인 것이다.[18]

역사에는 영웅이 될 수 있다는 전망에 유혹되거나 대의의 고결함에 이끌린 외국인 전사들의 사례가 수두룩하다. 대표적인 예가 1830년대에 벌어진 멕시코 내전이었는데, 이때 미국 출신의 외국인 병사들이 군사 독재 정권이 될 가능성 있는 세력의 권좌 복귀에 도움을 주었다. 아프가니스탄에서는 1979년 소련의 침공 이후 중동 각지에서 온 전사들이 입대해 무자히딘('지하드를 수행하는 사람들'이라는 뜻이다—옮긴이)을 지원했다. 공산주의로부터 종교를 구하기 위한 싸움이었다.

외국인 전사들의 관심사는 보통 현지 병사들의 것과 다르기 때문에, 역사에서도 전자가 전투에 더욱 열심이고 보다 치명적인 형태의 폭력을 저지르고 있음이 나타난다. 전쟁에서 그들이 지원하는 편을 물리치기가 더 어려워지는 것이다. 따라서 외국인 전사들이 개입된 전쟁이 흔히 더 오래 끌고 사망률이 높은 특성을 보인다.

가장 유명한 사례 중에는 오늘날과 확실히 비슷한 면이 있는 에스파냐 내전(1936~39)이 있다. 내전 동안에 4만 명에 가까운 외국인이 신생 에스파냐 제2공화국 편에 서서 프란시스코 프랑코의 파시스트 반란군에 맞서 싸웠다. 공화국은 소련의 지지를 받았고, 반란군은 히틀러와 무솔리니의 지원을 받았다. 외국인 의용 전사들로 이루어진 국제여단이 겪은 갖가지 고난은 조지 오웰의 『카탈루냐 찬가』(1938)로 불후의 명성을 얻었고, 이후 전 세계의 다음 세대 급진파 학생들과 게릴라 전사들에게 자극제가 됐다. 지금도 마찬가지지만 당시에 젊은 이들(그 가운데 여성은 좀 적었다)은 이상주의와 불만이 뒤섞인 심리 상태에서 아주 먼 곳까지 가서 외국의 전쟁에 참여했다. 지금도 마찬가지지만 당시에 능숙한 모집자들은 그 젊은이들의 정제되지 않은 잠재력을 동원했다. 국제여단의 경우 공산당의 전 세계 네트워크를 통해서였다. 그리고 지금도 마찬가지지만 당시에 각국 정부는 자기네 국민들이 외국의 전쟁에 뛰어들기 위해 떠나는 것을 막으려 했으나 그다지 성공하지 못했고, 그들이 고국으로 돌아오자 의심의 눈초리를 보냈다.

전쟁에 휘말린 신생 에스파냐 공화국은 새롭고 보다 진보적인 형태의 민주주의를 약속을 하고 있었다. 물론 파시스트 반란군과 귀족정 및 엘리트 지배의 잔재를 모두 물리쳐야 가능한 일이었다. 그리고 1930년대에는 후대인 냉전 동안 그랬던 것처럼 공산주의가 서방의 주적이 아니었고, 그런 상황에서 허약한 민주주의가 파시즘을 물리친다는 이야기는 젊은 세대를 강하게 끌어당겼다. 그들은 외국 땅에서의 고상한 정치적 대의에 푹 빠져 있었을 뿐만 아니라 자기네 나라의 경제적 곤경에 대한 대안도 찾고 있었다.

캐나다에서는 남녀 1,600명이 공화국 편의 매켄지-파피노 대대에 자원했는데, 캐나다에서는 대공황이라는 특히 암울한 상황이 가난한 실업자 무리를 양산하고 있었다. 그들 가운데 상당수는 일자리를 찾아 "정처 없이 떠도는" 중에 급진화했다. 마이클 페트로는 자신이 쓴 책인 『이탈자Renegades: Canadians in the Spanish Civil War』에서 에스파냐 내전은 이상주의자들이 자기네의 열망을 투사하고, 환멸을 느낀 사람들이 그들만의 이데올로기적 전투를 벌이는 캔버스 역할을 했다고 썼다. 캐나다의 유명한 의사 노먼 베순은 이 내전에서 이동 수혈 부대를 만들어 공화국군을 지원했는데, 그에게 반파시즘은 자신이 1930

에스파냐 내전 당시 의사 노먼 베순이 운영한 이동 수혈 부대(1936년 경).

년대에 서방 국가들에서 목격한 빈곤과 정치적 탄압에 대한 반작용이
었다.

오늘날 유럽에서의 외국인 전사 모집을 연구한 권위자들은 낯익은
(적어도 겉으로는) 경향을 지적한다. 프랑스 학자 올리비에 루아는 유
럽의 제2세대 무슬림이 급진화하는 것을 젊은이들의 사회에 대한 반
란의 일부라고 설명한다. 그 반란은 이슬람의 지하드 이야기와 연관
되며, IS가 자기네들의 목표를 이루기 위해 전략적으로 조종한 것이
라는 말이다. 루아는 이라크나 시리아에 갔다가 유럽 거리에서 테러
행위에 참여하기 위해 고국으로 돌아온 사람들에게 공통된 특징이 일
부에서 생각하듯이 정신의학적 결함이 아니라 자기네 사회에 대한 불
만과 분노라는 것을 발견했다. 그는 이렇게 썼다.

핵심이 되는 것은 고통을 당하고 있다는 심리 상태다. 기대와 사회적 성과 사이의 불일치다.[19]

이것이 젊은 급진주의자들을 ISIS가 제공하는 영웅주의와 악명의 이미지에 개방적이게 만들고 있다.

그러나 여기서 과거의 외국인 전사들과 비슷한 사람들은 무너지기 시작한다. 2011년에서 2016년 사이에 시리아로 간 사람들 중 일부는 '아랍의 봄'의 약속에서 생겨난 뚜렷한 정치적 과제를 품고 있었다. 바샤르 알아사드 시리아 대통령의 권위주의 정권을 무너뜨리고 온건하며 민주적인 정부를 만드는 것이었다. 그들은 반란 세력과 자유시리아군FSA 같은 집단들을 지원하고자 했다. 1930년대에 국제여단에 참여했던 많은 사람과 마찬가지로 그들의 목표는 민주주의의 확산과 자유권의 확대다. 그러나 더욱 걱정스런 대다수의 사람들이 있는데, 이들은 외국인 **테러리스트** 전사라는 말이 더 잘 어울린다. 그들의 정치적 의제나 대의는 밝혀내기가 어렵다. 그 대신 그들의 일차적인 동기는 루아가 말한 대로 "담론에 대한 매료"다. 무슬림들과 서방 이교도들 사이에 건곤일척의 대결을 가져오게 될 싸움에 참여하는 것이다. 그리고 현지 동맹자들을 지원하고 그들과 하나가 됐던 과거의 외국인 전사들과 달리, 오늘날 외국에서 온 지하드 전사들은 그들이 명목상 지원한다고 하는 현지의 아랍 주민들과 자기네를 별로 동일시하지 않는다.

정치적 목표가 그다지 (또는 전혀) 역할을 하지 않고, 종교의 역할은 더욱 모호하다. 중동 본토의 IS 추종자들에게는 이슬람에 대한 특히 엄격한 해석이 자기네의 목표와 행동에서 중심 위치를 차지하고 있지만, 이와 대조적으로 유럽에 뿌리를 둔 지하드 운동가들의 종교적 신념은 겨우 최근에야 얻은 것이다. 급진화에 대한 현대의 연구는 외국인 테러리스트 전사들(또는 ISIS가 유럽에서 후원한 테러 행위 가담자들) 가운데 극소수만이 전에 적극적으로 종교 활동을 하고 지역 이슬람 사원에 꼬박꼬박 나갔음을 보여준다. 실제로 많은 경우 도둑질이나 마약 거래 같은 잡범 경력이 있다. 그들 프로필의 종교적 측면은 루아가 "개인적 변신의 틀"이라 부른 것을 제공함으로써 급진화 과정의 나중 단계에서나 중요해지는 듯하다. 그들에게 지하드는 세계 시장에서 유일하고 진정한 '큰 대의'다.

종교와의 이 특별한 관계는 극소수의 지하드 운동가들만이 낙원 이야기를 한다는 사실과, 경전에서 보여주듯이 보다 나은 사회의 건설이 아니라 복수나 자살 같은 허무주의적 용어로 그 틀을 짜는 사람들에 대해 잘 설명해준다. 이런 현대의 외국인 테러리스트 전사들 모습은 또한 급진화 전문가들의 연구에 나타나는 것처럼 서방 민주주의 국가들에서 그들의 대두에 대처하기 위해 채용한 정책 수단들 가운데 상당 부분이 제한적인 효과만을 거둔 이유를 설명해준다. 예컨대 이슬람 사원에 대한 밀착 감시는 사법 당국에 테러 음모 저지를 도울 수 있는 구체적인 정보를 거의 제공하지 못했으며, 이맘imām('지도자') 들은 급진화 과정에서 아주 제한적인 영향만을 미쳤다. 이와 비슷하게, '이슬람 개혁'에 대한 요구도 별다른 영향을 미치지 못한 듯하다.

급진화한 사람들은 근본적으로 이슬람이 **실제로** 무엇을 의미하며 함축하고 있는지에 무관심하기 때문이다. 그러나 이와 동시에 이슬람을 테러와의 전쟁이라는 프리즘을 통해서만 생각하는 것은 급진화 과정에 동력을 제공하는 박해와 복수 프레임을 인정하는 일이 될 것이다.

IS의 뿌리와 가지

IS의 호소력은 그들이 중동 문제에 대한 외국(대체로 서방)의 개입으로 인해 생긴 분노를 이용할 수 있었기 때문에 강화됐다. 따라서 ISIS는 중세로의 후퇴이기는커녕, 매우 현대적인 창작품이다. 미국이 금세기 초에 그 핵심 동맹자들의 지원 아래 중동 문제에 개입해서 생긴 일이다.

가장 유명한 것이 2003년의 이라크전쟁과 그 나라에 대한 점령이다. 전 세계적으로 자유민주주의가 승리를 거둘 것이 확실하다고 생각했던 후쿠야마와 매우 흡사하게, 부시(아버지) 행정부는 중동에서 잠깐 전쟁을 벌여서 서방식의 진보를 이룰 것이라고 생각했다. 사담 후세인의 군사적 패배로 촉발되는 '창조적 파괴' 속에서 정당과 선거, 자유주의적 헌정 질서, 자본주의적 시장이 떠오를 것이라고 생각했다.

그 예언의 파괴 부분은 분명히 일어났다. 그러나 그 조각들은 아직도 중동 곳곳에 흩어져 있다. 사실 미국이 이끈 2003년 이라크 침공의 여파와 알카에다 이탈파의 IS 창설 사이에 아주 똑바른 선을 긋는 것은 어렵지 않다.

전후 초기 미국과 영국이 점령하고 있던 시기에 이라크 알카에다의 전 지도자 아부 무사브 알자르카위는 고의적으로 이슬람교의 두 주요 분파인 시아파와 수니파 사이의 대립을 촉발하려고 했다. 시아파 종교의식과 기관에 대한 일련의 치명적인 공격을 통해서다. 대립을 조장한 그의 목표는 결국 노련한 알카에다 지도부와 충돌하기에 이르렀다. 그들은 이런 폭력 전술이 알카에다를 자기네가 가동할 필요가 있는 현지의 지지 기반에서 떼어놓을 것이라고 생각했다.

2013년, 조직은 쪼개졌다. 그러는 사이에 자르카위의 분파주의 전략은 자신도 모르는 사이에 미국 점령 당국을 지원했다. 이라크 공무원 조직에서 사담 후세인의 아랍사회주의부흥당(바스당) 전 당원들을 몰아내기 위해 설계된 미국의 탈脫바스 정책은 군과 경찰, 사회복지 사업의 주요 지위에 있던 수니파 인사들을 대량 해임했다. 공무원 3만 명과 군인 40만 명이 여기에 포함됐다. 이라크전쟁에서 영국의 역할을 조사한 칠콧 조사단의 보고서는 사담의 보안 기구를 해체한다는 결정을 전후 기간의 최대 실책 중 하나로 꼽았다. 그것은 곧바로 일자리를 빼앗기고 불만을 품은 집단을 만들어냈고, 그들은 이후 반란 세력의 자원이 됐다.[20]

미군은 또한 수니파 주거 지역에 대한 여러 차례의 공격과 이어지는 수니파 포로 포획 및 투옥을 이끌었고, 그들 중에 일부를 고문하기도 했다. 아부그라이브감옥의 악명 높은 구금과 고문 관행이 드러난 뒤 수니파 억류자들은 부카감옥으로 이송됐다. 바로 이곳에서 특정 억류자(이제 아부 바크르 알바그다디로 알려졌다)가 아부그라이브감옥에 투옥된 일단의 전직 바스당 장교들과 친밀한 관계를 맺었다. 바그다디는 나중에 IS의 지도자가 됐고, 그의 이전 수감 동료들이 가까운 보좌관으로 들어왔다. 수니파 사람들이 미군의 손에 억류됐던 일은 이렇게 긴 그림자를 드리웠다. 중동 연구자인 애덤 하니에는 이렇게 말한다.

(그 경험은) 이 나라에서 떠오른 종파 간 분열을 더욱 고착화했을 뿐만 아니라, 구체적인 의미에서 IS를 사실상 만들어냈다.[21]

그러나 ISIS의 기원이 2003년 이라크 침공 이후의 특정한 맥락 속에 있다 하더라도, 중동에서 그것이 확산된 것은 2011년 '아랍의 봄'이 좌절되고 민주주의가 자리를 잡지 못한 사실과 밀접하다. 두 가지 현상이 결합해 IS가 세력을 확장할 수 있는 '생태계'를 만들어냈다. 첫째는 권위주의 정권을 바꾸는 데 실패한 데 따른 환멸이다. 둘째는 자리가 위태로운 이 지역 곳곳의 지도자들이 권력 장악을 유지하려는 노력으로 **고의적으로** 조장한 공포와 종파 간 폭력이다. 특히 시리아의 바샤르 알아사드가 대표적이었다. 아사드는 내전 동안, 자신의 정권을 지지하지 않으면 테러리스트들을 지지하는 것이라는 단순한 구도를 만들려 했지만, 실제로 그와 그 정권의 다른 구성원들은 ISIS 사람들과 적극적으로 협력하고 이 조직을 공습하지 않았다. 정부는 시

2006년 다마스쿠스 구시가지에 있는 알아사드 초상화가 그려진 광고판.

리아 주민들을 자주 공습했는데도 말이다.

그러는 동안에 미국은 여전히 아부그라이브감옥의 수치로부터 회복하는 중이었고, 관타나모만의 수용소를 폐쇄할 것인지 혹은 어떻게 폐쇄할 것인지를 논의하고 있었으며, 고문이 옳으니 그르니 토론하는 중이었다. 이것이 냉전이 끝날 때 후쿠야마가 미국에 대해 예측한 개명된 리더십일까? 이라크에서 지나치게 일을 벌였던 것은 미국뿐 아니라 영국의 정치·군사 지도자들에게도 상처를 남겼다. 그들은 이제 오랜 군사적 개입에 대해 공포를 지니고 있고, 자기네 스스로의 '레드라인red line'을 강요하지 않으려는 생각도 갖고 있다. 이것이 IS뿐만이 아니라 각자 나름의 방식으로 야만적 행태를 시도하고 있는 각국 정권들에게도 날뛸 수 있는 여지를 남겨주었다.

가해자로서의 국가

오늘날 국민국가들은 야만 행위의 주요 가해자로 국가가 아닌 무장 집단들을 즐겨 비난하지만, 오늘날 국제인도법을 가장 많이 어기고 있는 것은 각 나라의 정부들이다. 반기문 UN 사무총장은 2016년 5월 열린 사상 첫 세계인도주의정상회의WHS의 보고에서 이렇게 말했다.

전쟁 수행을 통제하는 가장 기본적인 원칙을 무시하는 일이 확산되어 그 적용을 재해석하고 모호하게 할 위험성이 커지고 있습니다. … 각국이 국제인도법과 국제인권법을 확대 해석하는 등으로 이들을 무시하거나 훼손한다면 다른 국가나 국가 아닌 행위 주체들은 이를, 같은 일을 하라는 초청장으로 여길 것입니다.

국제인도법을 (특히 국제인도법이 비전투원을 목표로 삼는 것을 금지하는 것을) 무시하려는 유혹이 늘어나는 것은 민간인이 모두 무고하다고 볼 수는 없다는 오랜 의혹에도 원인이 있다. 민간인들이 직접 또는 간접적으로 전쟁 수행을 지원하는 여러 가지 일을 할 수 있기 때문이다. 민간인 지원의 힘은 적어도 제2차 세계대전 때는 이미 분명히 드러났다. 주민들이 부상병들의 파자마를 만들고 군수품 공장에서 일하는 등 온갖 일을 했다. 이는 주민 가운데 어떤 집단은 공격 대상에서 제외되지 말아야 한다는 논쟁을 촉발했다. 휴고 슬림이 말한 대로 그들이 "비전투원 신분의 모호성"을 지니고 있기 때문이다. 현대의 많은 전쟁에서 민간인은 "고통을 당하고 구조를 받"는 "단순한 2차원적 캐리커처"[22]가 아니라고 슬림은 말한다. 많은 전쟁에서 민간인들은 자발적으로든 강제로든 전쟁의 어느 한쪽을 열심히 지원한다. 게다가 오늘날에는 전쟁터가 점점 불분명해지고 있다. 전투가 민간인 밀집 지역에서 일어나고 있고, 민간인들이 전투와 비슷한 활동들에 점점 더 관여하고 있다. 예컨대 '적 측'의 군사적 목표물을 손상시켜 정보 전달을 방해하거나 표적 정보를 제공하는 따위다.[23] 가자에서 벌어진 팔레스타인인들과 이스라엘인들 사이의 충돌이 대표적인 사례다. 시리아에서 계속되고 있는 전쟁도 마찬가지다.

2013년 8월 21일 새벽, 다마스쿠스 교외 고타에 사는 사람들은 아파트 건물 지하로 뛰어 내려갔다. 전에 여러 번 그랬듯이 공습을 피하려는 것이었다. 그러나 그들은 안타깝게도 사린 신경가스에 노출됐다. 시안화칼륨(청산칼리)보다 20배나 더 치명적인 화학작용제였다. 그것은 지대지地對地 로켓으로 발사됐다. 휴먼라이츠워치HRW라는 기구는 목격자 진술과 GPS 정보, 위성사진을 이용해 시리아 수도 다마스쿠스 중심부에서 동쪽으로 약 6킬로미터 떨어진 자말카구에서 피폭 지점 네 군데를 확인했다. 적어도 로켓이 여덟 발 떨어졌다. 일부는 현지 이슬람 사원과 가까운 곳이었다. 몇 시간 뒤, 자말카에서 서쪽으로 20킬로미터쯤 떨어진 무아드하미야 마을에 역시 사린이 들어 있는 로켓이 떨어졌다.[24] 몇 시간 안에, 겉으로 부상의 흔적이 없는데도 괴로워하며 아파 보이는 어른과 아이들 모습을 담은 비디오 수십 개가 인터넷에 올라왔다. 많은 시신(어린 아이들과 아기들도 있었다)이 병원과 이슬람 사원의 바닥이나 무아드하미야 · 자말카와 인근 지역의 거리에 죽 늘어서 있는 모습을 생생히 담고 있었다.

UN 무기 사찰관들은 반기문 사무총장에게 보낸 이후의 보고[25]에서 여기에 노출된 생존자 50여 명의 증언을 전했다. 생존자들은 숨이 가쁘고, 방향 감각을 잃고, 시야가 흐릿해지고, 속이 메스껍고, 구토가 나고, 의식을 잃었다. 그들은 다행한 경우였다. 사망자 수를 둘러싸고 논란이 있었다. 사상자가 많이 발생해 혼란이 일어났고, 감염 지역에 큰 병원이 없었기 때문이다. 시리아의 분쟁에서 특징적인 정보전의 영향도 있었다. UN이 인용한, 국제적으로 받아들여지는 사망자 확인 기준을 사용한 활동가 운영 사이트 인권침해기록센터VDC는 최소 588명의 사망자 명단을 제시하고 있다. 그중에는 여성 135명과 아이 108명도 포함되어 있다. 미국 정부 쪽에서는 아이 426명을 포함해 1,429명이 죽었다고 잠정 평가했다. 9월 중순 UN 보고서를 내놓으면서 반기문 총장은 이렇게 선언했다.

사담 후세인이 1988년 민간인에게 화학무기를 사용했던 사실이 확인된 이후, 이번이 민간인을 상대로 화학무기를 사용한 가장 중대한 사례다.[26]

UN의 조사 임무는 공격의 배후에 누가 있는지를 확인하려는 것이 아니었다. 그러나 조사관들은 잔해가 있는 곳과 포탄이 떨어진 지역을 조사한 결과 로켓의 탄도를 "충분히 정확한 정도로" 판정할 수 있는, 방위각 계산(각도 측정)을 위한 "충분한 근거"를 찾아냈다. 도면에 기입해보니 탄도는 시리아 공화국 방위대 제104여단의 주둔지인 한 대규모 군사기지 지역으로 수렴되고 있었다.

휴먼라이츠워치의 평가는 공격에 사용된 330밀리미터 로켓이 "표준적이고 특화되고 국제적이거나 기밀 해제된 표준물질로 등록되지는 않은 유형의" 것이지만, 이 공격 이전 몇 달 동안에 반군 점령 지역에 대한 여러 차례의 다른 공격에서 기록된 것이라고 주장했다. 휴먼라이츠워치는 또한 이 로켓들이 이란에서 생산한 333밀리미터 팔라크Falaq 2 발사기와 비슷하다고 했다. 시리아 정부는 이 발사기를 갖고 있는 것으로 알려졌다.

공격이 있고 2주일이 되지 않아서 미국과 프랑스가 공개한 정보 분석은 한 발 더 나아가, 시리아 정부군이 반군 지역에 사린 가스를 사용했다는 "강한 확신"이 있다고 결론지었다. 프랑스 보고서는 이렇게 썼다.

로켓 발사 구역은 정권이 장악하고 있고, 반면에 피폭 구역은 반군이 장악하고 있다.

당시 시리아 정부군 지휘관들은 반군이 다마스쿠스를 대규모로 공격할까 우려된다고도 했다. 보고서에서는 또한 화학작용제가 든 탄약을 넣은 책임이 있는 시리아군의 조직인 시리아과학조사연구센터 CERS 450지부는 대통령과 같은 알라위파(이슬람교 시아파의 한 분파로, 신도들은 주로 시리아 서부 지중해 연안 지역에 분포한다—옮긴이) 일색으로 충원되어 있으며, "정권에 대한 높은 충성심이 특색"[27]이라고 밝혔다.

아사드 대통령과 다른 시리아 관리들은 즉각 그들이 로켓 공격을 자행했다는 이야기를 부인하고, 분명한 증거를 제시하라고 미국과 프랑스에 요구했다. 러시아도 서방 국가들에게 증거를 공개하라고 요구했으며, 블라디미르 푸틴 대통령은 시리아 정부에 책임이 있다는 주장은 "완전히 헛소리"[28]라고 말했다. 소련은 수십 년 동안 시리아를 중동에서 가장 중요한 맹방으로 생각해왔다. 시리아는 전략적으로 중요한 위치(지중해에 닿아 있고 이스라엘 · 레바논 · 터키 · 요르단 · 이라크와 국경을 맞대고 있다)에 있고, 러시아 밖에서 유일하게 러시아군 기지를 제공하고 있으며, 러시아산 무기 수입에 크게 의존하고 있기 때문이다. 게다가 러시아인 수만 명이 시리아에 살고 있으며, 그로 인해 중요한 상업적 · 문화적 유대 관계도 맺고 있다. 중동에 있는 핵심 우방이 국제적으로 비난을 받자 러시아 관리들은 UN 보고서가 '왜곡'되고 '편향'됐다고 주장했다. 이는 아마도 놀라운 일이 아닐 것이다. 그들은 또한 주민들에게 고통을 준 실제 범인은 다마스쿠스 교외에 있는 반군들이며, 국제적인 군사적 개입을 유도하려는 바람에서 한 짓이라고 주장했다.

개입은 이루어지지 않았다. 오바마 대통령이 그전 여름에 화학무기 사용은 미국의 '레드 라인'을 넘는 야만적인 행위이며 무력 사용에 관한 미국 정부의 생각을 바꾸게 할 것이라고 주장했음에도 말이다. 러시아 외무부 장관 세르게이 라브로프는 현란한 외교술을 발휘해 한 가지 제안을 내놓았다. 시리아는 그 화학무기를 국제적인 통제 아래 두어 폐기하는 데 동의하고, 미국은 시리아에 군사적 공격을 하지 않는 데 동의한다는 내용이었다. 9월 중순, 시리아 정부는 반기문 UN 사무총장에게 편지를 보내 시리아가 화학무기금지조약CWC에 가입하겠다고 밝힘으로써 이 처방에서 자기네가 해야 할 역할을 이행했다. 그러자 라브로프와 존 케리 미국 국무부 장관은 시리아의 화학무기를 파악하고 사찰하고 통제하고 폐기하는 상세한 계획을 타결했고, 이는 나중에 UN 안전보장이사회의 승인을 받았다.

이 계획은 시리아가 화학무기 재고를 완전히 공개하고, 시리아 안의 화학무기 비축 장소에 제한 없이 드나들 수 있도록 하며, 화학무기를 나라 밖으로 실어내는 일정을 제시하도록 했다. 2014년 5월 1일, 시리아가 모든 화학무기를 나라 안에서 없애겠다고 스스로 정한 기한(4월 말까지였다)을 어겼다는 보고가 들어왔다. 재고의 대략 8퍼센트가 다마스쿠스에 남아 있다는 것이었다. 대체로 사린 전구체前驅體를 함유하고 있는 것이었다.

한편 러시아-미국의 계획을 준수토록 도울 책임이 있는 화학무기금지기구OPCW는 4월 초에 반군 장악 지역에서 염소 가스를 사용한 일을 조사하도록 요구받았다(이는 결국 사실로 확인됐다). 2015년 3월,

제1차 세계대전 당시 방독면을 하고 있는 벨기에 기관총 사수.

UN 안전보장이사회는 시리아 내전에서 염소 가스를 무기로 사용한 일을 규탄하고 다시 한 번 화학무기가 사용된다면 유엔헌장에 따라 강제 조치를 취하겠다고 경고하는 결의안을 채택했다.

현재 화학무기금지조약의 존재는 어떤 무기나 전쟁의 전술이 너무도 파괴적이고 무분별해서 인류의 집단의식conscience collective(사회 통합 작용을 하는 공유된 일련의 신념과 사상, 도덕적 태도를 말하며, 프랑스 사회학자 에밀 뒤르켐이 도입한 용어다—옮긴이)에 충격을 주고 있다는 국제사회의 인식을 증언하고 있다.

제1차 세계대전 동안 캐나다 군대가 세계 무대에서 첫선을 보인 것은 염소 가스가 살포된 전투에서였다. 사람들은 대개 1917년의 프랑스 아라스 전투(캐나다 군단의 비미 능선 전투)를 캐나다가 주요 전투에 참여한 첫 순간으로 생각하지만, 이 나라의 전쟁사는 사실 이보다

2년 전에 시작됐다. 캐나다군 제1사단(1914년 여름 서둘러 편성된 부대다) 예하 부대들이 제2차 이퍼르(이프르)전투에서 독일군을 상대로 방어선 유지를 돕는 일에 나선 것이다. 1915년 4월 22일, 독일군은 염소 가스 168톤을 퍼부어 참호를 오염시킴으로써 연합군 병사들이 적의 포화가 쏟아지는 참호 밖으로 기어 나오도록 만들었다. 몇 분 안에 프랑스 및 식민지 병사 6천여 명이 죽었다. 폐에 가스가 홍수처럼 밀려들었기 때문인데, 어떤 사람들은 익사하는 것과 비슷한 느낌이었다고 표현했다. 육지에서 말이다. 생존자들은 일제히 달아나 방어선에 6킬로미터가 넘는 커다란 구멍이 뚫렸고, 평안하게 캐나다군 제1사단 후방에 있던 신트율리안(생쥘리앵) 마을이 새로운 전선이 됐다. 당시의 한 목격자는 이렇게 말했다.

그들이 무너져 달아났다고 비난할 수 없다. 그 끔찍한 밤의 어둠이 깔릴 무렵에 그들은 공포와 싸웠으며, 가스 구름 속에서 무작정 내달렸다. 그리고 고통스럽게 가슴을 들썩이며 쓰러졌고, 질식의 독가스가 천천히 그들의 어두운 얼굴을 뒤덮었다. 수백 명이 쓰러져 죽었고, 나머지는 무력하게 누워 있었다. 고통스러운 그들의 입술은 거품으로 뒤덮였고, 뒤틀린 몸에서는 세찬 구토와 맹렬한 구역질이 연신 터져 나왔다. 그들 역시 곧 죽을 터였다. 이루 말할 수 없이 고통스러운, 천천히 시간을 끄는 죽음이었다.[29]

독일군 병사들은 가스 공격의 엄청난 효과에 준비가 되어 있지 않아 곧바로 공백을 메우지 못했다. 캐나다군은 이렇게 지연되는 틈을 이용했다. 손수건에 오줌을 누어 가스의 효과를 차단하고, 증원군이 도착할 때까지 48시간 동안 추가 공격에 맞서 방어선 일부를 지켜냈다.

독일의 가스 공격에 뒤이어 영국·러시아·미국·이탈리아 등 다른 교전국들도 다투어 이 치명적이지만 매우 효과적인 전쟁 무기를 개발하고 사용하는 일에 나섰다. 제1차 세계대전 동안 가스 사용으로 사상자 130만 명이 생긴 것으로 추산됐다. 그리고 화학무기는 일차적으로 전쟁터에서 사용하기 위해 만들어졌지만, 보호용 방독면을 구할 수 없었던 인근 마을의 민간인들이 그 간접적인 희생자가 되는 경우도 많았다.

각국은 제1차 세계대전을 끝내고 베르사유조약을 맺어 질식성 가스와 독가스, 기타 가스들의 사용을 금지하기로 합의했다. 이어진 제네바의정서(현재의 제네바협약은 여기에 바탕을 두고 있다)는 이 금지를 재확인하고, 이를 세균을 이용한 전쟁 방식으로까지 확대했다. 조약 전문前文은 그런 무기의 사용이 "문명 세계의 일반 여론에 의해 정당하게 비판을 받았다"고 선언했다.

화학무기 사용에 대한 금지는 제2차 세계대전(이 동안에 양측은 화학무기 능력은 개발했으나 동해보복同害報復 위협 때문에 사용하지는 못 했다)에서뿐만이 아니라 지난 세기에 대체로 존중됐다. 더구나 1993년 발효되고 지금까지 191개국이 서명한 화학무기금지조약은 이전의 금지를 화학작용제 생산과 비축으로까지 확장했다. 이렇게 강력해 보이는 세계적인 합의가 있었기 때문에 2013년 시리아에서 화학작용제를 사용했다는 기록은 더욱 두드러지고 불길한 것이다.

또한 이 경우에는 공격이 전투원에게만이 아니라 도시 중심부의 민간인들에게도 (심지어 주로 민간인들에게) 가해졌음을 꼭 지적해둘 필요가 있다. 사실 현재의 우리 상황을 특징짓는 전쟁은 민간인들에게 특히 치명적인 타격을 주고 있으며, 그에 대한 대응은 놀랄 만큼 미약하다. 이에 따라 어렵사리 이룩한 국제인도법의 진전이 침식될 위험에 빠져 있다.

국제인도법에 대한 당면한 도전

내전이 민간인들에게 더욱 치명적이 되어가고 있는 최근에 교전 당사자들은 민간인을 보호하기 위해 그들이 지켜야 하는 의무를 밀쳐버리려고 국제인도법의 모호한 부분이나 허점이 보이기만 하면 거세게 그 틈으로 달려들고 있다. 이는 바샤르 알아사드 같은 잔인한 무력 충돌 지휘자들뿐만 아니라, 자유민주주의 국가들 역시 전쟁에 나서면 마찬가지다. 오바마 대통령 집권 1기 동안에 미국의 무인 비행기가 파키스탄 · 예멘 · 아프가니스탄을 공격한 것은 미심쩍은 전제에 의존한 것이었다. 특정 지역 인근에 있는 모든 "전투 가능 연령의 남성"은 전투원이 아니라는 특별한 증거가 없는 한 전투원이라는 전제다. 목표물을 규정하는 이런 관대한 접근법은 제네바협약 추가의정서의 정신과 충돌할 뿐만 아니라 민간인을 확실하게 보호하기 위해 20세기 동안에 이룩한 핵심적인 규범상의 진보에도 맞서고 있다.

그리고 자유민주주의 국가들이 핵심 규범에 직접 도전하지 않더라도, 그들은 남들이 그렇게 하도록 허용하고 있다(아니면 더 나쁜 경우에는 적극적으로 돕고 있다). 오늘날 벌어지는 내전의 3분의 1에서는 외부에서 온 제삼자가 분쟁의 한쪽 또는 양쪽 모두를 지원하고 있다.[30] 일부는 잔혹 범죄가 될 수 있는 광범위하고 조직적인 폭력에 책임이 있는 세력을 지원하기 위해 무력을 사용하기까지 한다. 또 다른 일부는 이런 범죄를 저지르는 데 사용되는 무기를 공급하거나 그런 무기의 거래와 수송을 모른 체하고 자기네의 정치적 영향력을 사용해 가해자들을 방어하기도 한다.

예를 들어 예멘 내전(2014~16) 동안에는 국제인도법을 전적으로 존중하기 위해 한 일이 거의 없었다. 분쟁 당사자들과 이란·사우디아라비아·미국·영국 등 주요 강대국들 사이에 유대 관계가 있었음에도 말이다. 이들 나라 가운데 일부는 무기거래조약ATT의 당사국이며, 이 조약은 국제인도법을 위반하며 무기를 사용할 것으로 보이는 세력에게 무기가 흘러가지 못하도록 통제하려는 협정이다.

이 모든 전쟁법 위반 사례는 사상 최고 수준에 올라 있는 국제인도법에 대한 대중의 이해 및 기대와 오늘날의 분쟁에서 이 법을 준수하는 현실 사이에 괴리를 만들어내고 있다. 적십자 국제위원회 법률 자문관 헬런 더럼이 경고했듯이, 우리는 이 괴리가 악순환으로 발전되도록 허용해서는 안 된다. 법을 존중하지 않는 것이 '새로운 정상 상태'가 되는 일 말이다. 더럼은 이렇게 썼다.

전쟁 당사자들에 대한 대중의 환멸은 국가와 무장 집단들이 너무도 쉽게 이 법이 실패했다고 주장하는 연막으로 이용될 수 있다. 그런 뒤에 그들은 자기네의 위반 행위를 무력 분쟁에서 불가피하고 현실적인 행동으로 정당화하려 할 것이다.[31]

총력전의 역사로 되돌아가는 것을 피하기 위해 오늘날 자유민주주의 국가들은 더 잘 움직일 필요가 있다. 자유민주주의 국가들은 규제를 위한 싸움에서 이겼다고 생각할 수 없다. 그들은 18세기 인도주의 관행의 상속자로서, 전쟁에서의 민간인의 고통과 특히 민간인 구분 원칙 쇠퇴를 경계 신호로 볼 필요가 있다. 그것은 그들 자신의, 그리고 이른바 그들의 동맹자들의 군사적 행동에 대한 재평가를 촉발해야 한다. 그것은 또한 그들로 하여금 법과 규범의 진보를 굳건하게 하는 노력을 배가하며 위반이 일어나면 끊임없이 이를 규탄하도록 자극해야 한다.

규제의 윤리는 가장 어려운 경우에도 권장될 필요가 있다. 심지어 민간인들이 수동적인 희생자가 아니라 한쪽을 상대로 적극적으로 음모를 꾸미고 있다고 의혹을 가질 만한 경우에도 말이다. 슬림이 웅변적으로 이야기했듯이, "민간인"은 "오직 그들이 중립이라고 우리가 생각할 때에만" 남들에게 붙이는 도덕적 딱지가 아니다.

그것은 일차적으로 우리의 적이 인간이라는 사실에 근거한 정체성
이다.[32]

우리가 이를 포기한다면, 우리는 군사적 필요성이 지배하게 하고
국제인도법의 핵심에서 미묘한 균형을 포기하는 것이다. 우리는 무슨
일이 이어질 것인지에 대해 아무런 환상도 가지지 말아야 한다.

역사의 되풀이

2016년 2월 시리아의 전쟁이 만 5년이 다 되어가면서 잊을 수 없는
사진 하나가 텔레비전과 소셜 미디어에 등장했다. 굶주린 마다야(시
리아 수도 다마스쿠스 북서쪽에 있는 인구 4만 명의 소도시) 주민들의 움푹
파인 얼굴들이었다. 이 도시는 지난여름부터 포위되어 시리아 정부와
레바논의 그 동맹자인 히즈불라 양쪽으로부터 강제로 차단되어 있었
다. 그곳에는 곳곳에 지뢰가 매설되어 있고 눈으로 뒤덮인 산으로 둘
러싸여 있어 인도주의 조직들이 식료품을 공급하려 해도 너무나 위험
했다. 이에 따라 주민들은 잇달아 몇 주씩 음식과 물, 전기도 없이 살
아가야 했다. 필사적인 부모들이 길 잃은 고양이와 개들을 잡아 아이
들에게 먹이고 아내들이 풀을 끓여 남편들에게 먹이고 있다는 이야기
들이 나돌았다.

위기가 절정에 달하면서 주민 2만 명이 굶어죽었고, 이미 넘쳐나고

있던 병원은 제기능을 못할 지경이 됐다. 국경 없는 의사회MSF 운영 국장 브리스 드 르뷔뉴는 약장이 비고 굶주리며 아픈 환자들이 더욱 늘어나자 의사들이 심한 영양실조에 시달리는 아이들에게 의료용 시럽을 먹이고 있다고 말했다. 그것이 유일한 당분과 에너지원이었다. 마을은 그의 말대로 하나의 거대한 '노천 감옥'이 됐고, 떠나려던 사람들이 총알이나 지뢰에 희생되고 있어서 드나들 방법이 없었다.

　그러나 사실은 시리아의 여러 지역에, 대중의 관심 밖에 더 많은 마다야 마을이 있었다. UN은 2016년 겨울에 주민 40만 명이 포위된 채 살고 있다고 추산했다. 이때는 시리아 정권과 그 동맹자들이 이전 반군 점령 지역을 놓고 싸우며 시리아 북쪽의 반군 집단들을 압박하고 있었다. 상대가 잔인하면 나도 잔인해지는 게임에서 민간인들의 고통과 굶주림은 전쟁의 양쪽 당사자 모두가 사용하는 전략적 목표이자 제도화된 무기가 됐다. 요컨대 구분 원칙뿐만 아니라 인도적 지원을 받을 수 있다는 기본 규범도 위반하고 있었다. 당시 UN 주재 미국 대사 서맨사 파워는 마다야 주민들의 그 충격적인 모습이 제2차 세계대전의 기억을 떠올리게 한다고 말했다.

　그때도 정말 그랬다. 1941년 6월 나치 독일이 소련을 침공한 뒤, 독일군은 9월 초까지 레닌그라드(오늘날의 상트페테르부르크)에 서쪽과 남쪽에서 접근했고, 그들의 동맹자 핀란드는 카렐리야지협을 통해 북쪽에서 접근했다. 일할 수 있는 레닌그라드 전 주민은 도시 둘레를 따라 대對전차 방벽을 쌓는 데 동원됐다. 도시의 수비 병력인 20만 붉은 군대를 도우려는 것이었다. 레닌그라드 방어는 곧 안정됐다. 그러나

1942년 라도가호수의 바지선에서 보급품을 하역하는 모습.

11월 초가 되면 250만 명에 이르는 주민들은 거의 포위됐고, 소련 내륙으로 연결되는 모든 중요한 철도와 보급로가 차단됐다. 경찰은 10월부터 거리에 수척한 시신들이 나타나고 있음을 보고하기 시작했다. 사망자 수는 12월에 네 배로 늘었고, 1월과 2월에는 한 달 평균 10만 명으로 정점에 이르렀다. 러시아 기준으로도 혹독했던 (기온이 영하 30도나 그 이하로 내려간 날들도 있었다) 겨울이 끝나갈 무렵에는 추위와 굶주림이 50만 명의 생명을 어딘가로 데려가버렸다.

그다음 두 겨울은 죽음이 덜 가까이 있었다. 먹여야 할 입이 더 적었기 때문이고, 라도가호수를 건너 식량이 들어왔기 때문이다. 레닌그라드 동쪽에 있는 라도가호수의 호반은 붉은 군대가 계속 장악하고 있었다. 그럼에도 불구하고 사망률은 여전히 높았다. 전체 사망자 수는 70만 명에서 80만 명 정도에 이르렀다. 그러나 전쟁이 얼마나 야만적일 수 있느냐에 대한 보다 생생한 상징으로 오랫동안 남아 있던 것은 주민들의 쇠락한 처지에 대한 이야기들이다.[33] 애완동물을 기르던 사람들은 고양이를 바꾸었고(자기가 기르던 것을 먹을 수 없어서였다), 개도 볼 수가 없었다. 사람들은 필사적으로 대용 식품을 찾았다. 보통 배의 보일러에서 때던 면실유 찌끼, 소가 먹던 아마 씨로 만든 '마카로니', 동물 뼈와 가죽을 끓여 만든 '미트 젤리', 발효시킨 톱밥으로 만든 '이스트 수프', 끓여서 젤리로 만든 목수용 접착제, 기침약과 화장용 크림. 칼로리가 있는 것이면 무엇이든 좋았다. 어떤 사람들은 심지어 벽지의 마른 풀을 핥았고, 사람 고기를 먹었다는 소문도 무성했다.

이것이 역사의 모습이었고, 우리는 절대로 이를 잊지 말아야 한다. 이것을 막고자 전쟁법이 구상된 것이다. 우리는 항상 '다른' 목표가 그 법의 위반을 정당화한다는 주장에 의문을 가져야 한다. 정말로 변화하고 있는 갈등의 본질을 우리의 자유민주주의가 이겨내려면 우리는 단순히 의문을 가지는 것 이상의 일을 해야 한다.

제 3 장

당신의 국경 안에
들어가도 되겠습니까

대 탈 출 의 회 귀

2015년 9월 2일 새벽, 새 살배기인 시리아의 쿠르드인 알란 쿠르디가 활기 넘치는 터키의 휴양지 보드룸 부근 해안에 떠밀려 왔다. 이른 아침에 조깅을 하던 사람들이 죽은 아이를 보고는 현지 경찰에 알렸다. 빨간 티셔츠와 짙은 감색 바지를 입은 알란의 생기 없는 몸뚱이 사진은 곧 전 세계 언론에 대서특필되고, 빠르게 격화되고 있는 이주 위기의 상징적 존재가 됐다.

가족의 친구인 한 언론인에 따르면, 알란과 그의 가족(아버지 압둘라, 어머니 리한, 형 갈립)은 2012년 일상적으로 포격 위협을 받던 다마스쿠스 교외를 떠나 터키 국경 부근에 있는 북쪽의 도시 코바니로 향했다. 그러나 쿠르드군과 ISIS 사이에 유혈 충돌이 벌어져 그들은 다시 터키로 옮겨가지 않을 수 없었다. 그곳에서 그들은 3년을 머물며 캐나다로 갈 수 있는 비자가 나오기를 기다렸다. 합법적인 일자리를 얻을 수 없었던 알란의 아버지는 암시장에서 착취당하며 일해야 했다. 어느 순간에 가족은 공장 화장실에서 잠을 자야 했다. 그들이 살 곳이 아무 데도 없었기 때문이다.[1]

밴쿠버에서 25년째 살며 미용사로 일하고 있는 압둘라의 누이 티마는 압둘라의 형 모함메드와 그 가족의 망명을 주선하려고 했다. 그렇게 되면 압둘라의 가족 역시 따라갈 길이 열리는 것이었다. 캐나다 당국은 나중에 이 신청이 불완전하여 반려됐다고 밝혔다. "난민 자격 인정을 규정하는 입증 요건을 충족시키지 못했"[2]기 때문이다. 쿠르디

알란 쿠르디와 난민들을 추모하기 위해 해변에 마련해둔 꽃과 촛불.

가족은 안전한 나라로 간주되는 터키로 이주했기 때문에 캐나다의 법으로는 그들이 망명 자격을 얻는 일이 거의 불가능했다. 캐나다에서 망명 비자를 얻을 수 있다는 희망을 포기한 가족은 어쩔 수 없이 그리스의 코스섬에 가서 유럽으로 망명하는 길을 찾아보기로 결정했다. 티마는 불행으로 끝난 알란과 그 가족의 여행을 위해 캐나다 돈으로 5,800달러를 긁어모았다.[3]

압둘라는 나중에 기자들에게, 그날 아침 캄캄한 새벽 그들이 출발했을 때에는 파도가 잔잔했다고 말했다. 4킬로미터를 건너는 데는 보통 반 시간쯤이 걸린다. 그러나 승객 열두 명과 선장 한 명이 탄 이 거룻배는 과적 상태였다. 사나운 파도를 만나자 선장은 당황했다. 5분이 지나자 그는 배 밖으로 뛰어내린 뒤 해안으로 헤엄쳐 돌아갔다. 압둘라가 배를 통제해야 했다.

압둘라는 사건이 일어난 다음 날 기자들에게 이렇게 말했다.

"내가 넘겨받아 조종하기 시작했습니다. 파도가 너무 높았고, 배가 뒤집혔습니다. 나는 내 아내와 아이들을 팔로 끌어안았는데, 그들이 모두 죽었다는 것을 알았습니다."[4]

그는 파도가 내리칠 때 아이들의 머리를 물 위로 내놓으려고 얼마나 애썼는지를 나중에 설명했다.

알란의 사진은 전 세계에 커다란 충격을 주었다. 서방의 정치가들은 전쟁과 박해를 피해 탈출하는 시리아 · 이라크 · 아프가니스탄 난민들에 대한 망명 정책을 보다 관대하게 고려하라는 압박을 받았다. 캐나다에서는 반향이 더 컸다. 쿠르디 가족이 캐나다에 오려고 했다는 사실이 보도된 뒤 난민 및 망명 정책이 2015년 캐나다 연방 선거에서 주요 쟁점이 됐다. 보수당 행정부는 망명 신청에 관한 일부 법적 장애물을 제거했지만, 알란의 죽음을 둘러싼 논란은 2015년 10월 선거 이후 집권한 자유당 새 행정부의 의제 설정에 영향을 끼쳤다. 쥐스탱 트뤼도 신임 총리는 시리아 난민 2만 5천 명을 받아들이겠다고 약속했으며, 12월 초 첫 망명자들이 도착할 때 직접 토론토의 피어슨국제공항에 나가 이들을 환영했다.

알란의 죽음 이후 거의 석 달이 지난 11월 말, 캐나다 이민 당국은 그의 친척 일곱 명(알란의 큰아버지 모함메드와 그 아내 및 다섯 자녀)에 대한 이전의 거부 결정을 뒤집고 그들을 밴쿠버에서 티마와 함께 살 수 있도록 했다. 알란의 아버지에게도 같은 망명 제안을 했지만 그는 다른 길을 선택했다. 압둘라는 이라크령 쿠르디스탄 대통령에 의해 받아들여진 뒤 현지에서 난민들을 돕는 일을 시작했다. 그는 캐나다에 가겠다는 생각은 버렸지만, 나중에 이렇게 말했다.

"내 가족을 잃어 다른 많은 가족에게 문이 열렸으니, 나는 캐나다 사람들에게 서운하지 않습니다."[5]

다시 생기는 난민

알란의 이야기는 시리아·이라크·아프가니스탄·에리트레아·소말리아 같은 나라들에서 벌어진 오랜 분쟁으로 생긴, 그리고 보다 최근에 중동에서 ISIS가 근거지를 확대하면서 생긴 강제 이동이라는 전 세계적인 위기의 일부다. 오늘날 세계의 실향민 총수는 6500만 명이라는 기록적인 숫자에 이르고 있다. 전쟁과 박해가, 기록된 역사의 어느 시점보다도 더 많은 사람을 고향에서 몰아내고 있다.[6] 이 수치 중에 4080만 명이 국내 실향민IDP다. 고향에서 밀려났지만 자기 나라 영토에 남아 있는 사람들이다. 그러나 2500만 명 가까이 되는 사람은 하나 이상의 국경을 넘어 이동했다. 그리고 2015년 한 해에만 5천 명이 넘는 사람이 안전한 곳을 찾아가다가 도중에 죽었다. 지중해에서만 3,700명 정도가 죽었다.[7]

전후 시기의 가장 심각한 이민 위기를 해결하라는 요구는 유럽 언론에 거의 매일 보도됐다. 여러 가지 해법이 앞다투어 제시되고 있으며, 때로는 난민의 물결이 서방 국가들을 극한까지 밀어붙이고 있다는 주장에 가려지기도 한다. 대량 탈주의 공포는 또한 자유민주주의 모델이 승리했다는 주장에 난처한 질문을 제기하고 있다. 특히 갈등이 줄고 보다 안정된 사회가 될 것이라는 약속에 관해서다. 오늘날 이민의 상당수는 전쟁으로 파괴된 중동 국가들에서 나오고 있다. 그곳에서는 '아랍의 봄'으로 약속된 듯했던 것이 권위주의의 부활이나 내전 발발로 인해 완전히 끝장나버렸다.

역사에는 이민을 통한 대규모 주민의 재배치 이야기가 수두룩하다. 국경 안에서 이루어지는 것이든 국경을 넘어 이루어지는 것이든 말이다. 예컨대 현대 중국의 형성은 수천 킬로미터에 걸친 대규모 주민 이동의 산물이다. 때로는 공산당의 뒤틀린 이데올로기적 야망의 결과이기도 했다. 문화대혁명 때 부르주아와 자본가 파당을 중국의 도시에서 강제로 몰아내려 했던 시도 같은 것들이다.[8]

캐나다의 경제적·사회적·정치적 발전은 세계 각지로부터 들어오는 이민의 물결에 영향을 크게 받았다. 이 경우에는 대량 이주가 강제된 것이라기보다는 권장된 것이었다. 그것이 이민자나 그들을 받아들이는 나라 모두에게 경제적 진보를 약속했기 때문이다. 전자는 일자리와 더 많은 재산을 얻고자 했고, 후자는 자기네 자원과 경제를 발전시키기 위해 급속한 인구 증가가 필요했다.

1870년대부터 제1차 세계대전 때까지가 가장 중요한 인구 증가의 시기였다. 이 시기에 캐나다에는 많은 유럽인이 서부 초원으로 쏟아져 들어왔으며, 그곳에서 경작지를 일구고 새로운 도회지를 건설했다. 1890년대에 캐나다 내무부 장관 클리퍼드 시프턴은 특히 '강인한' 헝가리인 · 루마니아인 · 우크라이나인들을 데려오는 데 초점을 맞추었다. 그들은 자기네 나라에서 실업과 인구 과잉에 직면해 있었다. 그들이 정착한 곳이 앨버타 · 서스캐처원 · 매니토바가 됐다.

경제적 기회가 자주 이민의 동력으로 작용하지만, 가장 극적이고 집중적인 사례들은 박해와 전쟁으로 인한 이주다. '망명'을 뜻하는 영어 'asylum'은 고대 그리스 말에서 온 것이고, 글자 그대로의 의미는 '잡을 권리가 없다'는 것이다. 사원은 종종 피난처가 되는 신성한 곳이었고, 그곳에서는 신들이 박해받고 억압받는 사람들을 보호할 수 있었다. 그리스적 형태의 정치조직인 폴리스 즉 도시국가가 발전하고 확산되면서 폴리스들 사이에서, 그리고 그리스 도시국가들과 다른 나라들 사이에서 외교 조약이 맺어졌는데, 이때 망명권 인정이 포함되기 시작했다.[9]

박해받는 자들에게 보호를 베푸는 관습은 고대 로마에서도 뚜렷했던 듯하다. 아실라이우스 신을 모시는 신전이 중심이었다. 실제로 일부 전승은 서기전 8세기 로마를 건설한 쌍둥이 형제 가운데 한 사람인 로물루스가 탈주자와 망명자의 수호신 아실라이우스를 위한 제단을 세웠다고 한다. 법을 어겨 처벌을 피해 달아난 사람들에게 피난처를 제공하는 것이었다. 망명은 또한 유대교 · 기독교 · 이슬람교 등 세 일신교 모두에서 매우 중시돼, 이방인을 환대하고 보호할 의무가 있었다. 따라서 그것은 종교적 명령으로서 여러 경전에 나타나고, 고통

에 빠진 모든 사람에게 피난처를 제공하도록 하기 위해 만들어졌다. 죄가 있든 없든 상관이 없었다.[10]

후대인 4세기에 콘스탄티누스 대제가 개종하여 로마제국이 기독교 신앙을 받아들인 뒤 교회의 권력을 통해 망명권은 의미가 더욱 확대됐다. 그것은 당초 세속 권력과 종교 권력 사이에 별도 관할권이 만들어진다는 것을 의미했다. 교회 구내와 그 땅은 침범할 수 없는 피난처가 됐다. 단일 '기독교 공화국res publica christiana'이 개별 주권국 체제로 대체된 중세에는 망명이 교회의 특혜 영역에서 독립적인 정치권력이 부여하는 권리로 변모했다.

추방과 망명이 근대적으로 허용된 첫 사례는 유럽의 종교전쟁과 종교개혁 상황에서 일어났다. 1685년, 개신교도들에게 신앙의 자유를 법적으로 인정했던 낭트칙령(1598)이 철회된 뒤 프랑스 개신교도인 위그노들은 가톨릭으로 강제 개종하거나 이주해야만 했다. 이후 수십 년 동안에 25만 명 이상이 가톨릭 국가인 프랑스를 떠나 해외로 피신했다. 난민 연구가 에마 해더드가 생각했듯이, 이 강제 이동의 사례는 현대의 대량 탈주 사례와 공통적인 특성이 여럿 있다. 가장 대표적인 것이 정부가 자기네 국민들에게 취한 행동의 결과로 개별적으로 탈주하는 현상이다. 실제로 '난민refugee'이란 말이 처음 만들어진 것은 이 종교적 소수자인 프랑스 개신교도들과 관련해서였다.[11] 프랑스를 떠난 사람들 가운데 4만 명에서 5만 명이 잉글랜드에 정착했고, 외국인 혐오와 폭력 사건이 없었던 것은 아니지만 대체로 나라 경제에 공헌하는 숙련된 일꾼으로 환영을 받았다.

18세기 말이 되면 망명의 본질은 군주의 권리(망명을 허용할 것이냐 말 것이냐 하는)를 넘어서 인간성에 대한 군주의 의무의 표현으로 변모했다.[12] 이런 변화는 종교적 망명 개념을 되돌아보게 했고, 그것은 이 방인에 대한 환대와 보호를 요구하는 것이었다. 그러나 망명처를 제공할 법적 의무는 프랑스에서 처음 시작됐다. 프랑스혁명(1789) 이후의 1793년 헌법에서였는데, 주민들을 정치적 박해로부터 보호하려는 보다 광범위한 노력의 일환이었다. 헌법 제120조는 이렇게 되어 있다.

프랑스는 자유의 대의를 위해 고국에서 추방된 외국인들에게 망명처를 제공한다.

이 조항은 여러 나라가 자기네 헌법에서 망명 원칙을 표현하려 할 때 계속해서 사용한 전거였다.

20세기 동안에 박해를 피한 탈주 역시 대규모 인구 이동을 초래해 국제사회를 격동시켰다. 한 유명한 사례는 1956년 헝가리 민주화 봉기를 소련이 탄압한 이후에 일어났다. 이 일로 20만 명 이상, 즉 헝가리 전체 인구의 2퍼센트 이상이 탈출했다. 이 난민의 거의 대부분인 18만 명이 트럭과 기차를 타거나 걸어서 우선 오스트리아로 탈출했다. 오스트리아 정부는 곧바로 다른 유럽 국가들에 재정 지원과 난민 재정착 업무의 분담을 요구해 호응을 얻어냈다.[13] 그 결과 난민 대부분은 매우 빨리 여러 나라에 재정착했다. 헝가리 위기에 대한 대응은 이후 세계의 대량 탈주 대응의 표준이 됐다.

캐나다도 그 짐을 나눈 나라 중에 하나였는데, 한도를 두지 않고 헝가리 이민을 받아들인 곳은 베네수엘라와 캐나다뿐이었다. 캐나다는 1년이 되지 않아서 난민 3만 7천 명을 받아들였고, 그들 가운데 일부는 정부가 직접 배를 세내어 데려왔다. 들어온 사람들 가운데는 헝가리 쇼프론임학대학 교수와 기술자, 대학원생들도 있었다. 그들은 자기네 캠퍼스를 브리티시컬럼비아대학으로 옮겨놓고 캐나다 서해안에 새로운 임학대학을 건설하는 데 도움을 주었다.

그러나 망명을 받아들일 의무가 가장 빈번하게 발생하는 것은 전쟁 상황이다. 제1차 세계대전 때 유럽과 러시아, 오스만제국에서는 민간인 수백만 명이 고향에서 쫓겨났다. 적에게 땅이 점령되거나, 믿을 수 없고 위협이 된다고 생각한 적이 주민들을 강제 추방했기 때문이다. 특히 유명한 사례가 벨기에인 150만 명의 탈주다. 제1차 세계대전 초기에 독일군이 벨기에를 침략해 민간인 6천여 명을 죽이고 집과 재물을 파괴한 이후였다. 1914년 가을, 벨기에인 망명 희망자 20만 명에서 25만 명 정도가 집중적으로 영국에 도착했다. 예컨대 영국 남부 항구 폭스턴에서는 하루 동안에 필사적인 벨기에인 1만 6천 명을 받아들였다.

처음에는 현지 중산층 여성들이 수용소에 나와 차를 대접하는 등 난민들을 따뜻하게 환영했었는데, 이는 대체로 영국이 독일을 상대로 전쟁에 참여하면서 내세운 '개전 사유casus belli'에 공감했기 때문이다. 그것은 바로 독일의 공격과 독재로부터 벨기에와, 민주주의 같은 유럽인의 가치를 보호한다는 것이었다.[14] 게다가 1914년 영국에서는 전쟁의 한 당사자이면서도 큰 전투 하나 변변히 보지 못했기 때문에 '벨기에인 한 명을 보살피라'는 임무는 보통 시민들에게 전쟁 활동에서 자기네의 임무를 수행하는 한 방편이 돼주었다. 이런 공감 의식은 곧 매우 능숙하고 근면한 벨기에 난민들이 확장하는 영국 전시경제에 중대한 공헌을 했다는 인식이 생기면서 배가됐다. 예컨대 추리소설 작가 애거사 크리스티가 자기의 추리소설에서 똑똑하고 부지런한 탐정 에르퀼 푸아로를, 자신의 고향 토키에서 만난 벨기에 난민을 모델로 삼았다는 사실은 매우 인상적이다. 그러나 시간이 지나면서 익숙해지는 패턴이 우세해졌다. 처음의 공감 의식과 의무감은 분노로 바뀌었다. 특히 계획적으로 만들어진 마을에 살던 벨기에인들은 물과 전기를 계속 공급받았는데 이웃의 많은 영국인에게는 공급되지 않으면서 불만이 쌓였다.

그러나 전쟁 관련 이민으로 가장 분명하고 지리적으로 널리 퍼진 사례는 제2차 세계대전이다. 망명 희망자들이 여러 나라에서 나왔고, 국경을 여러 개씩 넘기도 했다. 유럽의 추축국들인 독일·이탈리아가 패배하면서 난민의 홍수가 대륙 동부에서 쏟아져 나왔다. 나치 지배가 끝난 뒤 추방된 독일 민족 약 1200만 명, 동유럽에서 벌어진 새로운 박해를 피해 나온 유대인 20만 명, 그리고 중유럽에서 여전히 떠돌고 있던 전시 난민 100만 명 이상 등이었다. 개발도상국에서 식민지 지배가 끝나고 새 나라를 건설하면서 이런 역사적인 수준의 대량 탈주가 더욱 심각해졌다. 예컨대 1947년의 인도 분할은 공동체 사이의 광범위한 폭력이 수반되어 1천만 명에서 1200만 명 정도가 이동했다. 그리고 1948년 이스라엘 국가 건설은 팔레스타인인 70만 명을 이웃 나라나 영토들로 쫓아내서, 세계에서 가장 오랜 축에 속하는 난민 위기의 막을 올렸다.[15]

우리가 가지고 있는 난민을 위한 법적 제도는 이런 배경에서 만들어졌다. 1943년, 연합국들은 유럽·아프리카·동아시아 곳곳의 수많은 전쟁 난민 문제를 처리하기 위해 국제연합구제부흥사업국UNRRA을 만들었다. 1946년, 이 기구는 국제난민기구IRO로 대체됐다. 전쟁으로 피폐된 유럽의 난민 문제를 포괄적으로 처리하기 위한 첫 기구였다. 국제난민기구는 5년 동안 운영되면서 100만 명 이상을 본국으로 송환하거나 재정착하도록 했다. 그러나 초강대국들 사이에 냉전의 분열이 생기면서 국제난민기구는 서방 점령군이 장악하고 있는 지역에서만 활동할 수 있었고, 유럽의 공산 정권을 피해 탈주하는 난민이라는 새로운 도전을 처리하는 데까지 진화할 수는 없었다. 국제난민기구의 활동에도 불구하고 많은 UN 회원국은 세계의 난민 문제를 감독하고 조정하기 위해 어떤 식의 기구가 필요하다고 주장했다.

1950년 12월, 그런 업무를 맡을 적절한 조직에 관해 열띤 토론을 벌인 끝에 유엔난민고등판무관사무소UNHCR를 총회 부속 조직으로 설립하는 결의안이 통과됐다. 이 조직은 본래 1951년 1월부터 3년 동안만 운영될 예정이었다. 상설 조직이 필요치 않고 난민 문제가 일시적인 것이라고 생각하는 나라들을 고려한 절충안이었다.[16] 난민고등판무관에게 주어진 임무는 "비정치적이고 인도주의적인 바탕에서 난민들에게 국제적인 보호를 제공하고 그들을 위한 항구적인 해법을 모색"하는 것이었다.

이 임무는 이후 여러 차례의 UN 결의안을 통해 확대된다. 몇 달 뒤인 1951년 7월, UN은 '난민의 지위에 관한 협약'(보통 약칭인 '난민협약'으로 알려져 있다)을 승인했다. 이는 1948년 세계인권선언UDHR 제14조에 기초해 개인이 박해를 피해 다른 나라들에 망명을 청할 권리를 확인했으며, 누가 망명자 지위를 주장할 수 있는지를 규정하고 망명을 허락받은 개인의 권리와 망명을 허락한 나라의 책임을 모두 나열했다.

난민협약의 핵심은 '농르풀망non-refoulement 원칙'(송환 금지의 원칙)이다. 이 원칙은 각국이 강제로 본국으로 돌려보낼 경우 생명이나 자유를 위협받게 될 난민은 되돌려보내지 못하도록 금지하고 있다. 이에 따라 각국은 개별 망명 신청자가 도착하면 그가 정말로 국제적인 보호를 필요로 하는지 여부를 판정하는 절차를 거쳐야 한다. 보호가 필요치 않다는 판정이 나면 국외 추방 절차가 시작될 수 있다. 보호가 필요하다는 판정이 나면 신청자는 난민 지위가 부여되어 우선 머물 권리가 주어지고, 다음으로 해당 국가 정부가 그를 새로운 사회 및 정치 공동체의 일원으로 받아들일 의무가 발생한다. 후자는 통상적으로 귀화 과정을 거쳐 이루어진다. 협약의 범위는 당초 1950년 연말 이전의 유럽 난민으로 한정되어 있었는데, 나중에 1967년 의정서에서 이런 지리적 · 시간적 제한을 없애버렸다. (이 글을 쓰는 현재 기준으로 협약 가맹국은 145개국, 의정서 가맹국은 146개국이다.)

남베트남이 패망한 뒤 고국을 탈출하는 베트남인들의 보트피플.

유엔난민고등판무관사무소는 본래 협약 이행을 감독하고 오로지 법률 자문 역할을 하는, 예산도 많이 쓰지 않는 작은 조직으로 구상된 것이었다. 그러나 1960년대에 아프리카에서 새로운 갈등들이 거대한 난민의 이동을 촉발하자 이 조직은 거의 유럽에만 초점을 맞춘 조직에서 예산의 약 3분의 2를 아프리카에서의 활동에 쓰는 조직으로 변모했다.[17]

베트남전쟁의 결말은 난민고등판무관사무소와 국제사회에 새로운 문제를 던졌다. 1975년 사이공(현재의 호치민) 함락으로 인해 수십만 명(일부에서는 150만 명이라고 하기도 한다)이 베트남에서 탈주했고, 그들은 바다를 건너 말레이시아·싱가포르·타이·필리핀·홍콩 등 다른 동남아시아 국가들로 갔다. 1978년 말이 되면, 많은 사람이 안전한 곳으로 가려다가 물에 빠져 죽어 언론은 이 난민들을 '보트피플boat people'이라 불렀다. 또 다른 사람들은 임시 수용소에서 살고 있었는데 현지 주민들은 그들이 거기 있는 것이 점점 불만스러워졌다. 이후 1978년 베트남이 캄보디아 및 중국과 벌인 전쟁들로 인해 인도차이

나라별 베트남 난민 수용 인원

나라	수용 난민 수 (명)
미국	823,000
캐나다	137,000
오스트레일리아	137,000
프랑스	96,000
영국	16,000

나반도를 떠나려는 사람의 수는 더 늘었다.

익사한 난민들의 사진이 전 세계에 나돌면서 2015년 알란 쿠르디 사진의 경우와 비슷하게 세계인들의 아우성이 터져 나왔고, 난민고등판무관은 난민들이 동남아시아 국가들에 상륙할 수 있도록 허용한다는 합의를 이끌어냈다(이 합의는 1980년대에도 유지됐다). 그 대신에 난민 지위를 부여받은 사람들은 모두 제삼국에 정착했다. 난민을 가장 많이 받아들인 나라는 미국이었다(표 참조).[18] 그들은 정착한 나라에서 중요한 사회적 · 경제적 공헌을 이어갔다. 보다 일반적으로, 베트남전쟁 동안 발생한 민간인들의 이동에 대한 대응은 각국이 세계적인 문제라고 생각한 일을 공동으로 처리하는 국제사회의 능력을 보여주었다.

1980년대에 난민고등판무관사무소는 다시 진화했다. 망명을 원하는 사람들에게 법률적 지원을 제공하는 것을 넘어서서, 수용소에 있거나 여러 개발도상국의 오랜 전쟁 상태에 묶여 있는 난민 수백만 명에게 물질적 지원을 제공했다.

1991년 유고슬라비아가 붕괴하면서 유럽은 다시 한 번 난민고등 판무관 활동의 초점이 됐다. 크로아티아독립전쟁(1991∼95)과 보스니아전쟁(1992∼95)에 이은 잔혹한 민족 갈등은 400만 명 가까운 사람들을 이동시켰다. 대략 60만 명에서 80만 명이 다른 유럽 국가들에 영구 정착했고(대략 그 절반 정도가 독일로 갔다), 1만 명에서 1만 5천 명 정도가 미국·캐나다·오스트레일리아로 갔다.[19]

10년도 되지 않아서 두 번째 위기가 터졌다. 유고슬라비아연방공화국(1991년 유고슬라비아연방이 해체된 이후 세르비아와 몬테네그로만으로 구성한 '신유고연방'으로, 2003년 세르비아-몬테네그로로 개명했다가 2006년 몬테네그로가 탈퇴해 해체됐다―옮긴이) 군대와 독립을 요구하고 있던 알바니아인들 사이에 전쟁이 벌어진 것이다. 1999년 3월 NATO의 공습 이후 50만 명 이상이 유고슬라비아 코소보메토히야자치주를 탈출해 인근 마케도니아로 갔다. 불과 2주일 사이에 벌어진 일이었다. 1999년 4월 말에는 코소보 주민 절반이 난민이 되거나 국내에서 유랑하고 있었다.

당시 독일을 필두로 한 유럽 각국의 정부는 코소보와 마케도니아에 난민 수용소를 만들었다. 처음에는 NATO군이 수용 시설을 세우고 음식물을 공급했으나, 이후 난민 수용소의 운영을 난민고등판무관 사무소와 다른 구호 기관들에 넘겼다. 유럽연합 회원국들이 난민들을 할당해 받아들여야 한다는 요구가 있었으나, 대부분의 유럽 국가는 그런 분담 계획에 반대했다. 앞으로 일어날 일의 예고편이었다. 1999

2014년 2월 5일 유럽연합 의회는 망명 신청자가 유럽연합 회원국 내에 동등하게 배치될 수 있도록 하는 새로운 이주민 할당제를 지지한다고 투표했다.

© David Iliff

년 코소보전쟁이 끝나자 세르비아인과 비非알바니아계 소수민족들 20만 명 이상이 세르비아로 몰려들어, 세르비아가 유럽에서 난민이 가장 많은 나라가 됐다.

난민고등판무관사무소는 지금 연간 예산이 35억 달러 정도에 이르고 125개국에서 온 직원 7천여 명이 근무하는 세계적인 상설 조직이다. 그 소관 업무(난민과 무국적자와 기타 실향민들에게 보호와 지원을 제공하는 일이다)가 해를 거듭하면서 점차 늘어나고 있는 것은 대량 탈주가 일시적인 위기가 아니라 항구적인 문제이며 보다 세계화된 지구촌의 핵심적인 모습이라는 현실을 말해준다.

도전의 크기 가늠하기

그러나 오늘날 대량 탈주의 공포는 세계가 과거에 마주쳤던 것과는 양적으로 다르다. 중동에서 그것은 2003년 이라크전쟁의 여파와 미완의 '아랍의 봄', 그리고 이후 시리아·리비아에서의 갈등을 반영하고 있다. 중앙아시아와 아프리카 등 다른 지역에서 그것은 오랜 갈등과 통치·안전의 파탄에서 기인한 것이다. 아프가니스탄과 소말리아의 경우가 그렇다. 2011년부터 2015년 사이에 전 세계의 강요된 이동은 50퍼센트 이상 늘었다. 4250만 명에서 6530만이 됐다. 2015년 한 해에만도 1200만 명 이상이 분쟁과 박해 때문에 새로 실향민이 됐다. **하루** 평균 3만 4천 명, 1분당 24명이 고향을 떠나 다른 곳에서 보호와 안전을 구한다는 얘기다.[20]

이 움직임의 크기를 이해하기 위해 이 숫자를 다른 방식으로 생각해보자. 오늘날 이동한 사람들 전원이 한 나라를 구성한다면 이 나라는 영국·프랑스·이탈리아보다 클 것이다. 전 세계 인구 113명 중 한 명은 지금 난민이거나 국내 실향민이거나 망명 희망자다. 그들 중에 절반 이상이 아이들이고, 그 아이들 중에 상당수는 부모가 없거나 부모와 헤어져 있다. 게다가 많은 이주자의 경우 고향으로 돌아갈 수 있다는 희망이 사라졌다. 2015년 연말 현재, 다른 곳으로 즉시 이주하거나 재정착할 가능성이 없이 오도 가도 못하는 상태에 있다고 생각되는 난민의 수는 670만 명이다.[21]

현재의 위기는 규모에서 전례가 없을 뿐만 아니라, 이주자들을 받

2012년 3월, 시리아에서 80킬로미터 정도 떨어진 터키 국경의 난민촌.

아들이는 나라들의 다양성이나 이주자들의 민족적 다양성 측면에서
도 전례가 없다. 서방 언론 매체들을 읽거나 들으면 유럽이 현재 난민
위기의 한가운데에 있다고 생각될 것이다. 그러나 이는 부분적으로만
진실이다. 2015년에 난민을 받아들인 나라들 중 상위 5개국은 모두
유럽 이외의 나라들이었다. 방어 능력이 약하거나 분산된 곳들이었
다.²²

터키는 난민 250만 명을 받아들여 1위에 올랐다. 그 이웃인 레바논
은 인구수 대비로 가장 많은 난민을 받아들였다. 인구 1천 명당 난민
183명을 받아들였다. 이 두 나라의 인구구성은 이민으로 심각한 영향
을 받았고, 노동시장과 공공 재정, 의료 서비스, 교육, 사회기반시설,
교통 관리, 쓰레기 처리 등 그 사회의 거의 모든 부문이 마찬가지였
다. 2014년 레바논 교육부 장관 엘리아스 부 사브는 난민 위기를 태

풍이나 지진과 같은 자연재해와 비교했다. 그러나 이 경우는 "지진이 단발로 그치는 것이 아니라 4년간 계속되는 것과 같다"고 했다.

오늘날 대량 탈주 위기의 주범은 시리아 내전이다. 2015년 연말에 시리아 내전은 세계에서 난민을 가장 많이 만들어내는 원인이었다. 120개국에 시리아 난민 490만 명이 살고 있다. 이들 대부분은 이웃 나라들에 들어갔지만, 이동하고 있는 많은 사람의 최종 목적지는 유럽이다.

2015년, 이주자 100만 명 이상이 유럽으로 건너갔고, 95만 명 가까운 사람이 망명 신청서를 냈다. 이 "유럽으로의 대행진"(한 난민고등판무관사무소 관리의 표현이다)은 여러 가지 요인의 결과다. 밀항이 급증한 사실과 앙겔라 메르켈 총리가 이끄는 독일의 문호 개방 정책 같은 것들이다(독일은 유럽 망명 신청의 약 3분의 1을 받아들였다). 그러나 무엇보다도 대량 탈주의 급증은 난민들 사이에서 희망이 사라졌다는 것을 반영한다. 많은 사람은 자기 나라에서 탈주하면서 타향살이가 일시적일 것이라고 생각했지만, 임시 수용소나 그보다 더 열악한 곳에서 여러 해 머물면서 자기네 고국(특히 시리아·이라크·아프가니스탄)의 전쟁이 오래가는 현실을 목도하고는 유럽으로 망명하려는 희망을 품고 신청을 한다.

쿠르디 가족처럼 유럽으로 가려는 많은 사람이 지중해를 건너고자 한다. 북아프리카를 거치는 육로보다 거리가 짧고 더 안전하다는 경로다. 그러나 2016년이 되자 지중해는 세계에서 가장 치명적인 '변경' 가운데 하나가 됐다. 그리고 서방 국가들(특히 유럽)은 내부자와 외부자에 관한 정치적으로 열띤 토론에 휩싸여, 그것이 선거 결과와 공공 정책의 방향을 지배하게 됐다.

사람들이 유럽으로 들어오고 유럽 안에서 움직이는 이주에 대한 우려는 2016년 영국의 유럽연합 잔류 여부에 관한 국민투표에서 특히 핵심적인 논점이었다. 브렉시트Brexit('Britain(영국)'과 'exit(탈퇴)'의 합성어로, 영국의 유럽연합 탈퇴를 가리킨다—옮긴이) 진영의 주요 세력 중 하나인 영국독립당의 기자회견에서 당대표 나이절 패라지는 이주자와 난민들이 긴 줄로 서 있는 모습을 담은 플래카드를 배경으로 이야기했다. 굵은 글자로 쓰인 그 제목은 '한계점'이었다. 영국의 주류 정당 소속 정치가들은 이 포스터가 좋게 봐도 유언비어를 퍼뜨리는 것이고 가장 나쁘게는 인종 혐오를 부추기는 것이라고 강력히 비난했지만, 영국이 너무 많은 '외국인'을 받아들였다는 정서는 널리 퍼져 있었고 그것이 브렉시트 투표에서 '탈퇴'를 찬성한 사람들이 매우 많았던 배후 중 하나였다.

유럽의 새로운 장벽

세계가 이런 규모의 이민 위기를 겪은 최근 사례는 제2차 세계대전이다. 이후 각국은 유엔헌장과 세계인권선언, 그리고 난민협약을 만들기 위해 협력해왔다. 그러나 이번에는 강력한 리더십이 발휘되지 않았다.

한편에는 놀라운 정치적 용기를 보여준 사례가 있었다. 가장 대표적인 경우가 앙겔라 메르켈 독일 총리다. 메르켈은 문호 개방 정책이 독일의 인도주의적 의무라고 주장했다. 또한 동유럽 정치가들, 특히 헝가리 총리 오르반 빅토르를 공개적으로 비난하기도 했다. 헝가리 남쪽 국경에 장벽을 쳐서, 그들이 철의 장막 뒤에서 보낸 시절에 얻은 교훈을 망각하고 있다는 것이었다. 메르켈은 2015년 가을에 이렇게 말했다.

우리가 울타리를 친다고 해서 난민을 막을 수는 없습니다. 나는 울타리 뒤에서 너무도 오랜 시간을 살았습니다.

인격 형성기에 동독에서 살았던 자신의 경험을 언급한 것이었다. 자신이 속한 정당 당원들의 비판과 여론 지지도의 하락에도 불구하고 메르켈은 망명권이 독일기본법GG의 중요한 부분이며 나치의 유산을 처리하기 위한 노력의 직접적인 반영임을 계속해서 강조했다.

대부분의 보통 시민 역시 난민들에게 원조를 적극적으로 제공했다. 많은 이주자가 상륙한 그리스의 섬들은 중요한 전선 가운데 하나가 됐는데, 이곳에 사는 사람들은 그들을 따뜻이 맞아들이기 위해 지칠 줄 모르고 활동했다. 그리스는 스스로도 극심한 경제 위기를 겪어 정부가 **자기네** 국민들도 제대로 먹여 살리기 어려운 상황이었다. 옥스퍼드와 하버드 등 세계 유수의 대학에 재직하고 있는 한 유명 학자들의 모임은 그들의 동정심과 자기희생을 인정하고 그리스의 레스보

스·코스·히오스·사모스·로도스
·레로스 등 여러 섬 주민들을 노벨 평
화상 후보로 추천했다. 독일에서는 메
르켈 총리가 독일의 문호 개방 정책을
발표한 이후 '난민을 위한 에어비앤비
Airbnb'(에어비앤비는 세계적인 숙박 중개

시리아 난민을 환영한다는 심벌.

서비스다—옮긴이)로 묘사된 풀뿌리 조
직 '난민 환영Flüchtlinge Willkommen'에
거처를 제공하겠다는 사람들이 넘쳐났다. 그리고 캐나다에서는 지역
교회와 개별적인 시민들의 주도로 시리아 출신 난민 가족들의 재정
착을 후원하기 위한 기금이 모였다. 일반 시민들은 난민 가족들을 '입
양'하기 위해 한데 뭉쳐, 캐나다 정부가 스스로 할 수 있는 것 이상의
일을 이루어낼 수 있음을 입증했다. 이를 통해 캐나다에 받아들일 수
있는 난민 총수도 늘렸다. 이 모델은 국제적인 주목과 관심을 끌어,
『뉴욕 타임스』의 특집 기사는 시리아 난민들을 환대하려고 안달하는
캐나다의 "열렬한 자선가 무리"를 경이로워했다.[23]

다른 한편에는 진보적인 망명 정책과 현지의 난민 처리 과정 및 영
접 센터에 대한 반대도 있었다. 독일 신문 『디 차이트Die Zeit』는 2015
년 독일에서 난민 숙소를 공격한 사건이 200건 이상 일어나 100명 정
도가 다쳤다고 보도했다. 그리고 2015년 9월 앙겔라 메르켈 총리가
독일 경찰은 "가능한 모든 수단을 동원해" 책임자들을 수사하고 기소
할 것이라고 약속했지만, 네 건의 공격에 대해서만 유죄판결이 내려

졌다.[24] 좀 더 골치 아픈 추세는 치명적인 공격이 증가한다는 것이다. 2016년 초 필링엔슈베닝엔의 망명 센터에 수류탄이 투척된 사건이 대표적이다. 수류탄이 터지지는 않았지만, 당시 그곳에는 200여 명이 살고 있었다.

난민 정책을 둘러싼 유럽의 관점은 단호해지고 있으며, 이는 현대 자유민주주의의 어두운 측면을 드러내고 있다. 2015년 11월 유로바로미터(유럽연합이 정기적으로 행하는 여론조사―옮긴이) 여론조사에서 거의 모든 유럽연합의 회원국 주민들은 유럽연합이 당면한 가장 중요한 문제로 이민 문제를 꼽았다. 포르투갈만이 예외였는데, 포르투갈에서도 이것이 두 번째로 중요한 문제로 꼽혔다. 유럽인 중에 무려 58퍼센트가 이민 문제를 자신들이 가장 관심 있는 두 가지 문제 중 하나로 꼽았다.[25] 이런 태도가 형성된 것은 유럽의 변경을 압박해오는 문제의 본질과 계기와 해법에 대한 뜨거운 논쟁을 배경으로 한 것이었다.

대량 탈주 물결의 가까운 미래는 불확실하다. 틀림없이 그것이 일시적인 위기(그것은 짧고 급격한 것이라는 의미다)라는 생각을 버리고 그것을 '새로운 정상 상태'로 인정하기 시작해야 할 것이다. 그리고 그것은 우리가 지닌, 만들어가고 있는 정상 상태다. 국제사회는 중동의 오랜 전쟁을 해결할 수 없었고, 이 전쟁은 자기네가 장악하고 있는 주민들을 공포에 떨게 하는 ISIS의 영토 획득과 결합되어 계속해서 보호를 요구하는 수많은 이주자를 만들어낼 것이다.

보다 폭넓은 관점에서 보자면, 우리는 극심한 국가 실패의 시기를 살고 있다. 기관들이 부패하고 비효율적이고 어떤 경우에는 존재하지 않는 나라들, 그리고 정부가 자기네 국민들에게 공공서비스는 고사하고 기본적인 안전조차 제공할 수 없는 나라들에서 말이다. 이들은 자유민주주의의 이점을 받아들일 때까지 여전히 '역사'의 수렁에 빠져 있을 것이라고 후쿠야마가 생각했던 지구상의 지역들이다.

그러나 해외로부터 민주주의를 촉진하기 위해 수십 년 동안 노력해온 과정에서 드러났듯이, 위기에 빠진 나라들이 직면한 구조적 문제는 서방에서 정치·경제 모델을 이식함으로써 하룻밤 사이에 없앨 수 없다. 그리고 이런 나라들의 많은 국민(그들은 여전히 경제적 고난과 빈약한 법치, 그리고 최악의 경우에는 정치적 폭력과 갈등 속에서 살아가야 한다)은 현대의 통신과 기술 덕분에 다른 곳에 보다 평화롭고 번영하는 대안이 있음을 잘 알고 있다. 서방의 민주주의는 그들의 열망에 자석과도 같은 흡인력을 가지게 됐다.

시민들에게 안전과 경제적 필요를 제공할 수 있는 능력을 발전시키는 안정된 자유민주주의가 전 세계로 확산되는 대신, 평화롭고 번영하는 지역으로 가는 대규모의 인구 이동이 일어나고 있다. 난민들이 계속해서 유럽에서 피난처를 찾을 것이고 일부는 계속 유럽 대륙으로 가려고 할 것이다. 유럽연합이 자주 취하는 대응 가운데 하나는 이주자와 난민들이 가장 많이 유입되는 나라들의 수용소에 원조를 늘리는 것이었다. 그러나 최근에 요르단이나 레바논 같은 나라들에서는 새로 들어오는 사람들의 물결을 거의 완전히 차단하는 조치를 취하고, 이미 자기네 나라에 들어온 사람들이 머무는 것을 허가하지 않으려는 움직임을 보이고 있다. 이로 인해 터키는 시리아의 이웃 나라들 가운데 유일한 피난처로 남았다.

유럽연합은 이런 사실을 파악했다. 2015년 말, 터키와 유럽연합은 협상을 타결해 터키가 사실상 유럽의 '경호원' 노릇을 하도록 했다. 터키는 유럽으로의 불법 이주를 막는 데 도움을 주는 대신, 유럽연합이 터키에 재정 지원을 하고 터키의 유럽연합 가입 협상을 재개한다는 것이다. 2016년 봄, 보다 광범위한 합의가 이루어져, 유럽에 도착하는 망명 희망자들을 안전한 나라로 간주되는 터키로 보낼 수 있도록 명시했다. 이주자들을 터키로 보낼 때마다 유럽은 현재 터키에 살고 있는 시리아 난민들 가운데 허가된 사람들을 유럽 각국에 정착시킨다는 조건이었다.[26]

이런 조치들에 더해 유럽은 이제 '유럽의 묘지'라는 이름을 얻은 지중해에서 수색·구조 활동을 강화했다. 2013년 람페두사섬 부근에서는 난민선 침몰 사고가 일어났는데, 리비아를 떠난 이 도항에서 360명으로 추정되는 이주자들이 익사했다. 이탈리아는 이에 대한 직접적인 대응책으로 '마레 노스트룸 작전'('마레 노스트룸Mare Nostrum'은 라틴어로 '우리 바다'라는 뜻이며 지중해를 가리킨다—옮긴이)을 펼쳐 그해에 이주자 15만 810명을 구조했다(이른바 밀항 업자 330명도 체포했다).[27] 2015년, 이 이탈리아 프로그램은 유럽연합의 '소피아 작전'으로 대체됐다. 이 군사작전은 주로 지중해 남중부에서의 불법 밀항을 단속하기 위해 구상된 것이지만, 수색·구조 활동도 함께 벌였다. 유럽연합에 따르면 1만 3천 명 이상이 구조됐고, 불법적인 배 100척 이상이 파괴됐다.

소피아 작전은 대체로 성공적이라고 여겨졌다. 그러나 많은 사람은 그것이 대량 탈주의 증상만 치료했지 보다 깊숙한 원인을 제거한 것은 아니었으며, 밀항 업자들도 이에 대응해 그저 전술만 바꾸면 됐다고 지적한다.[28] 수치는 그런 비판의 정당성을 입증하는 듯하다. 2016년 5월의 단 사흘 동안에 고무보트를 타고 지중해를 건너려던 이주자 700명이 죽었다. 잔인한 운명의 장난이었는지, 비정부 기구 시워치Sea-Watch 소속의 구조자들은 바다에 떠 있는 시신들에 야광 구명조끼를 입혔다. 부근에 있던 이탈리아 해군 군함이 그들을 쉽게 찾을 수 있도록 한 것이다. 한 구조대원은 이렇게 회상했다.

"그것은 낯선 모습이었습니다. 우리는 통상 사람들을 구하기 위해 구명조끼를 사용했기 때문이죠."[29]

메르켈 등 유럽 정치인들이 공통의 문제에 대한 공통 해법을 찾아야 한다고 거듭 호소했지만 유럽 국가들은 유럽 대륙에 닥친 위기에 대처하는 방법을 합의할 수 없었다. 이론적으로 유럽연합은 '대행진'에 대해 보다 강력하고 집단적인 대응을 펼칠 능력과 자원을 가지고 있었다. 또한 그렇게 할 보다 폭넓은 이해관계가 있었다. 난민 위기를 처리함으로써 유럽연합이 너무 늦어진 개혁(그 외연을 확장하고 공통의 외교·안보 정책을 고도화하는 일 같은 것이다)을 수행하도록 도울 수 있었고, 그렇게 함으로써 유로 위기 이후의 유럽연합에 새로운 활기를 불어넣을 수 있었다.

그러나 유럽 정치가들은 아직 보다 자유롭고 안전한 이동을 설계하거나 망명 희망자들로 인해 생기는 짐을 보다 공평하게 분담하는 방안을 실천하지 못하고 있다. 유럽연합 회원국들은 공통의 해법에 대한 진지한 검증에 직면해 처참하게 실패했다. 이 분열의 영향은 심각했다. 유럽 국가들은 도착한 많은 사람이 불결한 환경에 놓인 것을 방치하면서 난민들의 인도주의적 요구나 의료 수요를 충족시키지 못했을 뿐만 아니라, 이주를 막으려는 그들의 노력은 밀항 네트워크에 대한 수요만 증가시켜 사람들을 보다 위험한 여정으로 몰아넣었다. 국경 없는 의사회는 「유럽으로 가는 험로Obstacle Course to Europe」라는 비판적인 보고서에서 2015년은 유럽이 수천 명을 보호하는 "그 책임에서 처참하게 실패한" 해로 기억될 것이라고 주장했다.[30]

냉전이 끝난 지 사반세기가 지났다. 이것이 승리한 자유민주주의 연합체의 참모습이란 말인가?

21세기 난민 위기…

지금의 이주 물결이 지난 수십 년과 크게 다른 점은 대량 탈주의 동기가 진화했다는 것이다. 현재의 난민에 관한 법적·정책적 틀은 제2차 세계대전 동안에 있었던 나치 독일 희생자들의 경험에 바탕을 두고 있다. 이상적/전형적 난민은 생명을 위협하는 위험 때문에 자기 조국을 떠날 수밖에 없었던 사람이다. 대개가 정치적 견해나 종교·민족 등 약한 사회집단 소속이라는 이유로 박해를 받아서다. 여기에 내재하는 가정은, 난민을 다른 이민자들과 구분하는 것은 그들의 출국이 강제적인 것이라는 점이다. 그들은 보다 나은 삶을 약속하는 다른 나라에 **이끌린** 것이 아니라 자기 나라에서 **밀려난** 것이다. 이런 이미지와 그것을 뒷받침하는 원칙들은 난민의 주도권과 선택권을 그다지 인정하지 않는다. 그 대신 그들은 자기네가 통제할 수 없는 힘들에 휘둘리는 존재로 간주된다.

그러나 제2차 세계대전이 끝난 이후 이동의 동인動因은 변모하고 다양해졌으며, 강제적 이주와 자발적 이주라는 이분법은 갈수록 명확하게 유지하기가 어려워졌다. 오늘날 난민의 일부는 여전히 인종·종교·민족과 정치적 확신을 이유로 개인적인 박해를 받은 데 기인한 것이다. 그러나 다른 현상들로 인한 이동이 급증하고 있다. 내전, 폭력의 만연, 식량 부족, 자연재해, 환경 변화 같은 것들이다. 일부 국가의 난민에 대한 법규와 정책은 사람들이 망명을 주장할 수 있는 여지를 넓힘으로써(폭력이 만연한 상황에서 탈주한 사람들과 성별 및 성적 취향을 이유로 박해받은 희생자들을 망명 대상으로 인정하는 것이 대표적이다) 이런 변화를 감안하고 있지만, 본래의 난민 정책의 틀에 대한 완전한 점검은 이루어지지 않고 있다. 난민에 대한 개념 규정은 여전히 1951년에 확립된 것에서 거의 변하지 않았다.

현대의 서로 다른 두 가지 문제가 이상적/전형적인 난민의 모습에 도전하고 있다. 첫째, 오늘날의 난민들은 지난 수십 년 동안에 나타난 다른 이주의 물결들(특히 빈곤과 실업에서 탈출해 나온 경제적 이주자들)과 복잡하게 얽혀 있다. 여러 서방 국가는 그런 흐름을 경제 영역에서 막기 위해 이민을 제한했다. 그러나 그렇게 함으로써 난민들이 다른 나라에 망명을 신청할 수 있는 합법적인 선택지도 제한됐다. 그 결과, 망명 희망자들은 은밀하고 불법적인 (그리고 점차 범죄화하는) 이주 경로를 사용하지 않을 수 없게 됐다. 그것이 그들을 변칙적인 경제 이민과 같은 대열에 놓이게 만들었다. 이는 때로 '혼류混流'로 불리기도 하는데, 이런 혼류가, 받아들이는 나라로 하여금 난민과 다른 이민자를 구별하는 데 곤란을 겪고 비용이 들게 한다.[31] 그리고 그럼으로써 포퓰리즘 정치가들이 서방 국가들로 들어오려는 사람들의 동기를 문제 삼는 데 필요한 다량의 자료를 제공한다.

게다가 서방 국가들의 법제는 단순한 경우를 처리하도록 설계된 것인데, 대량 탈주를 촉진하고 억제하는 요인들 사이에는 대개 복잡한 상호작용이 있다. 오늘날의 난민들은 복합적인 동기에 따라 움직이고 있다. 단순히 폭력과 인권 침해에서 벗어나기 위해 탈출하기도 하지만 직장과 높은 생활수준을 추구하기 위해서도 탈출한다. 이는 난민과 경제 이민 사이를 구분하는 데에 문제가 될 뿐만 아니라 법과 정책 결정에 사용되는 '명확한' 범주에도 문제를 제기한다. 그들은 난민인가, 아니면 이민자인가? 이 질문에 대한 대답은 한 나라에 도착한 개인을 처리하는 데 매우 중요하다. 그들이 난민으로 인정된다면 정부는 망명 신청의 전 과정 동안 그들을 머무르게 할 법적 의무가 있다. 그러나 경제적 이민자로 판명된다면 그들을 본국으로 돌려보낼 수 있다. 그러나 이주 과정에 있는 많은 사람의 현실은 그 사이 어딘가에 있다.

심지어 망명 희망자로 간주되는 범주 안에서도 그림은 전에 그랬던 것처럼 분명치 않다. 역사적으로 전쟁과 박해를 피해 탈주한 사람들을 도와주는 일을 맡은 국가 및 조직의 역할은 난민에게 '최초 국가'가 돼주는 것이었다. 그러나 과거의 난민들과 마찬가지로 오늘날 유럽 땅에 발을 들여놓는 데 성공한 사람들 가운데 상당수는 상당한 자기주장을 드러내고 있다. 따라서 그들이 새로운 삶을 영위하기 위해 가고자 하는 나라에 관해 분명한 선호를 보이는 것은 당연한 일이다. 예컨대 가족 또는 같은 나라 사람들의 네트워크가 있거나, 가고자 하는 나라의 언어와 취업 기회가 더 낫거나, 난민 지위를 얻기가 상대적으로 쉽다거나 하는 등의 이유로 말이다. 그 결과, 어떤 사람들은 그들이 도착한 최초의 안전한 나라에 망명을 신청하지 않는다. 예컨대 그리스의 섬들에 도착한 많은 난민은 독일이나 스웨덴 같은 더 먼 나라들로 가고자 한다.

이 특수한 이민 패턴은 그들이 '진짜 난민'이 아니라 경제적 이민자이거나 '복지 추구자'라는 주장의 증거가 돼왔다. 그러나 우리는 스스로에게 물을 필요가 있다. 우리라고 다를까? 우리도 자신과 아이들을 위해 가장 좋은 기회를 바라지 않는가? 알란 쿠르디의 가족은 안전한 제삼국인 터키에서 몇 년을 보냈지만 지속적인 생계 수단을 가지지 못했다.

난민이 안전한 최초 국가에서 다른 나라로 이주하는 문제는 또한 난민을 지원하고 보호할 임무를 지니고 있는 조직들에게 딜레마를 준다. 자원이 부족한 세계에서 난민고등판무관사무소 같은 조직의 책임은 어디서부터 어디까지인가? 그들은 도착한 최초 국가에서의 망명 신청을 고집해야 하는가, 아니면 제삼국으로의 안전한 이주도 도와줘야 하는가?

현대의 이주가 지닌 두 번째로 다른 모습은 그것이 새로운 기술에 의존하고 있다는 점이다. 정보·통신 기술의 혁명은 대량 탈주의 본질도 바꿔놓았다. 스마트폰을 어디서나 쉽게 이용할 수 있게 되면서 인터넷과 소셜 네트워크와 메시지 애플리케이션에 쉽게 접근하게 됐고, 이로 인해 난민들이 이동하는 방식이 근본적으로 바뀌고 최종 목적지에 대한 정보도 얻을 수 있다. 그런 도구들이 (장래의) 망명 희망자들 사이에서 국경 검문을 피하는 방법에서부터 가고자 하는 나라의 상황은 어떤지 등 모든 것에 관해 보다 쉽고 빠르고 정확한 정보 교환을 가능케 해준다. 잡지 『와이어드Wired』에 실린 한 기사에서 알레산드라 램은 이렇게 썼다.

온갖 종류의 애플리케이션들은 잘 곳을 찾고, 외국어를 번역하고, 짐을 어떻게 꾸릴 것인지에 관해 안내해주고, 돈을 관리하는 것을 도와준다. 모바일은 거의 모든 필요를 해결해준다.[32]

배로 이동하는 사람들은 종종 '와츠앱'을 이용해 구글 지도에서 위치를 업데이트한다. 문제가 생길 경우 당국에 위치를 알려줄 뿐만 아니라, 지나치게 비싼 전화 요금을 피할 수 있다. 스물일곱 살인 시리아 난민 하산은 열 나라를 거쳐 영국에 도착했는데, 과학기술 덕분에

목숨을 건졌다. 그가 터키에서 타고 레스보스섬으로 가던 9미터짜리 소형 보트가 침몰했는데, 그는 스마트폰을 물 위에 내놓고 친구에게 문자 메시지를 보냈다. 친구는 이를 터키의 해안 경비대에 알렸고, 결국 일행을 구할 수 있었다.[33]

그러나 이민을 받아들이는 나라의 많은 사람에게, 이주자들이 모바일폰을 들고 자기네 해안에 도착하는 모습은 그들의 '옹송그린 무리' 이미지를 의심케 만든다. 그것은 그들이 정말로 얼마나 '궁핍'한지에 관해 의구심을 불러일으킨다. 사람들은 폭력과 박해를 피해 탈주할 때 무엇을 가지고 가야 할지 빨리 결정을 내려야 한다. 제2차 세계대전이 끝난 뒤 유럽을 떠난 사람들은 사진과 조그마한 가보, 대학 졸업장을 챙겼다. 그러나 21세기의 대량 탈주는 다르다. 가장 가치 있는 소지품은 스마트폰이다. 그것은 난민들이 안전한 이동로를 찾아주고 사랑하는 사람들에게 돌아가는 생명선을 유지할 수 있도록 해주는 유일한 도구다.

스마트폰은 유럽으로 가고 있는 사람들에게뿐만 아니라 난민 수용소에 살고 있는 사람들에게도 힘을 주었다. 요르단의 시리아 난민 수용소 자타리의 주민을 대상으로 한 최근 연구는 젊은이들의 80퍼센트 이상이 스마트폰을 가지고 있고 50퍼센트 이상이 하루에 한 차례 이상 인터넷을 사용하는 것으로 나타났다.[34] 페이스북의 마크 저커버그는 취약 난민들에게 인터넷 접속이 힘이 될 수 있음을 인식하고 2015년 9월 모든 난민 수용소에서 인터넷 접속이 가능하도록 하겠다고 약속했다. 그는 한 UN 포럼에서 이렇게 말했다.

"인터넷 접속은 인권의 중요한 조력자입니다."

기술은 난민에게 보다 효과적이고 효율적인 새로운 방법들을 제공함으로써, 또 다른 방식으로 대량 탈주의 본질을 변화시켰다. 난민들에게 이용할 수 있는 거처를 연결해주는 것 외에, 난민들이 새로운 마을과 도시에서 길을 찾고 망명 등록 절차를 밟으며 진료 같은 기본적인 서비스를 받을 수 있도록 도와주는 스마트폰 애플리케이션들이 개발됐다.

기술 진보는 바다에서 생명을 구하는 일도 효과적으로 할 수 있도록 만들었다. 말타에 근거지를 둔 인도주의 조직 해상난민구조센터 MOAS는 약 250만 제곱킬로미터의 지중해 순찰을 맡고 있는 유럽 국경 감시대들과 함께 원격 조종 비행기(드론으로 알려져 있다) 두 대를 이용해 바다를 훑으며 곤경에 빠진 난민들을 찾아내고 있다. 여섯 시간 동안 비행하며 실시간 동영상을 제공할 수 있는 시벨사의 이 S-100 캠콥터는 해상난민구조센터가 1만 명 이상의 생명을 살리는 데 중요한 역할을 했다.[35]

그러나 기술 진보는 '양용兩用'이다. 그 기술들은 난민들과 그들을 돕고 있는 사람들에게 기회를 제공하기도 하지만 그들의 절망을 이용하려는 사람들 역시 도와주었다. 예컨대 아랍어를 사용하는 페이스북 그룹은 밀항 업자들이 자기네 서비스를 광고하는 가장 인기 있는 방법이 됐다. 게다가 각국 정부는 출입국 관리의 효율성을 높이기 위해 새로운 기술을 활용하고 있다. 생체 측정 식별 기술(지문과 안면 스캔, 홍채 스캔 등에 의존하는 것이다)의 발전과 확장이 지난 몇 년 동안에 심화된 것은 우연이 아니다. 난민 위기 이후 테러리스트들과 연결될 가능성이 있는 난민들을 걸러내는 곤란한 문제와 관련해 안전 문제가 제기됐다. 실제로 미국 정부는 정확히 이런 목적을 위한 새로운 기술을 개발하고 있다고 공언했다.

현대의 대량 탈주 물결과 이전 시기의 그것 사이에 존재하는 마지막 차이점은 난민들이 국경을 넘어 이동하는 방식과 관련된 것이다. 21세기 이동의 본질은 난민들에게 특히 어울리지 않는 상황을 만들어냈다. 한편으로 우리는 점점 더 세계화되고 있는 사회에 살고 있으며, 그 안에서 여행 수단은 많은 사람에게 매우 '평준화'되어 있다. 이제는 도시들 사이의 연결이 과거 어느 때보다도 더 잦고 빠르고 값싸고 안전해졌다. 특히 값싼 비행기 여행이 폭발적으로 늘어 세계 많은 지역의 중하층 사람들도 장거리 여행을 할 수 있다. 그것은 또한 터키 항공이 소말리아 같은 시장에 진출한 데서 분명하게 보여주듯이 난민을 위한 항로도 열었다.

다른 한편으로, 서방 정부들은 원치 않는 이민을 막으려는 노력을 강화했다. 망명을 통한 이주를 포함해서다. 이런 정책들은 정교한 생체 측정 식별 기술을 통해 자기네 물리적인 국경 지역의 순찰을 강화하는 일을 넘어서는 것이다. 이는 또한 이주 통제를 국경 밖으로 외부화하는 일을 포함한다. 공해를 순찰하고 이주자들이 자기네 영토에 발을 들여놓기 전에 본국으로 송환하는 노력을 통해, 그리고 이주 통제를 항공사와 사설 경비 업체와 경유국 등 외부에 위탁하는 정책을 통해서다.[36]

역설적으로, 이런 방법들이 개발되면서 오늘날 망명 희망자들은 제한을 우회하기 위해 전근대적인 여행 방식을 사용하게 됐다. 검문소를 피하기 위해 걸어서 국경을 넘고, 낡아빠진 작은 배를 타고 공해를 건너는 것이다. 1970년대에 베트남 난민들은 공산 정권이 베트남을 떠나는 것을 금지해 비행기를 타고 출국할 수 없었기 때문에 배를 타고 떠나야만 했다. 오늘날 배를 타고 유럽으로 가려는 난민들은 유럽 대륙으로 들어갈 합법적인 방법이 전혀 없다고 생각해 그러는 것이다. 서방의 정책은 자신도 모르는 사이에 지중해에서 벌어지는 대학살에 기여하고 있다. 그 정책들은 또한 수십억 유로에 달하는 인신 밀수라는 범죄 산업의 발전을 조장했다.

… 또는 21세기의 안전 위협?

냉전이 종식된 이후 대부분의 서방 국가에서 군사적 위협이 상당히 줄어들면서 안전에 대한 학자들이나 대중의 이해의 폭이 넓어졌다. 서방의 정부들과 유권자들은 점점 더 이민 일반과 구체적으로는 난민의 유입을 국가 안보에 대한 잠재적 위협으로 보고 있다.

망명 희망자들에 대한 이러한 '안전화securitization'(테러에 대비해 가시적인 보호 조치를 취하는 것을 말한다—옮긴이)의 영향 가운데 하나로, 망명 상황을 처리하는 책임을 평화와 안전의 문제로 바꾸고 이동의 직접적인 원인에 초점을 맞추는 경향이 생겼다. 그렇다면 2015년 가을에 유럽연합 회원국들이 리비아 해안에서 오는 이주자들의 흐름을 막기 위해 설계된 소피아 작전의 제2단계로 넘어가면서, 세계 평화와 안전을 유지할 책임을 맡고 있는 UN 안전보장이사회의 승인을 요청한 것도 놀라운 일은 아닐 것이다. 이사회는 회원국들에게 공해에서 인신 밀수나 밀매에 이용되는 것으로 의심되는 배들에 대항하기 위해 "필요한 모든 수단을 사용"(강제적 수단 사용을 의미하는 관례적 용어다)하도록 위임했다.

안전화의 논리는 원인에서 결과로 확장됐다. 난민의 존재가 이웃 나라들의 안전과 공동체 화합, 국가 정체성에 미칠 수 있는 동요 효과를 강조함으로써였다. 최근의 한 사례로는 세계 최대의 난민 수용소인 다다브 캠프를 폐쇄하려는 케냐 정부의 노력을 들 수 있다. 케냐는 소말리아 난민들이 테러리스트들의 충원 기반이 됐다고 우려하고 있었다. 이런 우려는 서방 국가들로 확산됐고, 가장 대표적인 것이 미국이었다. 이민자들과 난민들(특히 무슬림이나 아랍인들)이 들어오면 국가 안보를 위협할 수 있다는 생각이 더욱더 제한적인 국경 및 망명 정책을 정당화했다.

이런 식의 조치는 2015년 파리의 술집과 나이트클럽 공격으로, 그리고 그 공격의 범인들이 그리스를 거치는 망명 루트를 이용했다는 주장으로 더욱 탄력을 받았다. 그러나 이는 확실하게 입증된 적이 없는 주장이다. 2015년 제야除夜에 독일 쾰른 등 유럽 도시들에서 광범위하게 발생한 성추행 스캔들은 유럽연합 각국 주민들 사이에 널리 퍼져 있던 불쾌감과 불안 정서를 자극했다. 이 사건들 중 일부는 중동과 북아프리카 출신의 망명 희망 청년 무리들이 저지른 것으로 생각됐다. 전체 난민들 중에 젊은 독신 남성이 많다는 사실 때문에 일부에서는 성추행과 범죄, 테러 공격이 늘 것으로 예측하고 있다.

이런 사건들은 서방세계 각국에서 반이민 공약을 내건 포퓰리즘 극우 정당들에 대한 지지를 전례 없이 급증하게 했다. 프랑스에서는 마린 르펜이 이끄는 국민전선이 2015년 12월에 치러진 지방 선거 1차 투표에서 가장 많은 표를 얻었다. 더욱 극적이었던 것은 오스트리아의 극우적인 자유당FPÖ 지도자 노르베르트 호퍼의 경우다. 그는 2016년 봄 이민에 대한 공포를 부풀려 일약 유명해졌다. 그의 자유당은 1차 투표에서 이겼지만, 2차 투표에서 녹색당 후보를 민 연정 세력에 근소한 차이로 졌다.

유럽의 다른 여러 나라(진보 성향의 스칸디나비아 국가들과 네덜란드를 포함해)에서도 이민 반대 정당들의 인기가 치솟고 연립정부에서의 영향력이 확대되고 있으며, 지난 70년 동안 유럽 정치를 지배해온 중도 정당들에 치명적인 타격을 주고 있다. 난민들을 보다 호의적으로 대하려 했던 메르켈 같은 정치 지도자들은 거센 비판의 대상이 됐다. 국내의 포퓰리즘 정당들과 함께 다른 유럽 국가들로부터도 마찬가지였다. 일부에서는 메르켈 총리의 문호 개방 정책이 영국 국민의 유럽연합 탈퇴 결정을 촉발했다고 비난하기까지 했다.

포퓰리즘 정당들이 약진하는 배후에는 승리 공식이 있다. 분명한 희생양 즉 난민에 대한 불신과 공포를 유발하고 이와 함께 손쉬운 해법을 제시하는 것이다. 해법이란 바로 국경 폐쇄다. 그런데 이 공식은 좌파와 우파 사이의 전통적인 이데올로기적 분할을 허물고 중도파의 생존 가능성을 사라지게 하고 있다.[37] 이 공포의 정치는 국민국가가 보다 동질적이고 자급자족적이었다고 하는 보다 단순했던 과거를 떠올리게 하며, '우리'를 통제 속으로 되돌려놓을 강력한 국가적 의제를 필요로 한다. 유럽 자유민주주의 국가들에서 특히 우려스러운 것은 주류 정당들이 그 의제의 일부를 받아들이고 이에 따라 제2차 세계대전의 잿더미에서 유럽연합의 초석을 놓았던 가치관들을 손상시켰다는 점이다. 즉 유럽 국민국가들 사이의 신뢰와 상호 의존을 말이다.

북아메리카 대륙에서도 난민이 위협적이라는 인식이 2016년 미국 대통령 선거 때 공화당 후보 경선을 지배했다.

"내가 대통령이 된다면 그들은 이 나라에 오지 못합니다."

모든 무슬림의 미국 이민을 금지하겠다는 도널드 트럼프의 이 악명 높은 말은 미국인들을 그 적들로부터 보호할 수 있는 총사령관 이미지를 구축하기 위해 설계된 것이었으며, 누가 얼마나 미국에 '들어와야' 하느냐를 둘러싼 논쟁의 본질에 지워지지 않는 흔적을 남겼다. 파리 테러 공격 이후 미국의 4개주가 시리아 난민을 받아들이지 않겠다고 선언했고, 연방 하원은 오바마 대통령의 난민 프로그램 중단을 압도적인 표차로 가결시켰다. 난민 1만 명을 미국에 받아들인다는 계획이었다.

난민과 망명 희망자들에 대한 안전화는 서방 각국 정부로 하여금 자기 나라에 이민이 들어오는 것을 환영하는 자세를 버리고 자기네 에너지를 어떻게 하면 이민을 막느냐는 쪽으로 집중하게 만들었다.

각국 정부는 농르풀망 의무를 회피하고 통합 노력에 저항해야 하는 강력한 동기에 발목이 잡혀 있다. 그들은 또한 망명 신청을 처리하는 과정에서 공정성 문제를 매우 강조하고 있다. 서방 국가들에 망명 신청을 할 수 있는 사람들이 반드시 국제적인 보호가 가장 절실한 사람들은 아니라는 얘기다. 유럽까지 오는 데 비용이 많이 들고 어려움이 크기 때문에 그곳에 도착한 난민들 가운데는 상대적으로 유복하고 젊고 몸 성한 사람들이 비정상적으로 많다는 주장들이 나온다.

난민협약에 제시된 난민을 받아들이는 역사적인 접근법이 실패하면서 캐나다 등 일부 국가에서는 새로운 접근법을 택하고 있다. 미리 선정된 난민들이 조직적으로 이주해 영구 정착토록 하는 것이다. 이런 재정착이 도착하는 사람들에게 절차를 밟게 하는 것보다 좋은 점은 정부가 '들어오는' 사람들을 더 잘 통제할 수 있다는 것이다. 정부는 건강하고 젊고 부유하기 때문에 가고자 하는 나라로 갈 능력이 있는 사람들 대신 가장 국제적으로 보호할 필요가 있는 사람들을 효과적으로 걸러 선택할 수 있다. 이 선택지는 '새치기꾼'이나 안전의 위험이 있는 난민을 받아들이는 일에 우려를 품고 있는 유권자들에게 보다 솔깃한 방식이다.

이런 방식이 매력적이긴 해도, 전 세계의 난민 정착 숫자는 큰 바다의 물 한 방울이다. 현재 재정착 배치를 받은 사람은 세계 난민 숫자의 대략 1퍼센트에 불과하다.[38] 게다가 재정착은 유럽 국가들에게는 특히 인기 없는 방법이었다. 그것이 망명 신청자 수를 줄이지는 못하고, 그저 시스템에 추가 부담만 얹는 것이기 때문이다. 일부에서는 서방 국가들에서 갈 수 있는 재정착 지역 수를 늘리면 국경에 도착하는 변칙적 망명 희망자의 부담을 상당히 줄일 것이라고 주장하지만, 재정착을 목표로 하는 사람들과 서방 국가들로 가기 위해 위험한 여정을 무릅쓰는 사람들이 같은 집단의 일원인지는 분명치 않다.

각국 정부에 사실상 어떤 난민을 받아들일 것인지 추려서 선택할 자유를 주는 것 역시 위험하다. 일부 재정착 국가들은 경제적으로 유용한 난민들만 '걷어가고' 보다 취약한 사람들은 수용소에 내버려둔다는 의혹을 받고 있다. 이것은 오스트레일리아의 재정착 프로그램에 퍼부어진 비판이었고, 이 프로그램은 국경 통제 당국이 규제를 가하는 근거로 사용된 것이었다.

더구나 어떤 난민이 사회에 가장 잘 녹아들 수 있느냐 하는 논의는 선발 과정에서의 문제성 있는 인종·민족·성별 고정관념 문제를 감추게 할 수 있다. 일부 민족·종교 집단이 선호되고 다른 집단이 손해를 볼 수 있는 것이다. 캐나다가 시리아인 재정착 활동에서 여성과 가족, 게이 남성만을 포함시키는 선택을 한 것(이들 집단이 안전의 위험을 덜 제기하거나, 게이 남성의 경우 박해 위험이 있는 것으로 보았기 때문이다)은 낙인찍기로 생각될 수 있는 정책의 한 사례다. 그러나 몇몇 유럽 지도자나 미국 공화당 대통령 후보들이 제기하는 것처럼 기독교도 난민만 받아들이라는 요구도 마찬가지다.

여러 서방국가는 망명 희망자들의 도착을 막는 데, 그리고/또는 도착한 뒤에는 망명 신청 절차를 극도로 어렵게 만드는 데 치중하고 있다. 국경이 완전히 봉쇄될 수는 없지만, 규제적인 이주 및 망명 정책이 작은 억지 효과를 지니고 있다는 약간의 징후들이 있다.[39] 그러나 이런 접근법에 드는 비용은 재정적인 부분에만 그치는 것이 아니다. 국경을 꽉 조이는 일은 자유민주주의 사회의 정체성에 영향을 미치고, 국제적 보호가 정말로 필요한 많은 사람을 보호하지 못하게 한다.

자유민주주의 국가들은 인권을 촉진하고 보호하는 국제적 메커니즘을 만드는 데 선봉에 있었다. 그 인권 가운데는 망명권도 포함된다. 그리고 이 '권리 혁명'의 한가운데에는, 캐나다의 작가이자 학자인 마이클 이그나티에프가 말했듯이,[40] 권리가 보편적이고 무조건적이라는 생각이 자리 잡고 있다. 모든 인류는 국적이나 출생지에 관계없이 권리를 보유한다. 자유주의는 또한 자유 무역 및 자유 이동의 관념과 연관되어 있다. 난민과 망명 희망자들에게 국경을 닫는다면 서방 자유민주주의 국가들은 상품과 서비스의 자유로운 이동만을 인정하고 사람들의 자유로운 이동은 인정하지 않는 셈이 된다.

서방국가들이 제한적인 망명 및 난민 정책에 의존하는 것은 또 하나의 부정적인 파급 효과가 있다. 그것은 ISIS 대원들 같은 폭력적인 극단주의자들이 선전전을 벌일 수 있도록 더 많은 실탄을 제공한다. 자유민주주의 국가들이 절망에 빠지고 국적 없는 사람들에게 문호를 닫는다면 그것은 극단주의 집단들의 서방에 대한 증오 이야기를 확산시킴으로써 그들에게 전략적 이득을 안겨주게 된다.[41]

처방 바꾸기

서방 자유민주주의 국가들은 21세기 대량 탈주에 보다 효과적이고 인도적으로 대응하기 위해 그들의 보호 의무 이행을 대담하고 창조적으로 할 필요가 있다. 이는 세 가지 구성 요소를 필요로 한다. 현대 이민의 본질에 대응하기 위해 정책을 혁신하고, 난민을 **비용**으로 보는 데서 그들이 어떻게 자신의 재능과 기술로 기여할 수 있는지를 인정하는 쪽으로 태도를 변화시키며, 보다 나은 삶을 찾는 사람들에 대한 우리의 도덕적 고려를 되살리는 것 등이다.

첫 단계로, 각국 정부는 전통적인 귀화 정책과 조직적 재정착 계획 등 두 가지 대안을 보다 적극적으로 탐색할 수 있다. 한 가지 방안은 레바논·요르단·터키 같은 경유국에 있는 난민들에게 특별한 '인도주의' 비자를 제공하는 것이다. 이는 두 가지 좋은 점이 있다. 난민들이 밀항선에 의존하거나 위험한 여행에 나서지 않도록 도와주어 이동의 안전성을 높이고, 여행자들이 대량으로 서방국가들에 도착하기 전에 그들의 신원을 파악해 목적지 국가의 안전 역시 개선한다.[42]

또 다른 방안은 난민에게 임시 보호 같은 것을 제공하고 궁극적으로 본국으로 귀환할 여지를 남겨두는 것이다. 제2차 세계대전 이후 난민협약 초안을 만들 때 이동은 종종 국경선이 새로 그어지면서(특히 독일·폴란드와 발칸반도 국가들의 경우다) 발생했고, 이에 따라 그 이동은 항구적인 것으로 생각됐다. 그 때문에 새로 그어진 경계선 안의 주거지에 영구히 정착하고 그 사회에 녹아들게 하는 방안이 선호된 것이다. 그러나 세계 난민의 약 절반 정도가 아프리카에 살고 있던 1980년대에는 난민고등판무관사무소나 다른 UN 기관들은 전쟁이 수그러들거나 종식되면 본국으로 되돌아가는 것을 권장했다. 많은 난민을 받아들이고 있는 가난한 나라들의 부담이 우려됐기 때문이다. 대략 같은 시기에 미국은 임시 보호 제도를 도입했다. **이미 자국에 들어온** 지정된 나라의 국민들이 자동적으로 보호 지위를 얻되 영주永住 지위로 이어지지는 않는 것이다.

유럽연합은 임시 보호에 관한 정책을 갖고 있기는 하지만, 현재의 위기에서 이 수단을 가동하지는 않고 있다. 이는 시리아 난민의 유입이 여러 해에 걸쳐 계속되고 있다는 사실에 기인한 것이다. 전쟁은 끝이 보이지 않고 있으며, 중기적으로 대규모 귀환의 가능성은 낮다. 또 다른 이유는 아마도 도덕적인 위험성일 것이다. 임시 보호를 허용하면 더욱 많은 신청자가 생길 것이다. 마지막 우려는 난민들이 일단 유럽에 발을 붙이면 귀환 요구에 맞설 방법이 많다는 점이다(반면에 그들이 난민 수용소에 살고 있다면 수용소가 폐쇄될 경우 그들은 따르는 수밖에 다른 도리가 별로 없다).

각국 정부는 또한 재정착한 난민들에게 일종의 이중적 지위를 부여하는 가능성을 탐색할 수도 있다. 본국으로 돌아갈 권리와 함께 망명국에 거주할 권리를 동시에 가지는 것이다. '회귀' 또는 '단기' 난민은 아마도 복귀시의 위험이 조절되고 고국의 재건에 기여하는 데 대한 장려책이 주어진다면 자발적으로 돌아가는 쪽을 택할 가능성이 높을 것이다. 이런 초국가적인 해법들은 수많은 사람이 공식적인 지원 프로그램도 없이 추구해왔다. 만약 망명국과 더 넓은 국제사회가 적절한 지원을 해준다면 더 많은 사람이 그 길을 선택할 것이다.[43]

창조적인 해법들을 만들어내는 데 가장 큰 장애물 가운데 하나는 현대 자유민주주의 국가 안에 있다. 민주적으로 선출된 정치인은 단기적인 일에 초점을 맞춘다. 그들의 DNA는 고질적인 문제에 대한 장기적인 대응책을 만들기보다는 실시간의 위기에 대한 여론에 반응하도록 되어 있다. 그것이 오랜 전쟁이나 국가의 실패 같은 대량 탈주를 추동하는 깊숙한 구조적 원인이나, 서방 사회 노령 인구(그들은 국경을 닫기보다는 여는 쪽을 주장한다)의 인구통계적 추세 등에 대한 공개적인 토론이 활성화되기가 그토록 어려운 이유 중에 하나일 것이다.

대량 탈주에 관한 "처방을 바꾸"기 위해 서방 자유민주주의 국가의 국민들은 터키 출신의 미국 철학자 세일라 벤하비브의 말대로 "'남'이 다른 곳에 있는 것이 아니"[44]라는 사실을 인식할 필요가 있다. 그 '남'은 바로 우리 국경에서 들어가도 되느냐고 묻고 있고, 어쩌면 이미 우리들 사이에서 살아가려 애쓰고 있는지 모른다.

세 가지 특별한 사고방식의 변화가 필요하다.

첫째로, 우리는 자유민주주의 진영 내부의 오랜 논쟁 즉 우리 정치 공동체에 속한 사람들의 권리와 이익을 어떻게 그 밖에 있는 사람들의 이익과 비교해 저울질할 것이냐 하는 논쟁으로 되돌아갈 필요가 있다. 정치철학에서 이 논쟁은 대체로 공동체주의자들과 세계주의자들 사이에서 벌어지고 있다. 공동체주의자들은 우리의 일차적인 의무는 우리 국가 사회 안에 있는 다른 사람을 향한 것이며, 우리는 민주적 공동체로서 누가 들어오고 누가 나가야 하는지를 공동으로 규제할 권리를 가진다고 생각한다. 반면에 세계주의적 자유주의자들은 어디에 사는지에 관계없이 개인의 권리를 강조한다. 그들은 국경이 도덕적으로 부적절하며, 난민들의 정치 참여를 거부하고 그들을 무국적자로 내버려두는 것은 인권 침해에 해당한다고 주장한다. 따라서 평등과 자유라는 자유주의 원칙을 지키려면 국경을 개방하는 정책을 펼 필요가 있다.[45]

대부분의 윤리학자는 우리가 외부인들에게 적어도 약간의 윤리적 의무를 가지고 있음을 인정하고 있으며, 폭력과 박해를 피해 탈주한 사람들은 우리가 가장 먼저 관심을 기울여야 할 사람들이라는 데 동의할 것이다. 따라서 논쟁의 초점은 이런 주장을 정확히 얼마나 강하고 광범위하게 할 수 있느냐에 관한 것이다.

이 논쟁을 해결하는 한 가지 방법은 난민을 도와야 하는 의무를 난민 수용국이 지불해야 하는 비용과 대비해보는 것이다. 그러나 정확하게 어떤 것이 합리적이거나 비합리적인 비용으로 간주돼야 할까?

스펙트럼의 한쪽 끝에는 미국의 생태학자이자 철학자인 개럿 하딘이 있다. 그는 부유한 선진국('구명 보트')에게 비유적으로 그 주위 바다에서 헤엄치고 있는 사람들을 받아들일 수 있는 능력이 제한되어 있음을 강조하기 위해 '구명 보트 윤리'의 비유를 사용한다. 서방 각국 정부는 사람들을 더 많이 받아들이는 것이 자기네 나라가 합리적으로 유지할 수 있는 한계를 넘어서거나 한계에 다다를 경우 그들을 받아들이지 **않을** 도덕적 의무가 있다.[46]

스펙트럼의 다른 쪽 끝에는 오스트레일리아의 윤리학자 피터 싱어가 있다. 그는 선진국의 삶의 질에 대한 희생이 난민들이 얻는 것보다 크지 않다면 도움이 필요한 사람들을 배제하는 것은 아무런 합리적인 도덕적 근거가 없다고 주장한다. 싱어는 얕은 못에 빠진 어린아이를 발견하는 유명한 예를 든다. 아이의 생명은 비싼 신발을 버리는 대가를 치르면 구할 수 있다. 아이가 빠져 죽도록 버려두는 쪽을 선택하는 것은 난민들을 받아들이는 데 드는 경제적 비용을 들먹이며 그들을 받아들이기를 거부하는 것과 도덕적으로 비슷하다.[47]

이 양극단의 주장들과 그 사이에 있는 수많은 입장은 난민 정책을 둘러싼 오늘날의 정치적 논쟁에 그대로 이어지고 있다. 그러나 우리의 '비용'에 대한 생각은 현재 세계에서 재평가가 필요하다. 많은 사람의 이해관계와 가치관이 서로 얽혀 있고, 많은 서방 자유민주주의 국가에서 인구 감소 전망이 매우 분명해져 난민들과 망명 희망자들에게 더 개방적일 필요가 있기 때문이다.

두 번째 변화는 21세기의 난민을 보는 우리의 방식을 재고하는 것이다. 서방의 대중들은 대개 무국적과 이주를 실패의 결과로 본다. 그리고 동정한다. 그러나 현재 우리의 세계가 **백 명에 한 명이 난민인** 곳이라면 그것이 어떻게 '저들의 잘못'이나 '다른 누군가의 문제'일 수 있는가? 러시아계 미국인이며 종군 기자이자 작가인 애나 배드켄은 이렇게 말한다.

(오늘날의 실패는) 전 지구적인 규모다. 그 실패는 우리 모두의 것

이다.[48]

그리고 서방국가들로 가겠다는 희망을 품고 지중해 저편을 출발한 사람들은 보이는 것보다 더 가까이에 있다. 나는 2015년 여름 시칠리아 남부 해안에 서서 그들을 (똑똑히) 보지는 못했지만, 그들을 분명히 느낄 수 있었다. 특히 내 앞의 바다 밑바닥에 있는 사람들의 영혼을.

난민에 관해 재고하면서 우리는 제2차 세계대전 이후를 위해 설계된 법적 규정이 오늘날의 목적에도 여전히 적합한지 살펴봐야 한다. 그 시기에는 난민 지위가 "인종·종교·민족이나 특정 사회집단의 성원이라는 이유로, 또는 정치적 견해로 인해 충분한 근거로 박해받을 우려"가 있다고 입증될 수 있는 개인에게만 제한적으로 주어졌다. 이는 다분히 정치적 차원의 규정이었다.

그러나 앞에서 이야기했듯이, 현대의 이동 동기는 이런 정의로 꼭 포괄할 수 있는 것이 아니다. 이는 폭력의 만연, 환경 변화, 식량 위기, 극단적인 경제적 궁핍 등을 피해 탈주한 사람들을 배제한다. 한 분석가가 말한 '생존 이주자'[49]는 보호할 필요가 별로 없다는 말인가? 난민의 법적 정의를 공식적으로 바꾸는 일에 우려할 만한 현실적인 이유들이 있겠지만(조건이 더욱 규제될 것이라는 우려 같은 것들이다), 우리는 현재의 법적인 틀을 뒷받침하고 있는 바탕을 재검토해야 한다.

1951년의 규정은 정치적으로 박해받고 있는 사람들의 특수한 요구에 바탕을 둔 것이었다. 그들은 자기네와 자기 정부 사이의 보호의 끈이 끊어져, 또 다른 정치 공동체에서 영구적인 성원의 지위를 찾고 있었다. 따라서 그들의 특수한 지위는 그들의 필요가 자기네 고국에서는 억압적인 정권 때문에 **당연히** 채워질 수 없다는 사실에 기인한 것이었다. 예컨대 음식이 주어질 수 있는 기근 피해자들이나 평화가 주어질 수 있는 전쟁 피해자들과는 다른 것이다.

그러나 이렇게 시민권과 정치적 권리를 앞세우는 것에 대해 현대 사회에서는 의문을 제기해볼 필요가 있다. 난민의 행렬이 본질적으로 물리적 · 경제적 안전 추구와 뒤얽혀 있고, 이동의 근본 원인이 꼭 한 나라에만 국한되어 있는 것이 아닌 시대이기 때문이다. 사실 난민 문제에 대한 해법이 하나의 주권국의 틀 안으로 국한되어 그려내고 설계될 수 없음은 너무도 분명해졌다.

이와 연관된 세 번째의 변화는 우리가 국가라는 구속복拘束服을 벗어버리고, 흔히 말하듯이 우리가 모두 한 배에 타고 있음을 인식하는 것이다. 전쟁과 박해가 인간이 처한 상황의 일부인 한 (그리고 역사는 그것이 사실임을 보여준다) 우리는 결국 강제로 "여행길에 나"서도록 강요당할 위험성이 있다. 시리아 국민들에게 일상적으로 덮치고 있는 식의 불안정과 공포에 직면한다면 우리 대부분은 그들이 택하고 있는 생존 전략에 의존하게 될 것이다. 알란 쿠르디의 사진이 그렇게 머릿속에서 지워지지 않는 이유는 우리 가운데 누군가의 아이가 그렇게 될 수 있기 때문이다.

현실은 상호 의존적이기 때문에 우리는 완전한 국경 개방보다는 벤하비브가 말한 '다공성多孔性(porous)' 쪽을 택해야 한다.[50] 우리는 민주 사회의 일원으로서 우리 사회 성원의 기준을 정할 권리가 있다. 그러나 우리는 또한 너무도 자주 이 기준의 영향을 받는 사람들(들어오지 못하고 있는 무국적자들)이 자기네가 어떻게 선발되는지에 대해 발언권이 적거나 없다는 점을 인식할 필요가 있다. 따라서 민주적 지도자들은 민주적 시민들의 지원 아래 끊임없이 자신들의 배제적인 관행을 되돌아보고 그것을 수정해야 한다. 벤하비브가 말한 이 '민주주의적 복기復棋'는 정치적 의무이자 도덕적 의무다.

우리의 집단적인 취약성과 책임에 대한 인식은 또한 우리가 '작위作爲의 죄'(망명 희망자들을 국경에서 돌려보내는 것)를 우려해야 하는 것만큼이나 '부작위의 죄'(이주의 짐을 나누는 데서 우리 몫을 하지 않은 것)도 우려해야 함을 시사한다. 21세기 대량 탈주의 규모와 지속 기간, 그리고 이어지는 영향은 전 세계적 대응을 요구한다. 이는 난민 보호와 정착에 대한 책임이 계속해서 근접성이나 개별 난민이 상륙하는 '최초 안전 국가'를 근거로 할당할 수 없음을 인정하는 것이다. 망명은 세계적 공공재다. 모든 나라와 개인은 그 혜택을 누릴 수 있다.

망명처를 제공하는 의무는 역사만큼이나 오랜 것이다. 대량 탈주 현상도 마찬가지다. 그러나 자유민주주의는 이민 및 난민과 특히 친밀한 관계를 가지고 있다. 다른 나라의 정치적 박해와 무력 분쟁으로 일어난 사건들에 대한 우리의 대응은 우리가 누구인지를 규명하는 데 도움을 준다. 오늘날 우리는 과거에 볼 수 없었던 규모의 강제 이동 위기에 직면해 있다. 그러나 우리의 정치 시스템은 이 도전을 처리하지 못하고 있으며, 공포스러운 이야기가 우리의 인도주의적 의무를 밀어내고 있다. 서방국가들이 계속해서 자기네 공동의 책임을 이행하

는 데 실패하면서 자유민주주의 모델은 점점 빛이 바래가고 있다. 이
것이 스스로 서방의 대안이나 경쟁자라고 자처하는 사람들에게 공간
을 열어주고 있다.

제 4 장

푸틴의 러시아를
어떻게 할 것인가
냉전의 회귀

2014년 2월 22일 오후, 반정부 시위대가 우크라이나 수도 키예프의 거리로 나섰다. 혁명의 냄새가 났다. 이날 앞선 시각에 우크라이나 의회는 투표를 통해 빅토르 야누코비치 대통령을 권좌에서 축출했다. 그는 유럽연합과의 경제 협력 협정을 막판에 거부하고 그 대신 러시아로부터 상당한 경제 패키지를 받았는데, 이 일을 둘러싸고 석 달 동안 시위와 충돌이 이어졌었다.

쫓겨난 대통령이 수도에서 달아나 러시아어 사용 지역인 우크라이나 동부로 갔다는 소문이 무성했다. 키예프 교외에 있는 야누코비치의 호화 저택에서 보안부대가 떠나버리자 일반 시민들이 그 넓은 정원을 여기저기 마음대로 활보했다. 거기에는 골프 코스와 사설 동물원도 있었고, 동물원에는 캥거루와 타조도 있었다. 한편 시위자들은 수도의 중심 거리와 광장에서 트럭 위에 올라타서 손을 쳐들고 유명한 평화의 사인을 그렸다. 군중들은 이것이 우크라이나의 정치적 미래에서 새로운 시대의 여명이라고 믿고 이를 축하했다.

그러나 불과 몇 시간 뒤, 약 800킬로미터 떨어진 한 도시에서는 우크라이나를 더욱 불확실하고 격렬한 길로 끌어내릴 운명적인 결정이 진행되고 있었다. 야누코비치의 실각을 불법 쿠데타로 보고 있던 모스크바의 러시아 관리들은 키예프에서 만들어진 과도정부를 승인하지 않았다. 블라디미르 푸틴 러시아 대통령은 크렘린에서 국방부 및 특수부대 대표들과 밤샘 회의를 하며 우크라이나의 축출된 대통령을 구출하는 계획을 세웠다. 그는 또한 회담이 결렬되자 우크라이나 남부의 크림반도를 다시 모국 러시아로 병합하는 작전을 추진하도록 관계자들에게 지시했다. 크림반도는 1954년 당시 소련에 의해 사회주의 이웃인 우크라이나로 이전됐다.

이 계획은 번개 같은 속도로 만들어지고 실행됐다. 전격적인 군사 훈련이 러시아–우크라이나 국경과 크림반도에 있는 러시아의 흑해 기지에서 실시됐다. 2월 27~28일, 마스크를 쓰고 표시 없는 군복을 입은 무장 병력(나중에 '외계인'으로 불렸다)이 주요 공항과 크림반도의 행정 중심지인 심페로폴리 의회 등 지역 관청 건물들을 장악했다. 이후 며칠 동안에 걸쳐 무장한 병사들이 지역 의회 건물을 둘러쌌고, 의원들은 친러시아 대표들로 구성된 새 정부를 선출했다. 이 조직은 재빨리 크림자치공화국 독립선언서를 발표하고, 이 지역의 장래 지위에 관한 국민투표를 실시키로 했다. 한편 러시아 의회는 푸틴에게, 필요하다고 생각되면 우크라이나에 군대를 파견할 권한을 부여했다.

그러나 현장에서는 침략이 이미 진행되고 있었다. 3월 1일, 러시아 군함 네 척이 크림반도의 세바스토폴리항에 입항했고, 특수부대 스페츠나츠 여단들이 도착하기 시작했다. 곧 러시아 장갑차들이 길을 봉쇄했으며, 러시아 병사들은 천연가스 시설들을 점령하고 공군기지를 공격했다. 그리고 러시아 함대는 우크라이나 군함들을 궁지로 몰았다.

3월 16일 국민투표가 실시되자 우크라이나와 유럽연합, 그리고 미국은 이것이 불법이라고 맹비난했다. 투표가 졸속으로 진행됐고, 우

러시아가 크림반도를 병합한 후, 푸틴이 세바스토폴를 방문하여 주민들과 인사하고 있다.

크라이나 영토의 온전성을 저해했으며, 투표 당시 러시아 병사들이 크림반도를 점령하고 있었기 때문이라는 것이다. 그럼에도 불구하고 관리들은 크림반도의 주민 97퍼센트가 러시아연방에 합류하는 쪽에 찬성표를 던졌다고 발표했다(이에 따라 이 지역의 독립선언은 매우 짧은 기간에 그쳤다). 이틀 뒤, 푸틴 대통령은 크렘린 앞의 커다란 무대에 나타나 크림반도와 주요 도시 세바스토폴리가 "모국 항구로 돌아왔다"고 발표했다. 그 뒤 재빨리 크림반도의 병합을 공식화하는 입법이 이루어졌고, 이에 따라 그곳을 러시아연방에 통합하고 러시아 육군과 해군을 위한 전방 작전기지로 변모시켰다.

　우크라이나에 대한 러시아의 대담한 개입은 서방세계 각국, 그리고 그 너머로부터 널리 규탄을 받았다. 무력 사용을 규제하는, 국제법의 원칙을 위반하고 영토의 현상 유지에 뻔뻔스럽게 도전했다는 것이었다. 유엔헌장 제2조 제4항이 사실상 무력 사용을 금지해 다음과 같이 선언한 것은 잘 알려져 있다.

　모든 회원국은 국제 관계에서 다른 어떤 나라의 영토 보전이나 정치적 독립에 대해 무력 위협이나 무력 사용을 삼간다.

러시아 외교관들을 비롯한 러시아 관리들은 그 불법 행위에 대한 비난이 일으킬 수 있는 잠재적인 타격(평판상의 타격과 물리적인 타격 모두)을 잘 알고 있었고, 이에 따라 크림반도에서 취한 크렘린의 조치를 합법화하려고 여러 가지 시도를 했다. 러시아는 우선 그 군사행동이 사실은 유엔헌장의 조항들에 합치하는 것이라고 주장했다. 그것이 우크라이나 대통령 축출 이후 공격 위협을 받고 있는 크림반도의 러시아어 사용자들을 보호하는 조치였다는 것이다.

러시아어 사용자들을 조직적으로 박해했다는 구체적인 증거가 없고 이 지역에 독립적인 참관인을 파견하려는 노력이 봉쇄됐음을 염두에 두고 또 다른 합리화가 시도됐다. 즉 러시아의 행동은 민주적으로 선출된 우크라이나 지도자 빅토르 야누코비치의 군사 지원 요청에 응한 것이라는 주장이었다. UN 안전보장이사회 긴급회의에서 서방과 러시아의 관리들은 설전을 벌였는데, 회의 후 러시아의 UN 상주대표 비탈리 추르킨은 야누코비치가 푸틴 대통령에게 보냈다는 편지를 공개했다.

이 나라는 서방이 조종하고 있는 노골적인 테러와 폭력에 휩싸여 있습니다.

그가 회의에서 제시했던 3월 1일 자로 서명된 이 야누코비치의 편지는 "법과 질서를 회복"[1]하기 위한 도움을 요청하고 있었다.

이 주장의 효용이 의문스러운 것으로 판명되자 크렘린의 관리들은 한 발 물러서, 러시아는 군사력을 사용한 적이 없다고 주장했다. 크림 반도의 기지와 항구를 공격한 것은 자기네가 아니고 우크라이나 현지 민병대였다는 것이다.

UN의 회원국 다수는 러시아의 변명을 믿지 않았다. 2014년 3월 27일 UN 총회에서 100개국이 찬성(반대 11개국, 기권 58개국)하여 가결된 결의안은 이렇게 되어 있다.

모든 나라에게 우크라이나의 국가적 단일성과 영토적 통합성을 부분적으로 또는 완전히 붕괴시키는 것을 목적으로 한 행동을 단념하고 자제할 것을 요구한다.

예정됐던 G8(냉전 종식 후 G7에 러시아를 추가한 선진국 모임)이 갑자기 취소됐고, 러시아에 국제적인 경제제재가 가해졌다.

냉전의 반복

　냉전 시대를 살았거나 연구했던 사람들에게는 러시아가 크림반도에 개입하면서 했던 말과 행동이 모두 수십 년 동안 이어졌던 미국과 소련 사이의 전략적이고 이데올로기적인 경쟁을 섬뜩하게 연상시켰다. 1940년대 후반부터 1980년대 후반까지의 세계 시스템을 학자들은 양극 체제로 표현했다. 두 나라 즉 '극極'이 정치 · 군사 · 경제 · 문화 등 힘의 주요 차원에서 다른 나라들을 지배하고 두 개의 경쟁적인 영향권을 확립한 것이다. 이 시기에 대부분의 서방 및 자본주의 국가는 미국의 영향력 아래 들어갔고, 대부분의 공산주의 국가는 소련의 영향력 아래에 있었다. 이에 따라 이들 두 초강대국은 언제 어디서나 할 수만 있다면 '무주無主' 지역을 지원하기 위해 경쟁을 벌이고 서로의 패권을 약화시키려고 했다.

　양극화되고 경쟁적인 이런 상황에서 미국과 소련은 각자의 영향권에 있는 나라들에 빈번히 개입했다. 명분은 해외에 있는 박해받는 자국 국민들을 구한다거나, 위협을 받고 있는 정권들이 지원을 요청했다는 것이다. 어느 경우에든 대상 국가들의 주권과 영토 보전은 심하게 손상됐고, 보다 높은 목표에 밀려 부차적인 것으로 간주됐다. 그 목표가 1968년 소련의 체코슬로바키아 침공처럼 "사회주의의 단결"을 유지할 필요든, 1965년 미국의 도미니카공화국 개입처럼 서반구에 "낯선 이데올로기"가 들어오는 데 대항하는 "집단적 자위自衛"든 말이다.[2]

그러나 냉전과 그 이후의 역사에 가장 큰 영향을 미쳤던 것은 아마도 1979년 12월 소련의 아프가니스탄 침공일 것이다. 아프가니스탄은 페르시아만과 인도양으로 가는 길목이라는 전략적 위치로 말미암아 초강대국 사이에서 경쟁의 초점이 됐었다. 사실 아프가니스탄에 대한 러시아의 관심과 개입은 역사가 오래됐다. 19세기에 중앙아시아에서 벌어진 러시아제국과 대영제국 사이의 경쟁, 즉 역사가들이 '그레이트 게임'이라고 부르는 것으로까지 거슬러 올라간다. 그러나 1979년에 소련의 목표는 아프가니스탄의 신생 마르크스주의 정권을 지원해 이 나라를 소련의 우방으로 유지하는 것이었다. 새 정권은 겨우 1년 전에야, 점점 더 서방으로 기울고 있던 아프가니스탄 대통령 무함마드 다우드를 축출하는 데 성공했다.

카불의 새 친소 정권은 점점 강력해지고 있는 무자히딘의 반란에 직면해 있었다. 무자히딘은 부족 지도자들의 지휘 아래 싸우는 이슬람 전사들이었다. 이들은 파슈툰족·우즈베크족·타지크족 등 서로 다른 여러 민족 집단으로 구성되어 있지만 '무신론'인 공산주의에 대한 반감과 외국의 점령으로 인한 공포로 통합되어 있었고, 아랍 세계 곳곳에서 온 외국인 전사들에 의해 그들의 주장이 힘을 더하고 있었다.

1979년 6월, 소련은 아프가니스탄 정권의 군사적 지원 요청에 응해 탱크와 병력을 파견했다(군장을 하지 않고 도착해 기술 전문가들로 위장했다). 이들은 카불의 정부를 경비하고 주요 비행장을 점령했다. 불과 여섯 달 뒤, 주둔군을 더욱 강화할 필요가 있음이 분명해졌다. 반

1987년 무자히딘을 포로로 잡은 소련군.

란 세력이 커지고 있는 데다 아프가니스탄 정권 안에서 경쟁 정파들 사이의 내부 투쟁과 쿠데타가 분출했다. 12월 24일, 중무장한 소련 공수 여단 부대들이 카불로 공수됐고, 나중에 북쪽으로부터 아프가니스탄으로 진입한 지상 병력이 이들을 지원했다. 12월 27일, 아프가니스탄 군복을 입은 병사들이 대통령 관저를 비롯한 카불 시내의 주요 관청과 군사시설, 언론사 건물들을 점령했다. 대통령 관저를 공격하는 도중에 아프가니스탄 대통령 하피줄라 아민이 피살되어 그의 짧은 대통령직 재임이 마감됐다. 그리고 그의 라이벌이었던 사회주의자 바브락 카르말이 권좌에 올랐다.

소련이 군대를 파견한 것은 흔들리고 있는 종속국을 떠받치기 위한 것이었지만, 그 개입은 기대했던 안정을 가져다주지 못했다. 그것은 반대로 아프가니스탄에서 커져가고 있던 민족주의와 반소 정서를 악화시켜 반란 세력을 강화하고 소련이 갈수록 직접 전투에 나서지 않을 수 없게 했다. 소련의 무장 부대들은 곧 나라 곳곳으로 퍼져 나가 주요 인구 밀집지와 공항, 전략적인 통신선을 점령했다.

그러나 무자히딘은 계속해서 비교적 자유스럽게 시골 지역을 활보하며 전깃줄과 파이프라인을 끊고 소련 및 아프가니스탄 군대를 매복 공격하는 등 영리한 게릴라 전술을 펼쳤다. 교착 상태가 이어졌고, 소련은 이길 수 없어 보이는데도 대의에 피와 돈을 계속 쏟아부었다. 1989년, 처절한 9년 동안의 싸움 끝에 소련은 군대를 철수했다. 그 사이에 병사 1만 5천 명이 죽고 50만 명 이상이 다쳤다. 사람들은 아프가니스탄에서의 이 전쟁을 소련의 베트남전쟁으로 불렀다.

첫 달에만 병사 8만 명 이상이 배치된 소련 작전의 범위와 규모는 워싱턴의 미국 관리들에게 충격을 주었다. 이 개입은 소련이 동방 진영(스탈린이 제2차 세계대전 이후 중유럽 및 동유럽에 만들어놓은 '우호적인' 사회주의 국가들의 완충 지대) 바깥의 나라를 침공한 유일한 사례였고, 소련 정권의 본질과 지정학적 구상에 관한 의혹을 재점화시켰다.

미국의 지미 카터 대통령 행정부는 소련군의 증강을 처음부터 세심하게 관찰해왔다. 12월의 그 운명적인 시기까지 소련은 침공을 하지 않을 것 같았다. 소련이 침공 비용이 너무 많이 든다고 결론 내릴 것이라는 추정에 근거한 것이었다. 이 계산 착오는 카터 대통령의 많은 반대파, 특히 공화당 쪽에서 그의 미-소 관계 접근을 '희망적 사고'라

1979년 6월 18일 빈에서 제2차 전략무기제한협정에 조인하는 카터와 브레즈네프.

고 비난하는 사태로 이어지게 된다.

이 침공은 또한 데탕트 과정의 갑작스러운 중단도 초래했다. 이 초강대국 사이의 긴장 완화는 비둘기파인 카터 대통령이 매우 선호한 것이었다. 데탕트는 사실상 리처드 닉슨 행정부 시절인 1969년에 시작됐다. 제1차 전략무기제한협정SALT I으로 알려진 미국과 소련 양자 회담과 관련된 조약들이었다. 전략무기제한협정은 냉전 대립의 핵심 동인 즉 핵무기 경쟁의 격화 문제를 다루기 위한 것이었다. 소련의 아프가니스탄 침공으로 피해를 본 것 가운데 하나가 이른바 제2차 전략무기제한협정SALT II이었다. 카터는 1980년 1월 2일 이를 중단했다. 이런 조치에 바로 뒤이어 모스크바 주재 미국 대사가 소환됐다. 이어 카터 대통령은 국정연설에서 이렇게 말했다.

소련의 아프가니스탄 침공은 제2차 세계대전 이후 평화에 대한 가장 큰 위협입니다.

그것은 일련의 보복 정책을 초래했다. 경제제재, 옥수수와 콩을 포함하는 미국산 곡물 판매 금지, 1980년 모스크바 올림픽 불참 등이었다.

1979년 12월의 사건들은 백악관의 중동 외교정책에도 심대한 영향을 미쳤다. 소련의 침공 이전에 미국은 아프가니스탄에 대해 그저 지엽적인 관심만 보이고 있었다. 그러나 침공 후에는 이 나라에 대한 소련의 영향력을 약화시키고 소련이 페르시아만 쪽으로 더 뻗어올 가능성을 차단하는 데 집착하게 됐다. 미국은 장기간 영향이 지속될 조치를 취했다. 암호명 '사이클론 작전'이라는 중앙정보국CIA 프로그램을 통해 무자히딘을 무장시키는 노력을 강화한 것이다. 이는 미국이 수행한 비밀 작전 가운데 가장 기간이 길고 비용이 많이 들어간 것 중 하나였다.

초강대국 사이의 관계는 새롭고 점점 더 위험해져가는 국면으로 접어들었다. 냉전 시대를 연구한 역사가 멜빈 레플러는 이렇게 썼다.

미국과 소련의 관계는 1962년 쿠바 미사일 위기 이후 그 어느 때보다도 더 불안스럽게 적대적인 듯했다.[3]

1980년, 제임스 카터는 대통령 선거에서 로널드 레이건에게 패배했다. 레이건은 반反데탕트 공약을 내걸고 출마했으며, 보다 강력한 반공산주의 외교정책을 약속했다. 레이건 대통령 행정부에서 아프가니스탄의 무자히딘에 대한 미국의 지원은 더욱 확대되어, 그 외교정책의 중심을 차지했다. '레이건 원칙'은 아프가니스탄뿐만 아니라 아프리카·라틴아메리카·아시아에서도 반공산주의 저항운동에 군사적·재정적 지원을 제공했다. 그 목표는 더 이상 소련의 영향력의 규모를 억제하는 데 그치는 것이 아니었다. 그런 정책은 트루먼과 아이젠하워로까지 거슬러 올라가는 여러 대통령이 추구한 것이었지만, 이를 넘어서 공산주의자들의 진전을 되돌리고 친서방적인 정권들을 세우는 이른바 '반격rollback'을 목표로 삼았다.

레이건은 특히 핵무기에 초점이 맞추어진 새로운 일련의 방위비 지출을 통해 자신이 명명한 '악의 제국'을 무너뜨리겠다고 맹세했다. 레이건 대통령은 곧 유럽의 심장부에 장거리 핵무기를 배치하고 미국을 소련의 핵 공격으로부터 보호하기 위해 통칭 '스타워즈'(정식 명칭은 '전략적 방위 계획SDI'이다—옮긴이)로 알려진 미사일 방어막을 구축한다는 계획을 발표했다.

여러 요인이 복합되어 소비에트제국이 해체되고 소련이 붕괴했다. 그러나 자주 거론되는 것은 소련이 비용이 많이 드는 아프가니스탄에서의 전쟁을 계속하고 무장 경쟁에서 서방을 따라가려고 애쓰다가 경제에 무리가 갔다는 점이다. 소련이 아프가니스탄에서 패배한 것은 또한 무적의 군대라는 붉은 군대의 이미지를 산산조각 내버렸고, 러시아를 제외한 소련 내의 공화국들에게 자기네가 독립을 추구하더라도 중앙에서 군사력을 파견해 대응하지는 않을 것이라는 확신을 주었다. 이런 모든 사태 전개가 1985년 봄 크렘린을 떠맡은 미하일 고르바초프의 독특한 리더십 형태 및 목표와 어우러져 소련 내부와 그 너머에서 심대한 변화가 이루어질 가능성을 만들어냈다.

고르바초프는 비록 열성적인 개혁가였지만, 그의 목표는 여전히 **사회주의** 국가인 소련의 성공이었다. 그의 정책 페레스트로이카('재건')와 글라스노스트('공개')는 침체에 빠진 경제와 삐걱거리는 정치 시스템 모두를 다잡기 위한 것이었다. 전자는 특히 기술적 현대화를 통해, 후자는 여러 후보 중 한 명을 선택하는 선거를 하고 공직에 비공산당원을 임명하자는 제안을 통해 이루고자 했다. 그는 소련의 해체를 원하지도 않았고 그러기 위해 노력하지도 않았지만, 알다시피 그 일은 1991년에 일어났다. 고르바초프는 소련의 여덟 번째이자 마지막 지도자가 됐다.

1990년대 말까지 러시아 공화국의 새 대통령이었던 보리스 옐친은 보다 자유롭고 개방된 사회를 이끌어냈다. 언론에 자유를 주었고, 정치적 반대와 비판을 활성화했다. 그는 또한 이전 소련 시절의 가격 통제를 폐지하고 국유 자산을 민영화하며(특히 천연자원 분야에서) 개인 재산의 소유를 허용해 자유 시장 자본주의를 전면적으로 받아들였다. 러시아는 오랫동안 강적이었던 미국의 도움 아래 서방식의 자유민주주의로 잘 이행해가고 있는 듯했다. 미국은 열심히 전문가와 자문관들을 보내 변신을 지원했다. 서방은 옐친 및 그의 외교 브레인들을 아울러, 통일된 독일과 러시아-미국 사이의 핵무기 재고 감축을 위한 추가 협정을 뼈대로 한 유럽의 새로운 안보 질서를 구축해냈다.

그러나 낙관론은 금세 자취를 감추었다. 러시아의 자유민주주의는 터덜거리며 출발했고, 실제로 이륙을 하지 못했다. 옐친의 대통령 재임 기간은 부패와 범죄, 그리고 러시아 경제의 사실상의 붕괴로 얼룩졌다. 1990년대 말 이 나라의 국내총생산GDP은 1990년대 초반의 절반 수준이었다. 이른바 독점 재벌들은 이전 국유 자산들을 차지해 이례적인 부를 거머쥐었지만, 일반 러시아인들은 깊은 가난 속으로 빠져들었다. 인플레이션은 걷잡을 수 없었고, 생활비는 치솟았으며, 세금이 잘 걷히지 않아 공공서비스를 지원하기에도 모자랐다. 의사와 교사들이 몇 달씩 봉급을 받지 못해, 많은 사람은 향수에 젖어 소비에트 시절을 회상했다. 캐나다 언론인 크리스티아 프릴랜드는 『세기의 세일Sale of the Century』에서 민영화로 인해 만들어진 경제 시스템을 "한 줌의 억만장자"들을 떠받치는 "자본가 정치국"[4]으로 표현했다.

그러나 거품은 1998년에 정말로 터졌다. 옐친은 러시아 루블화를 평가절하하고 은행 계좌를 동결시켰다. 그것으로 러시아 보통 시민들의 경제 상황은 쑥밭이 됐다. 이 결정은 1994년 체첸공화국의 독립 노력을 분쇄하기 위한 파멸적인 무력 개입(이로 인해 민간인 수천 명이 죽었다)과 어우러져, 러시아 쇠락의 감독자라는 그에 대한 평판을 확고하게 만들었다.

쌀쌀한 기운

블라디미르 푸틴은 2005년 국정연설에서 러시아 국민들에게 소련의 붕괴를 20세기의 "가장 큰 정치적 재앙"이라고 탄식했다. 그 붕괴는 정치적·경제적 불안정의 시기로 이어졌으며, 자랑스럽고 이름난 민족사를 가진 러시아인들이 세계 속에서 그 자리를 잃게 했다고 주장했다.

평론가들은 이후 푸틴의 연설과 러시아의 외교 및 국내 정책 전개가 피곤했던 냉전 시절로 돌아갔음을 드러낸 것인지를 놓고 고민에 빠졌다. 크림반도 병합을 놓고 논쟁이 크게 늘었고, 분석가들과 언론인들은 '새로운 냉전'이니 '냉전 2.0'이니 하는 말들을 입에 올렸다. 2014년, 외교전문지 『포린 폴리시』는 이렇게 단언했다.

최근의 사태 전개(우크라이나에서 일어난 사건들을 말한다―저자)는 서방과 러시아 사이에서 제휴·협력이 이루어지던 초강대국 대결의 공백기를 사실상 끝내버렸다.

베를린장벽 붕괴 이후의 20년을 가리키는 '탈냉전' 시대에 대해서는 이렇게 말한다.

되돌아보건대 탈냉전 시기는 이제 '냉전 사이' 시대로 보아야 할 것이다.[5]

영국 신문 『가디언』은 이를 보다 노골적으로 표현했다.

탱크와 군대가 위성국을 침략하고, 스파이 축출을 주고받으며, 핵 폭격기와 요격 제트기가 수반되는 위험성이 큰 군사적 치킨게임을 벌이고, 가스 공급을 끊고, 외교적 설전을 벌인다. 이런 것들이 친숙하게 들린다 해도 이상할 것은 없다. 모스크바에서 워싱턴까지, 시드니에서 키예프까지 신문의 헤드라인은 모두 똑같다.

"냉전이 돌아왔다!"[6]

오늘날의 상황과 냉전 시대의 상황에서 유사점을 찾은 것은 언론의 비평가들만이 아니다. 러시아 총리 드미트리 메드베데프 역시 러시아와 서방 사이의 긴장 상태가 냉전 시대와 맞먹는 정도로 커졌다고 주장했다. 그는 2015년 뮌헨안보회의MSC에서 이렇게 탄식했다.

하루가 멀다 하고 우리는 최악의 위협으로 지목되고 있습니다. NATO 전체에 대해서든, 유럽에 대해서든, 미국이나 다른 나라에 대해서든 말입니다. 때로 나는 지금이 2016년인지 1962년인지 헷갈립니다.

마찬가지로 미국 국방부 장관 애슈턴 카터도 이렇게 단언하며 냉전 시대를 환기시켰다.

캄차카반도에서 남아시아를 거쳐 캅카스 지역과 발트해 연안에 이르기까지, 러시아는 스스로를 고립의 장막으로 감싸왔습니다.

그는 이렇게 말함으로써 1940년대 중반 윈스턴 처칠의 유명한 '철의 장막' 연설을 되풀이하고 있었다. 처칠은 이렇게 선언했었다.

발트해의 슈체친에서 아드리아해의 트리에스테까지, 유럽 대륙에 철의 장막 하나가 드리워졌습니다.

양쪽의 정치가들은 냉전 상황이 재연됐다는 것에 모두 동의하고 있는 듯한데, 그 책임이 누구에게 있느냐에 대해서는 근본적으로 생각이 달랐다. 러시아의 입장에서는 NATO나 유럽연합 같은 서방의 안보 및 정치기구들이 공격적으로 동방으로 팽창을 계속해, 러시아는 자신의 이익을 지키기 위해 보다 적극적으로 나서지 않을 수 없었다는 것이다. 반대로 서방 쪽의 관점에서는 러시아의 최근 움직임이 1990년대에는 일단 자유민주주의와 자유 시장경제 쪽으로 나아갔다가 다시 권위주의와 보다 공격적인 외교정책으로 전환한 증거로 보였다. 이런 시각에서 보면 러시아에서의 사태 전개는 후쿠야마 등이 전망했던 민주주의적 평화를 파괴하는 것이며, 푸틴의 러시아는 스스로를 유럽과 미국의 도전자로 자리매김하는 의도적인 전략을 추구하는 것이 된다.

파트너가 아니라 도전자라는 생각은 제2차 세계대전이 끝난 뒤 미국이 소련을 재평가할 때도 한가운데에 있던 것이었다. 당시 두 나라는 전쟁을 치른 뒤 세계 체제의 두 강대국으로 등장했었다. 1946년, 모스크바에서 근무하고 있던 노련한 미국 외교관 조지 케넌은 워싱턴의 관리들에게, 이제는 유명해진 '긴 전문The Long Telegram'을 써서 보냈다. 이 전문은 소련의 세계관의 본질과 외교정책상의 야망을 상세하게 서술했다.

케넌에 따르면, 소련이 가장 두려워하는 것은 자본주의 서방에 포위되는 것이었다. 그것은 소련의 안전에 위협도 되지만 소련 내부 시스템의 약점을 노출시킬 가능성도 있었다. 공산주의와 권위주의를 결합시킨 요시프 스탈린의 억압적인 지배가 계속되는 것을 정당화하려면 적대적인 세계가 필요했다. 아니, 그것이 필수적이었다. 그 결과 소련은 자본주의 국가들 사이의 차이를 이용하려 한다고 케넌은 주장했다. 서방의 경제적·정치적 가치관에 공개적으로 도전하고, 유럽과 그 너머에까지 영향력을 확대하는 일련의 움직임들을 통해 서방의 의지를 시험하려 한다는 것이다.

미국에 특히 우려스러웠던 것은 소련이 그리스와 터키에 대해 분명한 계획을 갖고 있다는 점이었다. 1946년 그리스 내전에서 공산주의자들을 지원하고 터키해협(지중해와 흑해를 연결하는 마르마라해와 그 양쪽 끝의 두 해협을 함께 일컫는 명칭—옮긴이)에 군사기지를 건설하려고 한 것이다. 소련이 제2차 세계대전이 끝난 뒤 이란 북부에서 군대를 철수한다는 합의를 이행치 않고 있는 것도 문제였다.

그러나 케넌의 요지는 소련의 팽창주의가 **러시아인들의** 전통적인 불안감에 기인하고 있다는 것이었다. 러시아는 자연적인 경계선이 없고 스웨덴·프랑스·독일 등 사방에서 침략당한 역사가 있어, 우호적이고 위협적이지 않은 나라들과 국경을 맞대고 세계의 다른 지역으로 통하는 주요 수로와 교통로를 이용할 수 있도록 영향력을 확대하고자 했다. 다시 말해서 마르크스레닌주의는 과거 제정러시아의 민족주의 및 제국주의를 속에 숨긴 겉치레일 뿐이었다. 최선의 전략은 미국에게 핵심적인 전략적 이해관계가 있는 지역, 특히 중유럽으로 팽창하려는 소련의 노력을 저지하고 그들이 내부에서 "물러지"고 무너지기를 기다리는 것이라고 케넌은 주장했다.[7]

푸틴이 이끌고 있는 오늘날의 러시아는 많은 사람에게, 국내에서는 독재정치를 하고 해외에서는 세력을 확장하는, 소련과 비슷한 조합을 보여주고 있는 것으로 받아들여지고 있다. 러시아는 또한 서방의 가치관과 이해관계에 대해, 그리고 1991년 독일 통일로 유럽에서 만들어졌던 냉전 이후 안보 질서에 대해 지나치게 적대적으로 변했다.

2005년 이전에, 시계를 되돌려 러시아의 강대국 지위를 회복하려는 푸틴 대통령의 노력은 일차적으로 내부에 초점을 맞추었다. 러시아 경제를 강화하고 정치적 불안정을 조성하는 것으로 보이는 정치적 반대파를 억압하는 조치들을 취한 것이었다. 빌 클린턴 행정부 관리를 지낸 스트로브 탤벗은 그 전략에 대해 이렇게 썼다.

여러 해 동안 그것은 전임자들의 변형된 정책을 거부하고 러시아연방의 영토 **안에서** 소비에트 시스템의 주요 특성들을 회복시키는 것이었다.

그러나 푸틴이 더 큰 계획을 가지고 있었다는 징표도 있었다.

기회가 주어진다면 푸틴은 자신의 의제와 원칙, 그리고 자신이 러
시아 밖에까지 미치는 전통이 되기를 바랐던 것을 확대할 터였다.[8]

냉전이 끝나고 첫 10년 동안에 러시아는 자리를 잡아가면서 서방과
'거래를 하려고'(글자 그대로이기도 하고 상징적이기도 하다) 열심이었는
데, 이와 달리 푸틴의 러시아는 미국 및 그 동맹자들과 더욱 자주 부
딪치게 만드는 의제를 추구하고 있었다.

위세 과시

러시아의 자신감 넘치는 대외 태도를 가장 잘 보여주고 있는 것은
군사 예산이 상당히 증가하고 있고(예컨대 2015년에는 2014년에 비해
110억 달러가 늘었다) 군사력 사용에 적극적이라는 점이다. 2008년 8
월, 러시아는 육·해·공군을 조지아에 파견했다. 조지아의 러시아어
사용 지역인 남南오세티야 분리주의자들의 소요에 대처하려는 이 나
라의 움직임에 맞서기 위한 것이었다. 러시아와 오세티야군은 조지아
에 맞서 함께 싸웠으며, 마침내 조지아군을 밀어내고 일시적으로 조

지아의 여러 도시를 점령했다가 휴전에 이르렀다.

많은 사람은 이 사건이 서방의 반응을 떠보기 위해 푸틴이 꾸민 것이라고 생각했다. 서방이 러시아의 군사행동에 반응할 것인지 알아보려 했다는 것이다. 그가 끌어낸 결론은 러시아가 무사히 넘어갈 수 있다는 것이었다. 이 전쟁 뒤에 러시아는 남오세티야와 압하지야(역시 조지아가 영유권을 주장하는 흑해 연안 지역이다—옮긴이)를 사실상 병합했으며, 보다 최근의 일이 크림반도 개입이다.

러시아의 자기주장은 서방에 우호적인 우크라이나 · 폴란드 및 발트해 연안 국가들과의 국경에서 군사훈련을 하고 있는 것이 가장 상징적이었다. 2013년, 러시아와 벨라루스 군대는 발트해 국가들에서 오는 외세 지원 '테러리스트' 집단의 침입을 가상한 합동 훈련을 실시했다. 수만 명의 병력과 수백 대의 차량 및 많은 군사 장비를 동원한 것이었다.[9] 러시아와 벨라루스 군대의 가상 대응 가운데는 발트해 국가들에 침입해 이 나라들을 점령하고 이들과 폴란드 사이의 육상 연결을 끊기 위한 전술과 배치도 포함되어 있었다.

게다가 푸틴은 자신이 러시아 핵무기를 더 늘릴 계획이며, 미국 본토를 타격할 수 있는 차세대 비핵무기를 개발하고 있다고 공개적으로 발표했다. 이 결정은 2011년 오바마 미국 대통령과 당시 러시아 대통령 메드베데프가 서명한 전략무기제한협정을 거부하는 것으로 비쳐졌다. 이 협정은 미국과 러시아가 냉전이 끝난 1991년 합의한 한도 이상으로 배치한 핵무기와 발사 장치를 줄이기 위해 만들어진 것이었다. 푸틴이 2016년 4월 개최된 최근 핵안전정상회의NSS에 참석하지

2014년 3월 8일 도네츠크의 친러시아 시위대.

않았던 것도 눈에 띈다. 러시아는 초청 대상이 아니었던 북한을 제외하고 유일하게 정상회담에 고위 관리를 보내지 않은 핵무기 보유국이었다.

상징과 현실 사이의 어느 수준에서 러시아와 서방 군대 사이의 군사적 '조우'가 여러 차례 일어나고 있다. 2000년대 중반, 러시아는 서방국가 영공을 '스쳐 지나가는' 옛 냉전 시절의 관행을 재개했다. 그러나 유럽리더십네트워크ELN의 2014년 보고서는 이런 관행이 심화되고 러시아와 서방 군대가 관련되는 근거리의 군사적 조우가 1960년대와 1970년대 이래 볼 수 없었던 수준으로 지원되고 있음을 보여주었다. 이런 일들 가운데는 국가 영공을 침범하고, 민간 항공기와 러시아 정찰기 사이의 공중 충돌을 가까스로 면하고, 해상에서 배들끼리 근접하고, 서방 군함 위를 근접 비행하고, 서방 잠수함을 미행하는 것 같은 일들이 포함된다.[10]

그러나 냉전 종식 이후 서방과 러시아 사이의 가장 심각한 대치가 일어나고 군사력이 집중적으로 배치된 곳은 우크라이나 동부와 시리아다. 크림반도 병합 이후 우크라이나의 도네츠크주와 루한스크주(합쳐서 보통 '돈바스Donbas'라 부른다)에서는 친러시아 · 반정부 시위가 시작됐다. 이 저항은 곧 스스로 도네츠크인민공화국 및 루한스크인민공화국을 선언한 분리주의 세력과 우크라이나 정부 사이의 공공연한 무장 충돌로 비화됐다. 많은 사람은 이 충돌이 러시아군의 은밀한 개입으로 인한 직접적인 결과라고 보고 있다.

이런 판단은 유럽안보협력기구OSCE의 국제적인 감시와 세계 언론에 의해 입증되고 있다. 양쪽은 모두 러시아군 수송대가 눈에 띄지 않게 국경을 넘어 우크라이나 동부의 반군 장악 지역으로 들어갔고, 차량들이 러시아—우크라이나 국경 곳곳에서 인도주의 원조 수송대를 가장해 탄약과 죽은 병사들의 시신을 실어 나르고 있다고 보고했다. 2014년 7월 암스테르담에서 쿠알라룸푸르로 가던 말레이시아항공 MH17 편이 반군이 장악한 도네츠크 지역에 추락(이 사고로 승객 283명과 승무원 15명 전원이 죽었다)한 것은 친러시아 반군이 러시아제 미사일로 비행기를 잘못 쏘아 떨어뜨렸다는 것이 중론이다. 러시아는 이 사고에 개입되지 않았다고 부인하고, 사건에 대한 국제적인 조사를 거부한 채 러시아 매체들을 통해 우크라이나에 책임을 돌리는 기사들을 쏟아내고 있다.

UN 인권감시단에 따르면, 무력 분쟁이 시작된 2014년 4월에서 2016년 2월 사이에 우크라이나에서 대략 9천 명이 죽고 2만 천 명이 다쳤다.[11] 그리고 2015년 2월 우크라이나와 러시아가 두 번째 휴전협정에 서명하고 프랑스와 독일이 이를 보증했음에도 불구하고 전투원과 민간인 사망자 수는 계속 증가했다. 중화기와 대포도 늘었고(협정을 무시한 것이다), 군복 비슷한 것을 입은 남녀들이 일상적으로 도네츠크와 러시아 사이의 국경을 넘었다. 우크라이나의 러시아어 사용자들의 주장을 지원하고 우크라이나와 유럽 사이의 긴밀한 관계를 훼방하는 데 대한 푸틴의 관심은 전쟁에 많은 비용이 들어감에도 불구하고 여전히 수그러들지 않았다.

유럽의 심장부에서 아주 가까운 우크라이나에서 일어난 무력 충돌의 강도와 영향력은 유럽연합 회원국들뿐만 아니라 미국도 당혹케 했다. 2016년 2월 오바마 대통령이 중유럽·동유럽에 중화기와 장갑차, 기타 장비들을 상당히 늘려 배치하겠다고(유럽에서의 미국 군사비 지출을 네 배 늘리는 것이다) 발표한 것은 러시아가 그 인근 지역에 더 이상 추가적인 조치를 못하도록 하기 위한 것이었다. '유럽재보증계획ERI'이라는 이 프로그램의 공식 명칭은 유럽의 안보 환경이 얼마나 악화됐는지를 단적으로 보여준다. 특히 루마니아·폴란드·라트비아·에스토니아·리투아니아 등 1990년대에는 역사(적어도 러시아의 침략이라는 형태)가 끝날 것이라고 믿었던 나라들에서 그러했다. 오늘날 발트 3국은 무력 충돌에 대비해 군대를 적극적으로 증강하고 있고, 리투아니아의 경우에는 징병제를 다시 도입했다.

러시아는 멀리 떨어져 있지만 중요한 전략적 이해관계가 걸려 있다고 여겨지는 지역에서도 위력을 과시하고 있다. 지속되고 있는 시리아 내전에서다. 2011년 전쟁 초기 단계부터 러시아는 변함없이 시리아의 자기네 동맹자인 바샤르 알아사드 정권을 정치적·군사적으로 지원했다.

러시아는 폭력이 격화되면서 2011년 가을에서 2012년 여름 사이에 잇달아 UN 안전보장이사회에 상정된 결의안 세 개를 저지했다. 첫 번째 결의안은 시리아 정부의 인권 침해와 시위 탄압을 규탄하는 것이었다. 두 번째는 정권 반대파에 대한 아사드의 계속적인 폭력을 비난하고 정치적 변화를 가져오기 위해 만들어진 아랍 평화 계획을 지지하는 것이었다. 세 번째는 국제사회가 지지한 평화 계획의 조항들을 시리아 정부가 이행하지 않는 데 대해 경제제재를 위협하는 내용이었다. 매번 러시아가 (그리고 중국이) 거부권을 행사하자 안전보장이사회가 유엔헌장에 명시된 그 책임을 다하지 못하고 공동의 대응을 하지 못한다는 비판이 더욱 거세졌다. 세계는 냉전의 절정기로 되돌아간 듯했다. 안전보장이사회가 소련과 서방 사이의 이견으로 무력화됐던 시기 말이다. 1980년부터 1988년까지 결말이 나지 않고 맹렬하게 이어졌던 이란-이라크전쟁에서와 마찬가지로, 안전보장이사회 상임이사국들 사이의 대립은 시리아에서의 유혈 사태를 끝내는 데 단합할 수 없게 만들었다.

러시아 입장의 공개적인 논거는 간단했다. 아사드 대통령은 국제적으로 승인된 시리아아랍공화국 정부를 이끌고 있고 폭력적인 국내의 반대 세력에 직면해 있다는 것이었다. 러시아가 보기에 외부 세력이 정권 교체를 시도하는 것은 도덕적으로나 법적으로 옳지 않고 정치적으로도 현명치 못한 일이었다. 특히 강제적 수단을 사용하는 것은 더욱 그러했다. 그러한 접근은 유엔헌장과 유엔헌장 이후 주권국가의 내부 문제에 개입하지 않는다는 원칙을 지지하는 총회 결의안들에 배치된다고 러시아 관리들은 주장했다. 더구나 서방은 과거에 잘못된 정권 교체 전략을 쓴 적이 있었다는 것이 그들의 주장이다. 러시아 외무부 장관 세르게이 라브로프는 서방 언론에 러시아의 입장을 방어하며 과장되게 물었다.

"사담 후세인이 교수형에 처해졌습니다. 이라크가 더 나은 곳, 더 안전한 곳이 됐습니까? … 카다피가 살해됐습니다. 아다시피 사람들이 보는 데서요. 리비아가 더 나은 곳이 됐습니까? 지금 우리는 아사드를 악마로 만들고 있습니다. 우리가 교훈을 얻어야 하지 않겠습니까?"[12]

반대로 바깥 세계의 접근은 형평성을 갖추어야 하며, 분쟁의 한쪽만을 "처벌하"려 하거나 특정한 정치적 해법을 추구하려 해서는 안 된다고 라브로프 등은 주장했다. 2012년 2월 거부권이 행사된 결의안에 대해 안전보장이사회에서 논의를 마친 뒤 러시아 외교관 비탈리 추르킨은 서방이 발의한 초안 문장이 분쟁 당사자들에게 "균형 잡히지 않은 신호"를 보낸다고 주장했다. 시리아 정부에 도시 지역에서 시리아 병력을 철수하라고 요구하면서도 반대 세력에게는 같은 요구를

하지 않았다는 것이다.[13]

물론 러시아의 행동은 그들이 내세우는 중립성에 의문을 제기한다. 러시아는 서방이 시리아의 반군 세력을 지원한다고 비난했지만, 그와 마찬가지로 러시아도 아사드 정권에 계속 무기를 공급하는 주요 세력 가운데 하나였다. 그러나 러시아의 입장은 ISIS 같은 폭력적인 극단주의자들이 등장해 시리아의 전쟁 양상이 변하면서 강화됐다. 러시아 관리들은 자기네가 다마스쿠스 정부를 지원함으로써 광범위한 세계의 반反테러 활동을 고무하고 있다고 주장했다. 서방이 비난할 게 아니라 칭찬해줘야 할 일이었다.

2015년 가을, 시리아의 전쟁이 걷잡을 수 없이 악화되자 러시아는 더욱 대담한 조치를 취해 서방국가들을 경악시켰다. 러시아는 시리아 정부로부터 ISIS와 레반트 지역의 알카에다 분파인 알누스라전선 같은 지하드 운동가 집단들에 맞서 군사적 지원을 해달라는 공식 요청을 받은 뒤 시리아 북서부 지역을 잇따라 공습했다. 표면적으로는 시리아 정부가 영토를 탈환하는 것을 도우려고 구상된 것이었다. 러시아는 이라크에서 시리아로 확장해 나간 ISIS에 맞선 공중전에서 미국이 이끄는 더 광범위한 연합군에 합류하지 않고, 전투기 최대 50대와 러시아 병사 4천 명으로 이루어진 파견대를 배치해('지상군 투입'을 꺼리는 서방과 대조적이었다) 독자적인 반동맹 세력을 구축하려 하고 있었다. 이 7개월 동안의 작전은 러시아가 1979년 아프가니스탄 침공 이래 옛 소련 바깥의 나라들에 군사적으로 개입한 첫 번째 사례로서, 세계에 그들의 능력과 결의를 보여주었다. 그러나 이는 또한 미국과 그 동맹국들이 벌인 군사행동에 상당한 영향을 주었고, 심지어 러시아와 서방 세력 사이의 충돌 가능성까지 만들어냈다.

나중에 알게 된 사실이지만, 러시아의 무기 시스템은 지하드 세력만이 아니라 모든 시리아 정부 반대자들과 싸우기 위해 배치한 것이었다. 거기에는 서방이 지원하는 반군 집단도 포함되어 있었다. 대공포 시스템 등의 배치는 또한 그 본질과 위치상 ISIS를 상대로 한 서방의 작전에 러시아가 어느 정도 영향을 미칠 수 있도록 해서, 서방 각국 정부들이 직접 맞부딪치지 않으려면 러시아와 협력하지 않을 수 없도록 했다. 러시아가 공습에 나섰다가 제트기 한 대가 터키 공군에 의해 격추되는 긴박한 순간도 있었다. 이는 50년 만에 처음으로 NATO 국가가 러시아 비행기를 격추시킨 것으로 보이는 사건이었다.

2016년 3월, 푸틴 대통령은 시리아에 파견된 러시아군 대부분을 철수하라고 명령했다. 이번에도 자신의 의도에 대한 신호를 서방에 보내지 않았다. 철군은 이 개입이 시리아 정부를 지원해 테러리스트 반군에 대한 그 입지를 강화하고 영토를 탈환하는 그 목표를 대체로 이루었다는 의미였다. 시리아인권감시단SOHR에 따르면, 이 목표를 이루기 위해 5천 명 이상이 희생됐는데, 그중 40퍼센트는 민간인이었다.[14]

러시아가 ISIS를 물리치지는 않았고 그럴 수도 없었지만, 그들은 더 큰 목적을 달성하는 데 성공했다. 시리아에서 정권 교체를 하려는 서방의 희망을 좌절시켰고, 자기네의 군사적인 능력을 과시한 것이다. 러시아는 이 간섭을 통해 시리아에서 폭력을 억제하고 정치적 해결을 이루는 주역으로 스스로를 자리매김했다. 그리고 이것이 협상에 꼭 필요한 만큼 서방은 아사드의 운명을 좌지우지할 수 없게 됐다. 푸틴은 대담하고 위험한 시리아 개입을 통해 러시아를 강대국 외교의 중심으로 다시 밀어 넣는 자신의 목표를 달성했다. 백악관의 관리 로버트 게이츠는 이렇게 말했다.

(푸틴은) 결연한 의지를 보여, 어떤 문제도 러시아가 테이블에 앉지 않은 상태에서 해결될 수 없도록 했다.

파이프라인과 사이버 공격

과거의 냉전에서 아주 두드러졌던 것은 서방 자본주의 국가들과 동방 공산주의 국가들이 상대방의 지구촌 패권 추구를 방해하기 위해 수많은 도구를 사용했다는 것이다. 초강대국들 사이의 대치는 서방이나 동독의 경우처럼 단순히 경계선 너머 상대방 진영에 배치된 군대나 치열한 핵무기 비축 경쟁의 문제만이 아니었다. 냉전은 다른 쪽 이데올로기에 취약한 나라들을 강화하기 위해 만들어진 경제 협정도 포괄하고 있었다. 실제로 조지 케넌은 1945년 이후의 유럽에 대한 경제 구제 패키지('마셜 플랜'으로 알려진 것이다)가 소련을 저지하는 도구라고 보았다. 서유럽 경제를 안정시키고, 이를 통해 유럽 국가들의 신뢰를 회복하며, 이에 따라 그 나라들이 급진 정당과 "자생적인 공산주의"[15]에 덜 민감하게 만드는 것이었다.

냉전은 또한 '마음이 맞는' 나라들과의 특혜무역협정PTA(자유무역협정FTA의 전 단계로, 관세를 깎아주기는 하지만 완전히 철폐하지는 않는 협정이다—옮긴이)을 통해 전개됐다. 예컨대 소련의 경제상호원조회의 COMECON 창설 같은 것이다. 또한 이른바 제3세계 국가들의 어느 한쪽에 대한 충성을 '매수'하기 위한 교역이나 해외 원조 약속을 통해서도 이루어졌다. 1950년대 중반에 미국과 영국은 이집트 대통령 자말 압델 나세르에게 나일강에 거대한 아스완댐을 건설할 자금을 대겠다고 제안했다. 이 원조가 공산주의를 저지하는 더 큰 싸움에서 나세르의 충성과 협조를 얻어낼 것이고 봤다. 나세르가 용감하게 양쪽 모두와 잘 지내려고 하면서 동방과 서방 사이의 중립으로 남자 미국은 제의를 거둬들였고, 소련이 결국 댐 건설 비용을 댔다.

오늘날 러시아의 보다 강력해진 대외 정책은 냉전 시기와 똑같이 공개적인 군사행동이나 직접적인 대결에만 국한되는 것은 아니다. 푸틴 정권은 또한 그 주변에 있는 나라들에 영향력을 늘리고 서방 내부의 균열을 일으키기 위해 다른 전략들을 사용하고 있다.

가장 효과적인 형태의 수단은 이웃 나라들에 펼치는 러시아의 에너지 정책이다. 특히 그 석유·가스 공급을 의존하고 있는 유럽의 나라들이다. 러시아는 발견된 천연가스 매장량을 세계에서 가장 많이 가진 나라이자 세계 최대의 천연가스 생산국이다(전 세계 생산량의 5분의 1을 차지한다). 러시아는 또한 사우디아라비아에 이어 세계 두 번째의 석유 생산국이고, 세계 두 번째의 석탄 매장량을 가졌다. 러시아는 거대한 에너지 생산국이자 수출국이며, 옛 소련으로부터 석유 및 가스 파이프라인을 물려받았다. 이런 자산들 덕분에 러시아는 다른 독자적인 에너지 공급원이 없는 과거의 위성국들에 정치적 압력을 가할 수 있다.

러시아는 짧은 시간 안에 에너지 가격을 큰 폭으로 올리거나 공급을 완전히 끊음으로써 자신의 에너지 권력을 행사했다. 전자의 사례는 2006년 '오렌지 혁명'(2004년 우크라이나 대통령 선거 결과 발표에 항의한 정치 운동으로, 이에 따라 결선 투표가 다시 치러져 당초 결과와 달리 빅토르 유셴코가 당선됐다—옮긴이) 이후에 우크라이나를 상대로 한 것을 들 수 있고, 후자의 사례는 2007년 에스토니아를 상대로 행사한 적이 있다. 러시아 관리들은 흔히 공급 중단이 자신들이 직접 행동한 결과가 아니라고 부인하며, 파괴 공작이나 자연재해 탓이라고 한다.

러시아는 에너지 공급자의 위치를 강화하기 위해 노르드 스트림 Nord Stream으로 알려진 해저 파이프라인 프로젝트를 밀어붙였다. 이 파이프라인은 천연가스를 러시아에서 발트해 해저를 통해 독일·프랑스·네덜란드로 직접 수송하는 것이다. 이렇게 하면 러시아를 벨라루스·폴란드·우크라이나·슬로바키아·체코 등을 거치지 않고 서유럽과 가까이 연결하게 된다. 또한 이렇게 함으로써 러시아는 자기네와 갈등이 생기는 동유럽 국가들에 대해, 더 서쪽에 있는 중요한 고객을 잃을 위험 없이 에너지 공급을 끊을 수 있게 된다. 노르드 스트림 프로젝트는 군사적 측면도 있다. 러시아는 이 프로젝트의 주축 회

사인 가스프롬에 해외 파이프라인을 보호할 자체 군대를 모집해 운용할 수 있는 이례적인 권한을 부여했으며, 발트해 해저를 탐사하고 파이프라인이 건설된 뒤 이를 보호하기 위해 발트 함대를 강화하고 있다.[16]

에너지 분야의 이런 모든 움직임은 경제적 관점의 일환이라고 볼 수 있다. 현대화나 자유무역 같은 자유주의적인 사상보다는 국가 안보상의 이익에 바탕을 둔 관점이다. 핀란드국제문제연구소FIIA 분석가들은 러시아가 그 에너지 자원을 전략적으로 이용하는 것을 '에너지 지리경제학'으로 표현했다. 가장 중요한 것은 에너지 프로젝트의 수익성이 아니라 전략지정학적 목표를 달성하고 푸틴 정권의 권력과 이익을 확보하는 데 도움이 되느냐다.

예컨대 노르드 스트림 가스관 프로젝트를 통해 러시아는 유럽연합으로 뚫고 들어가 유럽 각국이 가지고 있는 에너지 정책에 관한 서로 다른 이해관계(러시아에서 공급받는 의존도에 따라 상대적으로 다를 수 있다)를 드러나게 할 수 있다. 특히 이 프로젝트는 우크라이나로 하여금 동방에서 서방으로 가는 에너지 공급의 '통과국'이라는 중요한 전략적 지위를 유지하기 위한 유럽연합의 공식적인 노력을 약화시킬 수 있다.[17]

러시아는 이런 전통적인 경제적 수단 외에 21세기의 수단인 사이버 공격을 통해서도 그 상대들을 약화시키고 있다. 이 비군사적 형태의 전쟁에는 서비스 거부DoS 공격, 해커 공격, 인터넷을 통한 허위 정보 유포 등이 포함된다.

2007년 에스토니아의 주요 기관 웹사이트에 사이버 공격이 밀려 닥쳤다. 에스토니아의 의회와 은행, 정부 각 부처, 신문·방송사 같은 곳들이었다. 이 공격은 에스토니아 정부가 수도 탈린에 있는 이른바 청동 병사상像을 이전하기로 결정한 것에 크렘린이 격한 반응을 보인 이후에 이루어졌다. 청동 병사상은 1944년 소련군이 탈린에 도착한 것을 기념해서 만든 소련 시절의 유물이었다. 이 기념물은 수십 년 동안 탈린 중심가에 있는 소련 병사들의 작은 묘지 위에 있었다. 이를 병사들의 유해와 함께 도시 외곽의 군인 묘지로 옮기면서 제2차 세계대전 때 사건들에 대한 러시아인들과 에스토니아인들 사이의 정치적인 차이가 표면화됐다. 특히 에스토니아가 붉은 군대에 의해 해방됐다는 주장에 대한 견해차다.

사이버 공격의 영향은 지대해서, 에스토니아가 바깥 세계와 연결되는 데 큰 지장을 주었다. 이 공격의 배후에 정확히 누가 있었는지 알기는 어렵지만, 증거들은 러시아를 지목한다.[18]

2008년 러시아–조지아전쟁 동안에 비슷한 사이버 공격이 남오세티야·조지아·아제르바이잔의 여러 웹사이트를 뒤덮어 무력화시켰다. 물론 러시아 정부는 자기네가 공격 배후라는 주장을 다시 한 번 부인했다.

스파이 게임

핵무기 경쟁 외에 과거의 냉전을 가장 분명하게 규정한 것은 스파이 활동이었다. 소련과 서방에서 상대방의 강점과 약점을 알아내고 지구촌 장기판 위에서의 움직임을 예측하기 위해 파견한 방대한 요원 네트워크는 책과 할리우드 영화, 텔레비전 프로그램 속에 길이 남았다. 여기에는 존 르 카레의 고전적 소설 『팅커 테일러 솔저 스파이 *Tinker Tailor Soldier Spy*』(1974)에서부터 요즘 인기 있는 케이블 텔레비전 FX의 「디 아메리칸즈The Americans」 시리즈까지 다양하다.

전자는 영국 비밀정보부SIS의 두더지(스파이) 색출 이야기고, 후자는 1980년대 초 평범한 미국 부부로 가장해 워싱턴 교외에 거주지를 두고 낮에는 여행사를 운영하면서 본국에서 오는 다음 임무의 명령을 기다리는 소련 카게베KGB(국가보안위원회)의 두 요원에 관한 것이다. 「디 아메리칸즈」는 미국에서 암약한 소련 요원들의 실화에 바탕을 둔 것으로, 이들은 가짜 신분을 익히기 위해 몇 년 동안 훈련을 받았다. 소련 대사관과 영사관에 근무하는 '합법적' 동료들은 외교관으로서 기소 면제 특권을 누리지만, '비합법'(미국 법무부에서 그렇게 취급한다) 요원들은 그런 보호막이 없어 위장이 탄로 나지 않도록 온갖 애를 다 썼다.

이런 식의 스파이는 역사책에나 나오는 것이라고 생각할지 모르지만, 러시아의 스파이 행위는 최근에 전례 없는 수준으로 늘어 '비합법 프로그램'이 새로운 형태로 부활했다. 2006년 캐나다 당국은 몬트리올에 살며 가짜 캐나다인 신분으로 스파이 활동을 한 것으로 의심되는 러시아 시민 한 명을 강제 추방했다. 이 체포를 서곡으로 해서 2010년 미국 연방수사국FBI이 광범위한 수사를 벌였고, 이를 통해 러시아 대외정보국SVR이 미국에 심어놓은 요원 열 명을 적발했다. 이 잠복 요원들은 정보를 얻기 위해 학자나 기업가, 정책 담당자들과 인맥을 구축했다.

이들은 이후 "러시아연방을 위해 미국에서 장기적인 '극비' 임무를 수행"했다는 이유로 기소됐고, 외국 정부의 대표로서 신고하지 않았다는 죄목에 유죄를 인정하고 오스트리아 빈으로 보내졌다. (2011년 공개된 러시아 법정 기록을 보면, 다른 러시아 요원 두 명은 체포되지 않고 미국에서 탈출했다.) 같은 날, 요원 열 명은 러시아 국민 네 명과 교환됐다. 네 명 중 세 명은 러시아가 스파이(대역죄) 혐의로 유죄판결을 내려 구금하고 있었다.[19]

냉전 기간에 풀려난 소련 스파이들은 대개 소련으로 돌아가 사람들의 눈길을 피해 살았다. 그러나 최근의 간첩단 가운데 가장 유명한 요원인 안나 차프만은 속옷 모델, 회사 대변인, 방송인으로 활동했다.

지정학의 부활

군사적 대치, 경제적 협박, 스파이 활동, 외교적 고립. 역사가 되풀이된다는 결론에 이르는 것이 그럴듯해 보인다. 그러나 러시아의 서방에 대한 자신감과 경쟁력이 늘어가고 있다는 여러 가지 조짐에도 불구하고 현재의 시기에 '냉전 2.0'이라는 딱지를 붙이기는 어렵다. 과거의 냉전을 특징지었던 40년 동안의 초강대국 대치는 상당한 부분에서 현재의 러시아와 서방 사이의 긴장과는 다르다.

첫째이자 가장 중요한 것은 냉전이 가진 고도로 이데올로기적인 성격이다. 강대국의 대립은 수백 년 동안 세계사에서 일반적인 특징이었지만, 과거의 냉전을 그렇게 특징적으로 만든 것은 소련과 미국이 모든 **시스템**을 동원해 전쟁을 벌이게 한 그 강도였다.

21세기의 시점에서 보면 자유민주주의의 필연성이 과장된다. 그러나 제1장에서 이야기했듯이, 이는 20세기 상당 기간에 나타났던 여러 정치사상과 프로그램들이 말하고 있는 현실을 가려버린다. 특히 격변의 제1차 세계대전이 끝난 1918년 이후의 일들을 말이다. 대공황은 자본주의 경제 모델에 의문을 제기했고, 제2차 세계대전의 대학살은 서방국가들이 민족주의적 의제의 힘에 떠밀려 어디까지 추락할 수 있는지 그 깊이를 보여주었다. 더구나 식민 제국의 정당성에 대한 공격은 제1차 세계대전 동안에 시작되어 두 세계대전 사이에도 이어지고, 1940년대에 잇단 독립 투쟁(폭력적인 것도 있고 비폭력적인 것도 있었다)이 시작되면서 절정에 달했다.

소련 체제를 뒷받침했던 마르크스레닌주의 세계관은 혁명을 통해 억압적인 식민지 지배와 자본주의의 경제적 불평등을 타도하고 **모든** 계급 및 인종의 보다 폭넓은 평등을 보장하는 체제를 도입하겠다고 약속하는 데서 정당성을 끌어냈다. 스탈린이 지휘권을 잡으면서 혁명이 자발적이고 자동적이라는 본래의 마르크스주의 사상은 소련을 중심에 놓는 이데올로기로 변신했다. 소련이 중심에 있고 거기서 사회주의가 퍼져 나가 자본주의를 물리친다는 것이다. 그러나 이런 생각에는 팽창주의 역시 강하게 내포되어 있었다.

1945년 공통의 적인 히틀러의 독일에 맞섰던 편의적인 동맹이 끝나자 소련과 미국은 새로운 현실에 직면했다. 유럽에 힘의 공백이 생기고, 개발도상국 세계에서는 수많은 신생 독립국이 만들어질 것으로 예상됐다. 역사가들은 두 나라의 전시 협력 체제가 왜 제2차 세계대전 이후까지 이어지지 않았는지에 대해 많은 글을 썼다. 그 가운데 상당 부분은 1945년 이후 양쪽이 지녔던 안보에 대한 매우 다른 이해 방식(각자의 전쟁 경험에 바탕을 둔 것이었다)과 관련된 것이다. 예컨대 소련은 침공을 당했던 경험이 있기 때문에 영토를 중심으로 하는 안보 개념을 가지게 됐다. 여기서는 자기네 국경 주위에 여러 개의 '완충 국가'를 두는 것이 핵심 목표였다. 이와 대조적으로 미국은 자주 국가들이 협력하고 자유롭게 교역하는 탈식민 세계와 강대국들이 평화와 안전에 대한 공통의 도전에 대처하기 위해 협력해 나가는 집단 안보 체제를 만들려 했다.

1945년 이후에 '여전히 남아' 있었던 두 강대국 사이에 어느 정도의 마찰은 있을 수밖에 없었다. 양쪽이 모두 자유민주주의 국가였더라도 말이다. 그러나 대치의 수준과 본질은 그들의 대립되는 이데올로기에 상당한 영향을 받았다. 그리고 더욱 중요하게는 그 이데올로기를 전 세계에 수출하고 방어하기 위한 그들의 노력에 영향을 받았다. 따라서 스탈린이 원했던 완충 국가들이 군사적으로 우호적인 것만으로는 충분치 않았다. 그 나라들은 이데올로기적으로도 하나가 돼야 했다. 소련 정권에 아무런 위협도 제기되지 않도록 말이다. 사실 스탈린은 그 나라들이 궁극적으로 사회주의 국가로서 성공하고 그것이 소련의 정당성도 강화시켜주기를 바랐다. 그리고 이와 비슷하게, 전후 경제 질서에 대한 미국의 당초 구상은 소련을 포함하는 여러 가지 프로그램과 기관들(마셜플랜과 세계은행 같은 것들이다)이었는데, 이 질서는 곧 자유주의적 자본주의 국가들의 클럽으로 바뀌었다. 소련의 입장에서 그것은 경제적 무기를 통해 서방 모델을 확산시키려 하고 있었다.

냉전 동안 양쪽은 각자 체제의 우월성을 과시하기 위해 온갖 기회를 활용했다. 소련 예술가가 서방으로 망명하거나 서방 스파이가 소련에서 적발되는 일 등은 모두 자본주의나 공산주의의 승리의 조짐으로 떠들어댔다. 동독이 올림픽에서 딴 메달 하나하나, 또는 서방 아이스하키 팀이 거둔 승리는 각 체제가 만들어낼 수 있는 우수성의 증거였다. 소련의 1957년 인공위성 스푸트니크 발사나 미국 항공우주국NASA의 1969년 인류의 달 착륙 임무 성공 같은 우주여행들은 양쪽 모두에게 과학적 능력의 증거였다. 그리고 모든 내전(아시아에서 일어나든 아프리카에서 일어나든)은 자본주의와 공산주의의 힘에 대한 대리 검증이었다.

오늘날 러시아와 서방 사이의 관계는 같은 종류의 이데올로기적 열정으로 특징지을 수 없다. '이즘ism'이나 경쟁하는 단일 체제들 사이의 투쟁이라고 할 수도 없다. 오늘날의 러시아는 자본주의의 여러 요소를 받아들였고, 그 경제체제는 냉전 시대처럼 관리되고 중앙에서 계획되던 것과는 거리가 멀다. 러시아는 또한 유럽 경제에 통합되어 있으며, 방대한 천연자원을 가지고 있어 유럽 최대의 가스·석유·석탄 공급자 가운데 하나다. 오늘날에는 그 대신 가치관의 충돌이 보다 특징적이다. 서방은 공개적인 선거와 표현 및 이동의 자유, 법에 의한 지배를 옹호하고 있고, 러시아는 혼합형 민주주의 체제에 과두제 통치 구조와 경제성장을 위한 개인의 자유 제한을 인정하고 있다. 국가 정체성과 종교를 강조하는 러시아 모델은 마르크스레닌주의를 떠받쳤던 근본주의와 대조적으로 그 지향이 매우 보수적인 듯하다.

국가 지도자들의 발언도 과장되고 적대적이었던 냉전 시기의 말들과 상당히 다르다. 이 시기에는 소련과 미국이 '철천지원수'였다. 1990년대 초에 구축된 협력 관계가 약화되기는 했지만, 그렇다고 러시아와 서방 사이에 공통의 이해나 목표가 없었던 것은 아니다. 2014년 7월 블라디미르 푸틴은 미국 독립기념일을 맞아 오바마 대통령에게 축하 메시지를 보내, 두 나라 사이에 차이가 있기는 하지만 러시아와 미국의 관계는 세계의 안정과 안전에 여전히 가장 중요하다고 했다. 그는 또한 러시아와 미국이 가장 복잡한 국제 문제에 관해 해법을 찾고 세계적인 위협과 도전에 함께 대처할 수 있을 것이라고 자신감을 드러냈다. "그들이 관계의 바탕에 평등의 원칙을 두고 서로의 이익을 존중한다면"[20] 말이다.

이런 관점은 미국 국무부 장관과 러시아 외무부 장관이 계속 열고 있는 정례 고위급 회담(냉전 동안에는 없었던 외교관 수준의 회담이다)에도 반영됐다. 물론 냉랭한 만남이 되는 경우도 많았다. 게다가 9·11 테러 공격 이후 푸틴·메드베데프와 기타 러시아 정치가들은 러시아와 서방을 공통의 적인 이슬람 테러리즘(최근에는 ISIS)에 맞서 결집시키려 끊임없이 노력해왔다.

과거의 냉전과 현재의 미국-러시아 간의 관계 파탄 사이의 두 번째 차이는 범위의 문제다. 과거의 냉전이 정말로 세계적인 경쟁이었음을 기억하는 것이 중요하다. 미국 및 그 동맹자들은 소련 및 그 동맹자들과 대립했다. 때로 그 충돌은 유럽 안에서 일어나기도 했다. 독일이 동·서로 나뉜 것은 상징적인 사례. 그러나 그 대결은 베트남·인도네시아·예멘·앙골라·모잠비크 같은 이른바 제3세계나 초강대국의 영향권 변경에서 더 자주 일어났다. 소련 쪽의 중유럽이나 미국 쪽의 라틴아메리카 및 카리브해 지역 같은 곳이다. 냉전의 가장 뜨거운 순간 중에 하나가 바로 그 변경에서 일어났다는 사실은 대결의 범위를 상징적으로 드러내주고 있다. 바로 1962년의 쿠바 미사일 위기다. 이때 미국과 소련은 핵전쟁 일보 직전까지 갔었다.

현실적인 관점에서 본다면 소련이 쿠바에 카리브해의 공산주의 전초기지를 만든다는 것은 아마도 불가능한 일이었겠지만, 냉전을 지배한 **이데올로기적** 관점에서는 전적으로 이해할 수 있다. 양쪽은 모든 대륙에 이데올로기의 발판을 마련하고자 했다. 1990년대 초 소련 문서보관소의 자료들이 공개되면서 역사학자들이 발견했듯이, 쿠바는 크렘린이 무엇보다도 우선시한 곳이었다. 라틴아메리카 전 지역의 마르크스주의 혁명에 불을 붙일 불씨가 될 유망한 곳이었기 때문이다. 공산주의가 그 지역으로 전파될 수 있다는 감질나는 전망은 역사가 존 루이스 개디스가 말했듯이, "소련 사람들을 **정서적으로** 와락 움켜 잡았다."[21]

미국의 경우도 마찬가지다. 미국은 동남아시아에서 공산주의의 맹 공격을 저지하기 위해 오랫동안 노력했지만 결국 실패로 돌아갔고, 그것은 베트남전쟁 동안에 전형적으로 드러났다. 미국과 영국·프랑 스의 정책 담당자들은 **혁명** 국가인 소련의 호소가 아시아·아프리카 ·라틴아메리카의 나라들에서 세력을 얻지 않을까 두려워했다. 이들 나라들은 식민 지배에서 일어나 독립을 주장하고 있었다. 그들의 관 심은 개디스가 지적하듯이, "냉전은 말하자면 은밀한 방법을 통해 패 배하지 않을 수도 있다"[22]는 것이었다.

되돌아보자면 사이공의 특정한 (그리고 인기 없는) 비공산주의 정권 의 지속을 보장하는 것이 어떻게 세계에서 미국의 신뢰성을 유지하 는 중요한 요소로 보였는지를 헤아리기는 어려워 보인다. 가정은 (되 돌아보니 잘못된 것이었다) 베트남의 운명이 이 지역 전체의 운명을 좌 우하고 다양한 주민과 문화를 가진 여러 나라가 하나의 이데올로기를 택하리라는 것이었다. 그러나 그것이 냉전의 심리 상태였다. 어느 곳 에서 일어나는 사건이라도 두 초강대국의 지위에 영향을 미칠 수 있 었다.

그렇다면 지금 우리가 보고 있는 것은 이데올로기적 냉전의 되풀이 라기보다는 구식 지정학의 부활이라는 측면이 강하다. 러시아와 서방 사이의 경쟁은 지역적으로 집중되어 있다. 우크라이나와 발트해 연안국 등 유럽의 동쪽 측면, 조지아·몰도바·아제르바이잔·아르메니아 등 구소련의 남부 지역, 그리고 냉전 이전부터 오랫동안 영향력을 다투어왔던 중동 지역이 중심이다.

많은 평론가는 '지정학geopolitics'이라는 말을 지구촌 정치에서의 세계 규모의 경쟁을 가리키는 약칭으로 사용하고 있다. 그러나 사실 그것은 보다 구체적인 의미를 가지고 있으며, 정치 세력과 지리적인 공간 사이의 역동적인 상호작용과 관련되어 있다. 그리고 1904년 이 개념을 처음 사용한 영국 지리학자 핼퍼드 매킨더에게 지정학은 한 특정한 영토 공간으로 확장하고 그것을 둘러싸고 경쟁하는 것과 관련된 일이었다. 바로 유라시아 대륙과 동유럽이라는 '심장부'다. 잘 알려져 있듯이 그는 이 심장부를 통제하는 자가 또한 "세계를 통제한다"[23]고 빈정댔다.

1990년대에 냉전이 끝난 뒤 러시아·미국과 서유럽 국가들은, 미국의 정치 평론가 월터 러셀 미드가 일련의 공유된 "지정학적 기반"이라고 말한 지점으로 모여들었다. 독일의 통일, 소련의 해체, 이전 바르샤바조약 가맹국이었던 중유럽·동유럽 국가들의 NATO 및 유럽연합 편입 등이다. 중동에서는 미국과 동맹한 사우디아라비아·카타르·아랍에미리트연합·이집트·터키 등 수니파 이슬람 국가들이 지배하고 이란을 견제한다는 데 대체적인 합의가 이루어졌다.

그러나 오늘날 탈냉전 초기의 합의는 깨지고 지정학적 경쟁이 재연되고 있다. 중동에서는 그것이 국제화된 종파 간 갈등이라는 형태를 띠고 있다. 예컨대 이란이 시리아와 예멘에서 사우디아라비아와 대결하는 식이다. 그리고 '심장부'와 관련해서 푸틴 대통령은 유라시아경제연합EAEU 창설을 추진해 NATO의 추가적인 팽창을 막았고(2015년 현재 가맹국은 러시아 · 벨라루스 · 카자흐스탄 · 아르메니아 · 키르기스스탄 등이다), 조지아와 우크라이나의 영토 상황을 바꿔놓았다.[24]

강권 정치적 경쟁이 재개되기는 했지만(어떤 경우에는 군사력 투입도 마다치 않는다), 오늘날 강대국들 사이의 경쟁은 세계 규모가 아니라 지역적이다. 이는 능력 · 의지 모두와 관계가 있다. 러시아는 유라시아 대륙 밖으로는 영향력을 행사할 수 없다. 설사 행사한다 하더라도 얻을 것이 별로 없다. 그리고 미국은 지구촌에서의 야망과 그 군대를 해외에 파견하겠다는 의지를 대폭 줄여버렸다.

2016년이 1946년과 다른 세 번째 부분은 미국과 러시아의 지위와 관련된 것이다. 과거의 냉전 기간에 이들 두 나라는 초강대국이었다. 세계는 '양극'의 노선 위에 구축됐다. 러시아와 미국은 알렉시 드 토크빌(1805~1859. 프랑스의 정치학자이자 역사가, 정치가. 미국 여행 뒤 『미국의 민주주의』를 썼다―옮긴이)이 주장한 바 있듯이, 각기 "그 손에 세계 절반의 운명을 쥐"고 있는 것으로 보이는 두 "세계의 대국"[25]이었다. 그러나 현대의 세계 체제는 훨씬 더 '다극'적이다. 중국 · 인도 · 브라질 · 남아프리카(이 네 나라에 러시아를 합쳐서 브릭스BRICS라고 한다―옮긴이) 같은 나라들이 떠오르고 있으며, 이들은 이제 더 이상 강대국의 주머니 속 물건이 아니다. 그들은 빈번히, 그리고 공개적으로 미국과 러시아의 외교정책에 도전하고 있으며, 그들의 정치적 · 군사적 지원에 의지하지도 않는다.

이전에 소련의 영향권 아래 있던 중유럽·동유럽 국가들은 독자 노선을 걸었고, 자기네가 러시아의 충실한 동맹자라고 생각하는 나라도 별로 없을 것이다. 실제로 러시아는 오늘날 아마도 역사상 그 어느 때보다도 동맹국이 적을 것이다.[26] 게다가 심지어 서방국가들 사이에서도 심각한 분열이 있어, 미국이 언제나 동맹국의 단합이라는 명목으로 다른 나라를 꺾어놓을 수 없다. 이런 균열은 아마도 2003년 이라크전쟁 동안에 가장 분명하게 나타난 듯하다. 프랑스와 캐나다 같은 나라들이 군사적 개입 문제를 놓고 미국과 의견을 달리한 것이다. 그러나 균열은 우크라이나에 대한 러시아의 행동에 어떻게 대처하는 것이 가장 적절한지를 둘러싸고 유럽연합과 미국 사이에 있었던 논란에서도 분명하게 나타났다.

네 번째 차이는 군사적인 부분이다. 이전 냉전의 구조와 동력은 주로 핵무기 경쟁에 의해 결정됐다. 절정기에 양쪽은 모두 상대를 몇 번이고 절멸시킬 수 있는 핵탄두 수만 개를 보유하고 있었다. 미-소 관계를 지배한 전략적 원칙은 역설적으로 '상호확증파괴전략'Mutual Assured Destruction(핵무기를 가진 두 나라 중 한쪽이 선제 핵 공격을 하면 상대도 보복 핵 공격을 할 전력이 있으므로, 이 경우 어느 쪽도 핵 공격을 하지 못한다—옮긴이)으로 알려진 것이었다. 미국은 아직도 핵무기를 가지고 있고 푸틴 대통령이 이끄는 러시아가 군사비 지출을 늘렸지만, 두 나라의 미사일과 핵탄두는 냉전 때에 비하면 어림없는 수준이다. 지난 20년 동안 맺어진 일련의 군비 제한 협정들 덕분이다. 또한 양측의 군사적 원칙이 전적으로 상대방을 약화시키려는 목표로 규정되는 것도 아니다. 미국의 국제 문제 분석가 제임스 스타브리디스는 이렇게 상기시킨다.

냉전은 서로를 공격할 태세를 갖추고 독일의 풀다협곡에 배치된 수많은 병사, 거대한 『붉은10월호 추적*The Hunt for Red October*』(미국 작가 톰 클랜시의 첫 소설―옮긴이)과 같은 상황에서 서로를 추적하는 세계 곳곳의 두 거대한 전투 함대, 세계를 파괴할 태세를 갖추고 일촉즉발의 경계 태세에 있는 여러 개의 핵무기 저장소 같은 것들이다.[27]

이것은 마지막 문제로 이어진다. 러시아는 대국으로 돌아왔다고 대담하게 주장하지만, 오늘날의 러시아는 여러 가지 측면에서 예전의 소련에 비해 훨씬 약하고, 이에 따라 미국과는 상당한 국력 차이가 있다. 미국의 경제는 러시아에 비해 여덟 배나 크고, 군사 예산은 적어도 일곱 배가 된다.[28] 우크라이나에서 갈등이 생긴 이후 러시아의 경제적 입지는 더욱 약해졌다. 서방의 제재 결과라는 측면도 있고, 석유 가격이 급락했기 때문이기도 하다. 2015년에 러시아 루블화의 가치는 50퍼센트 하락했고, 이 나라는 극심한 경기 침체를 겪었다. 그 결과 경제는 5퍼센트 **축소**됐다.[29]

푸틴이 재임하는 동안 그의 인기는 경제성장을 이룰 수 있는 그의 능력과 연계되어 있었다. 이제 성장률이 곤두박질치고 러시아의 외화 준비고를 급격히 소모하면서 푸틴은 서방에 대립된 것으로서의 전통

러시아의 가치를 옹호하는 데에 날선 표현들을 사용하고 적극적인 대외 정책을 추진하는 쪽으로 선회했다. 사실 일부 분석가들은 오늘날 서방의 가장 큰 걱정은 강한 러시아라기보다는 비교적 약한 러시아라고 생각하고 있다. 그런 상태라면 러시아는 정권을 유지하기 위해 국내에서 점점 더 가혹한 정책을 사용하고 해외에서는 모험주의로 나갈 것이기 때문이다.[30] 이런 경기 침체에 대한 푸틴의 대응은 보다 고립주의적인 경제 정책을 도입하는 것이었다. 외국인의 소유와 투자를 제한해 러시아가 서방에 덜 의존하게 만드는 것이다. 그러나 모스크바 주재 미국 대사를 지낸 마이클 맥폴이 주장했듯이, 역사를 보면 이는 번영을 위한 처방이 아니라 경제 위기와 불안정을 가중시키는 일이다.[31]

러시아의 비자유주의적 민주주의

러시아와 서방의 관계가 새로운 냉전이라고 할 수는 없어도, 러시아의 정치적 행보는 베를린장벽 붕괴 이후 우월주의적인 서방 평론가와 정책 담당자들이 이야기했던 자유민주주의의 길을 따르고 있는 것은 아니다. 서방의 많은 사람들이 보기에, 러시아가 푸틴 치하에서 분명하게 권위주의 체제로 빠져 들어가는 것은 러시아의 자유민주주의 지지자들에게 충격을 줄 뿐만 아니라 자유민주주의 국가들 사이에서 평화 구역을 확장하려는 광범위한 국제적 노력도 불안정하게 만들 가능성이 있다. 러시아의 정치학자 세르게이 카라가노프는 이렇게 썼다.

러시아가 지난 25년 동안 자기네에게 강요되어왔던 게임의 규칙을 바꾸기로 굳게 결심한 것은 분명하다. 러시아는 순종할 수 없고 그러고 싶지도 않아, 서방의 일원이 되려는 노력을 포기해버렸다.[32]

보리스 옐친이 이끌던 1990년대 초에는 부패가 만연하기는 했지만 정치 시스템과 언론은 대체로 자유스러웠는데, 이에 비해 푸틴은 반대 정당과 언론, 그리고 노골적인 정권 비판자들을 철저하게 계속 억압하고 있다. 그는 또한 정교한 선전기구도 만들어 러시아의 일부 주민들 사이에서 극단적인 민족주의와 외국인 혐오 정서를 부추겼다. 푸틴은 이런 과정을 통해 러시아 주민 대다수의 신임을 계속해서 확보할 수 있었으나, 그의 경우와 같은 권위주의 정권이 그럼에도 불구하고 계속해서 민주적 정통성을 가진 것으로 생각될 수 있는지에 대해서는 의문을 불러일으켰다.

푸틴 정권 아래서 반대 운동과 반대 정당은 계속해서 주변으로 밀려났다. 공식적인 검열이나 반대파의 정치 활동에 대한 노골적인 금지는 없지만, 법적 메커니즘을 악용해 저명한 반체제 인사나 대중의 활동을 선택적으로 탄압할 수 있다. 예컨대 날조된 경제적·재정적 혐의를 씌우는 것이다. 분리 독립 요구를 금지하는 최근 도입된 법령에 따라 타타르스탄공화국의 활동가 라피스 카샤포프는 3년 동안 수

감됐다. 소셜 네트워크 브콘탁테VK에 러시아의 크림반도 병합을 비난하는 글을 올렸다는 죄다. 같은 법령에 따라 한 싱글맘도 우크라이나를 지지하는 글을 퍼다 올렸다고 1년 사회봉사 명령을 받았다. 유럽대외관계위원회ECFR가 지적했듯이, 이런 선택적인 처벌이 러시아 대중매체들을 통해 알려지면 그것은 다른 사람들을 겁먹게 하고 "자기검열"[33]이 만연하게 한다.

푸틴 대통령 치하의 러시아 선거도 국제적으로 점점 비판을 받고 있다. 푸틴의 통합러시아당이 64퍼센트의 득표율을 올린 2007년 의회 선거의 경우, 유럽안보협력기구와 유럽평의회는 모두 이 선거가 공정하고 민주적인 선거에 관한 자신들의 기준에 부합하지 못했다고 결론지었다. 이 선거가 "행정력을 남용"했고 "언론 보도가 매우 집권당에 편향"됐다는 비판이었다. 두 기관은 또한 투표가 "정치적 경쟁이 제한적인 분위기에서 실시"됐으며 이에 따라 "공평한 정치적 경쟁의 장"[34]이 만들어지지 않았다고 주장했다.

국제사면위원회AI는 러시아 당국이 선거 과정에서 집회 및 표현의 자유를 막으면서 조직적으로 인권을 무시했다고 비난했다. 언론인과 인권 옹호 운동가들을 두들겨 패고 시위자들을 구금한 것 같은 일들이었다. 유명한 한 사례는 야당 지도자이자 전 체스 챔피언인 가리 카스파로프를 체포해 5일간 행정구금(보안 등의 이유로 재판을 거치지 않고 개인을 체포해 구금하는 것─옮긴이)한 일이었다. 허가받지 않은 시위를 주도하고 체포에 불응했다는 이유였다.[35]

마찬가지로 푸틴을 대통령으로 복귀시킨 2012년의 압도적인 승리는 부정행위가 있었다는 주장으로 빛이 바랬다. 이 주장은 부정 투표지 넣기와 '회전 투표'(사람을 고용해 여러 투표소를 돌며 여러 차례 투표하도록 하는 것이다)에 대한 비디오 증거로 확인됐다.[36] 유럽안보협력기구는 성명에서 이렇게 말했다.

이번 선거 초반부터 심각한 문제들이 있었다. 투표 시점에는 결과가 불확실한 것이 정상이다. 그러나 러시아에서는 그렇지 않았다. 실질적인 경쟁이 없고 행정력은 남용되어 선거의 최종 승자는 너무도 뻔했다.[37]

2011년 시위자 수만 명이 '푸틴 없는 러시아'를 요구하며 이전 선거에서의 이른바 부정선거를 비난했다. 정부는 대규모 시위를 막기 위해 강력한 수단을 동원했다. 당국이 테러에 대처하기 위한 수단으로 설명한 시위대처법도 그중 하나인데, 시위대처법은 연방보안국FSB 요원들이 군중들에게 발포할 수 있도록 하고 그들이 "무기나 특별한 수단 또는 물리력을 사용할 의도에 대해 아무런 경고도 하지 않을 수 있는 권한"을 부여했다. 선거 결과로 의회의 현재 상태, 즉 야당 공산당의 지원 아래 푸틴의 통합러시아당이 지배하는 구조가 유지될 수 있도록 보장했다. 그중에는 반대파 인물들을 러시아 두마Duma(연방하원)에 들어오지 못하도록 하는 것도 들어 있었다. 마지막으로, 크렘린은 흔히 '외세의 앞잡이'라는 딱지가 붙여지는 '바람직스럽지 않은' 비정부 기구들의 영향을 제한하기 위해 고심했다. 이 조치는 사실상 야당 정치인들로 하여금, 정권의 지원을 받는 후보들의 여러 가지 이점에 맞설 수 있도록 도와줄 대중의 지원을 받지 못하게 했다.[38]

러시아 정부는 또한 국내의 비판을 잠재우기 위해 더욱 극단적인 수단을 사용했다. 영국 언론인 에드워드 루커스는 모스크바의 한 법률사무소 회계감사관 세르게이 마그니츠키의 이야기를 파헤쳤다. 마그니츠키는 러시아 관리들이 납세자들을 상대로 벌인 수백만 달러 규모의 사기 행각을 폭로했다가 날조된 혐의로 체포된 사람이었다. 그는 미결 구금 상태에서 1년 뒤 사망했는데, 구치소에 처참한 상태로 갇혀 있었고 죽던 날에는 심하게 구타를 당했다. 러시아 당국은 이에 대한 대응으로, 마그니츠키가 폭로한 사기 사건을 마그니츠키 개인의 잘못으로 돌려 그를 사후 재판에 회부했다.[39] 2006년 10월, 체첸에서의 크렘린의 군사전략을 비판한 러시아 언론인 안나 폴리트콥스카야가 집 앞에서 총에 맞아 숨졌다. '국가의 적'이라는 블랙리스트에 이름이 오른 뒤였다.

아마도 가장 악명 높은 사례는 러시아 국내 보안부대인 연방보안국 FSB의 관리로 있다가 당국과의 관계가 틀어진 뒤 런던으로 탈주했던 알렉산드르 리트비넨코의 경우일 것이다. 폴리트콥스카야가 죽은 지 몇 주 뒤에 리트비넨코는 런던 메이페어의 한 호텔에서 홍차를 마시고 죽었다. 홍차에는 치명적인 독성이 있는 희귀 방사성 동위원소 폴로늄-210이 들어 있었다. 영국에서 실시된 공개 조사는 한 은퇴 판사가 주관했는데, 이 조사는 2016년 초 "러시아 국가에 책임이 있다는 강력한 정황증거"가 있으며, 독을 푼 러시아 보안 요원의 행위는 정부

최고위층으로부터 승인을 받은 것 같다고 결론지었다.[40]

푸틴 대통령과 통합러시아당은 독립 언론 매체를 인수하고 방송을 장악해 점차 이 나라의 언론을 지배할 수 있게 됐다. 이는 러시아 국민의 90퍼센트가 시청하고 있는[41] 텔레비전의 경우에 특히 분명하며, 신문과 라디오 방송국, 그리고 점차로 인터넷에서도 현실이 되어가고 있다. 많은 민주주의 분석가는 푸틴 치하의 국영 매체들이 시민사회의 강력한 기관이라기보다는 그저 선전 도구가 되어가고 있다고 본다. 푸틴은 2013년 연례 기자회견에서 기자들에게 이렇게 말했다.

국가의 정보원이 되는 기관의 선두에는 애국심을 가진 사람들이 있어야 합니다. 러시아연방의 이익을 옹호하는 사람들 말입니다. … 이것은 국가의 자원들입니다. 이것이 그 존재방식입니다.

그러나 민간이 소유한 방송사들도 대체로 크렘린의 영향 아래 있고, 그런 통제에 저항하는 매체들은 따돌림을 당하고 종종 괴롭힘을 당하며 때로는 대테러 활동이나 세무 조사의 대상이 된다.[42]

이런 미디어 지배는 정권으로 하여금 그들의 지도자에 대한 개인숭배를 점점 확대할 수 있도록 만들었다. 이 현상을 에드워드 루커스는 러시아 정치의 **가장** 핵심적인 특성이라고 말했다. 그는 이렇게 썼다.

1999년에 정권을 잡았던 수수하고 과묵한 사람은 그저 기억 속에나 있다. … 푸틴 씨는 이동하는 철새를 안내하기 위해 초경량 비행기

2007년 러시아정교회 사원에 모여 있는 러시아 청년단체 나시.

를 조종했고, 여기자를 위협했다 해서 시베리아 호랑이를 기절시켰으며, 전투기를 띄웠고, 골동품 항아리 두 개를 '찾기' 위해 흑해 해저로 잠수해 들어갔다(항아리는 이 일을 위해 한 박물관에서 빌려온 것으로 밝혀졌다).[43]

푸틴 정권은 명목상으로는 독립적이지만 크렘린에 우호적인 시민사회 조직과 운동도 길러냈다. 이 가운데 가장 유명한 것이 2005년 정부의 지원 아래 설립된 나시Nashi('우리의'라는 뜻이다)라는 애국 청년 조직이다. 아마도 2004년 우크라이나의 반정부 시위자들이 '오렌지 혁명'을 성공한 데 대한 직접적인 대응이었던 듯하다. 2007년 말이

되면 이 단체는 회원이 12만 명 이상인 조직으로 성장하고, 정치적 반대파에 맞서기 위해 즉석에서 제복 입은 젊은이 수천 명을 동원할 수 있었다. 이런 힘은 2011년 말 러시아에서 일어난 반정부 시위에 대항해 이 단체가 조직한 맞대응 시위를 통해 드러났다.[44] 이에 따라 서방 평론가들은 나치 시절의 히틀러유겐트(히틀러 청소년단)에 빗대 이 조직에 '푸틴유겐트'라는 별명을 붙였고, 소련 시절의 공산주의청년동맹Komsomol(정식 명칭은 '전연방 레닌주의 청년 공산주의자 동맹'이었다—옮긴이)에 비교했다.

서방의 많은 사람에게 이런 사태 전개는 러시아가 동유럽 대부분의 탈공산주의 국가들이 택한 노선에 따라 자유민주주의 국가로 진화할 능력도 없고 의지도 없다는 증거로 보였다. 옐친의 러시아는 당초 자유주의 정치경제 모델에 충실해 서방과 긴밀하게 통합되는 듯했지만, 푸틴의 러시아는 중국 모델을 본받아 정치적·사회적 자유화를 거부하고 있다. 중견 국제 문제 분석가 로버트 케이건은 러시아가 약속된 서방으로의 '수렴'보다는 '일탈'을 추구하고 있다고 주장한다. 선거는 그저 푸틴이 내린 결정을 추인하는 과정이고, 법체계는 정치적 반대파를 대상으로 사용하는 도구이며, 미디어는 정부의 손아귀에 들어가 있다. 케이건이 보기에 현대 러시아의 이 '제정러시아적' 정치 시스템은 이 나라를 확고하게 전제 국가 진영에 위치시키고 있고, 이에 따라 자유주의와 전제 정치 사이의 더 오래된 싸움(18세기 말에 시작되어 두 차례의 세계대전 때까지 이어졌다)을 되살리고 있다.[45]

그러나 우리가 지금 러시아에서 보고 있는 것이 19세기의 전제 정치나 소련식 독재정치의 되풀이는 아니다. 그보다 이것은 현대적인 혼합 정치처럼 보인다. 자유의 침식이 우려스러울지 모르지만, 21세기의 러시아는 소련 시절의 폐쇄 사회와도 상당히 멀리 떨어져 있다. 공산당과 카게베가 일상생활의 상당 부분을 통제하고, 해외여행이 권리가 아니라 희귀한 특권이었던 시절 말이다. 과거 소련에서 불법화됐던 종교와 사기업은 러시아 사회의 필수 요소다. 무엇보다, 야당이 실제로 존재한다. 물론 그들은 여전히 정치 시스템의 주변으로 밀려나 있고, 자유롭고 쉽게 시위에 나설 수 없으며, 언론에 중요하게 다루어지지 않기는 하지만 말이다.[46]

이렇게 오늘날 러시아는 분명히 자유스럽지 못하지만, 아주 비민주적이라고 주장하기는 어렵다. 푸틴 정권은 많은 러시아인이 자유주의보다는 권위주의와 포퓰리즘을 선호하는 것에 부합하는 듯하다.[47] 러시아에서 푸틴 대통령의 지지율은 서방 지도자들의 지지율과 비교해 언제나 높다. 2015년 6월에는 사상 최고치인 87퍼센트를 기록했다.[48] 이런 수치는 푸틴의 러시아가 그렇게 형편없는 민주주의는 아니어서, 서방 자유민주주의 방식의 대안 모델을 제공할 수도 있음을 시사한다. 그리고 그런 일은 **자유**민주주의가 경제적·정치적 혼란에 직면할 때 일어난다. 러시아 외무부 장관 라브로프는 이렇게 주장한다.

여러 해 만에 처음으로 사상의 시장에서 진정한 경쟁 환경이 만들어졌다.[49]

러시아의 새 원리인 주권민주주의

라브로프의 암시는, 소련이 붕괴하면서 인류 역사의 발걸음은 더이상 이데올로기들 사이의 투쟁으로 추동되지 않는다는 후쿠야마의 예측에 도전한다. 소련 이후의 러시아는 경쟁 선거제도를 도입하면서 분명히 자유주의적인 방향으로 이동했다. 언론의 자유, 접근할 수 있고 비판적인 미디어, 결사의 자유 같은 측면에서다. '비자유주의적 민주주의'라는 말을 만들어낸 파리드 자카리아는 『자유의 미래*The Future of Freedom*』에서, 개인의 자유와 민주주의는 서방에서 함께 갈 수 있겠지만 그것들이 반드시 모든 곳에서 같지는 않다고 설명한다. 많은 나라에서 자유의 제한은 투표자 다수의 지지를 얻을 수도 있다.[50]

그러나 비자유주의적 민주주의 체제가, 떠오르고 있는 이데올로기의 일부분이거나 그 뒷받침을 받고 있는지는 그리 분명치 않다. 푸틴 비판자 대부분은 그가 옹호하고 있는 가치들이 그저 권력과 권위주의적 통제를 유지하기 위한 이기적인 메커니즘이라고 보고 있다. 그러나 케이건이 주장했듯이, 자유민주주의를 받아들이지 않는 사람들이 그저 자신의 지위를 높이거나 "사리사욕을 채우"는 데만 관심이 있는 사람들이라고 생각하는 것은 서방의 어리석음이다. 개인의 경제적 동기는 물론 존재한다. 그러나 그들의 모델이 보다 숭고한 대의에 기여한다는 믿음 역시 존재한다. 푸틴의 경우, 이 대의는 정치 안정, 국내 경제의 성장, 국제적 영향력, 강대국의 지위 같은 것들이다. 러시아의 지도자들은 중국 지도자들과 마찬가지로 사용하는 표준 시간대가 여러 가지이고 민족과 종교가 다른 방대한 국민을 한데 묶는 일을 근심하고 있다. 정권 교체가 잦고 정치적 의제가 변화무쌍한 서방의 자유민주주의 체제는 안정을 유지하는 데에 적합지 않은 듯하다.

푸틴과 그 측근들은 자기네의 대안 모델을 정당화하기 위해 자기네의 통치 형태에 '주권민주주의'라는 이름을 붙임으로써 이 러시아 모델에 자체의 표준이 되는 받침대를 만들어주려 노력했다. 이 원칙은 논리 정연한 정치철학이나 마르크스레닌주의와 같은 세계 혁명에 대한 이데올로기적 요구라기보다는 자기변명을 위한 노력이다. 그 역할에 대해 에드워드 루커스는 이렇게 설명한다.

주로 크렘린의 정치적·경제적 힘이 왜 자연 질서의 일부이고 유럽 주류로부터의 일탈이 아닌지를 설명하는 일이다.[51]

그것은 또한 서방 사상에 대한 다른 종류의 도전이다. 민주주의라는 큰 텐트 **안**에서 떠오르는 것이지 그것의 밖에서 나오는 것은 아니다.

러시아 헌법 전문의 두 가지 핵심 개념과 연관된 주권민주주의 개념은 크렘린의 정치 전략가로 널리 알려진 러시아 대통령실 부실장 블라디슬라프 수르코프가 만들어낸 것이다. 2006년 2월 통합러시아 당에서 한 연설에서 그는 주권민주주의를 이렇게 설명했다.

모든 국민과 사회집단과 민족이, 그리고 그것을 구성하는 사람들이 물질적 행복과 자유와 공평에 도달한다는 목표를 위해서, 정치권력의 힘과 결정을 다양한 러시아 민족이 정하고 통제하는 사회의 정치 생활입니다.[52]

이후 이 용어는 크렘린의 고위 인사들과 특히 푸틴이 오늘날의 러시아 민주주의를, 외세의 지배에 허약하고 순종적이었다고 지적된 전 대통령 옐친의 그것과 구별하는 수단으로 거듭 입에 올렸다.

주권민주주의의 개념은 두 가지 측면이 있다. 첫째는 내부를 향한 것으로, 현재 집권당인 통합러시아당의 통치와 의제를 정당화하고 자기네를 대중적이고 불안정을 초래할 수 있는 부류의 압박(그것은 조지아나 우크라이나 같은 탈소련 국가들에서 '혁명'으로 이어졌다)으로부터 격리시키기 위해 구상된 것이다. 이는 포퓰리즘과 다원주의 모두에 반하는 민주주의 개념을 수반한다. 선거는 서로 다른 이해관계와 차이를 드러내는 것이라기보다는 힘의 구분선, 즉 누가 통치자고 누가 통치 대상인가를 분명하게 그려내기 위해 만들어진다. 또는 분석가 이반 크라스테프가 말했듯이, 선거는 국민을 대표하는 수단이 아니라 "국민 앞에 있는"[53] 권력을 대표하는 수단으로 간주된다.

종교도 러시아 모델에서 중요한 역할을 한다. 공산주의와 달리 주권민주주의는 도덕적·정신적 정당성의 주요 부분을 러시아정교회의 리더십에서 끌어낸다. 러시아정교회는 러시아 역사의 중요 부분이었고, 그 과거의 위상과 영향력에 기여했었다. 푸틴은 자주 교회에 나가 예배를 보며, 대화 중에 자기 집에 불이 났을 때 가지고 나온 십자

가상을 보여주길 좋아했다. 러시아정교회는 러시아에서 대통령 자리에 이어 두 번째로 신뢰를 받는 기관이다. 러시아정교회는 국가의 보호와 일반 세금 및 법적인 특권을 받는 대가로 러시아와 서방 문명을 구별하려는 크렘린을 충실하게 지원하고 있다. 러시아정교회는 UN 인권선언으로 성문화된 개별 인권 개념을 서방이 후원해 만든 것으로 규정하고, 그 대안으로 '인간의 존엄 및 권리 선언'을 채택했다. 이 선언은 "신앙, 윤리, (국가의) 표상, 조국"이 "인권에 못지않게 중요"[54]한 가치관이라고 강조한다. 러시아정교회는 또한 스스로를 이른바 외국 종교 특히 로마가톨릭교회의 대항자로 규정했다. 크렘린이 스스로를 유럽연합과 NATO의 대항자로 설정한 전략과 판박이다.

주권민주주의의 두 번째 측면은 이에 따라 바깥을 향한 것이고, 러시아를 외부의 압력으로부터 격리하는 것을 목표로 하고 있다. 외부의 압력이란 21세기 초의 특징인 세계화와 테러리즘, 그리고 대량 이주 같은 것들이다. 그것은 외부 간섭으로부터의 자유와 내부적 자기 결정을 바탕으로 한 주권에 대한 강한 인식을 수반하며, 서방이 정치적 이행 중인 나라들을 간섭하는 것에 대한 비판을 암시한다. 크렘린이 후원하는 한 언론 매체는 이렇게 말한다.

무엇보다도 그것(주권민주주의)은 러시아가 대외 및 국내의 우선 과제, 세계와 상대하는 데서의 국가 이익, 그리고 사회적 합의를 유기적으로 혼합할 수 있는 조건을 찾는 데 가장 효과적인 해답이다. 그것은 러시아가 외부의 변화에 대응하고 국민들의 안락한 생활을 보장할 수 있게 해준다. 이것은 결코 간단한 일이 아니고, 단어를 제대로 고르는 데에만 한정된 것이 아니다. 문제의 핵심은 세계 무대에서 국가의 이익을 지속적으로 유지하고 실현하는 한 나라의 능력은 당연한 것으로 간주될 수 없다는 것이다. 서류상으로 세계에는 주권국가가 약 200개 있지만, 정말로 자주적인 나라는 매우 적다.[55]

푸틴과 그의 정치적 지지자들은 진정으로 자주적이려면 각국이 "해외의 권력 중심"이 가하는 압력(특히 미국과 세계를 민주화하려는 그들의 지속적인 노력)에 저항할 수 있어야 한다고 생각한다.

러시아 모델의 확산

주권민주주의의 이론은 케이건이 주장했듯이, 러시아의 "대국 복귀"[56]라는 생각을 떠올리게 한다. 그것은 러시아의 민주국가 자격을 주장하고, 다른 나라들 특히 세계화라는 경제적 압박과 서방이 이끄는 민주화라는 정치적 압박으로부터 스스로를 격리하려는 나라들에게 스스로를 대안 모델로 제시하기 위해 설계된 것이다. 그것이 영향력을 미칠 가능성은 서방의 몇몇 반체제 정당(정치적 스펙트럼에서 좌·우 양쪽 끝에 있는)이 푸틴에 대한 존경을 표명한 데서 이미 분명하게 드러났다.

프랑스 국민전선의 마린 르펜은 푸틴에 대한 존경을 숨기지 않았다. 국민전선은 러시아 부총리 드미트리 로고진 같은 크렘린 고위 인사들과 연계를 맺고 있다. 로고진은 2005년 '모스크바의 쓰레기를 치워라'라는 슬로건 아래 이민 반대 캠페인을 벌였다. 그러나 연계는 물질적인 것이기도 했다. 국민전선은 자기네가 총액 4천만 유로로 예정된 대출의 1차분을 받았음을 인정했고, 국민전선의 창건자 장마리 르펜은 이와 별도로 키프로스에 본사를 둔 정체불명의 회사로부터 200만 유로를 빌렸음이 드러났다. 이 회사는 크렘린과 연관이 있다는 의혹이 있었다.[57]

러시아는 이미 2009년부터 동유럽의 극우 조직들과 적극적으로 관계를 구축해왔다. 슬로바키아인민당, 유럽연합에 반대하는 불가리아의 민족주의 정당 아타카당, 헝가리의 극우 정당 요비크당 등과 관계를 맺었다. 헝가리의 요비크당은 노골적으로 러시아를 지지하는데, 2014년 4월 의회 선거에서 20퍼센트의 득표율을 올렸다. 2013년 요비크당 대표 보너 가보르는 러시아를 유럽 유산의 수호자로 표현하고 이 나라를 "믿을 수 없는" 유럽연합과 대비시켰다. 요비크당에서 가장 논란이 되는 인물인 코바치 벨라는 유럽의회 의원인데, 러시아의 이익을 위해 로비 활동을 하고 러시아의 크림반도 침공을 지지했다.

더욱 놀라운 것은 한때 격렬하게 공산주의에 반대했던 헝가리 집권당 피데스 역시 러시아와 긴밀한 관계를 맺고 있다는 것이다. 오르반 빅토르 헝가리 총리는 2014년 7월 연설에서 러시아를 자신이 본받고자 하는 '비자유주의적 민주주의'의 성공적인 사례라고 찬양했다. 그는 이 접근법에 대한 크렘린의 주장을 되풀이했다.

헝가리 국가는 단순히 개인들의 집합이 아니라 조직되고 강화되고 실제로 건설돼야 할 공동체입니다. 그리고 그런 의미에서 우리가 헝가리에서 건설하고 있는 것은 비자유주의적 국가, 반자유주의적 국가입니다.[58]

푸틴과 그의 민주주의에 대한 비전을 지지하는 것은 좌파에서도 분명하다. 2015년 그리스 유로 위기가 한창이며 채권자인 유럽연합과의 협상이 깨졌을 때 이 나라 총리이자 좌익 포퓰리즘 정당 시리자Syriza(급진좌파연합) 대표인 알렉시스 치프라스는 상트페테르부르크 세계경제포럼SPIEF에서 푸틴 대통령과 정책을 공유했다. 치프라스는 러시아를 "그리스의 가장 중요한 파트너"라 하고, 그리스는 유로존에서 벗어나면 언젠가 러시아와 동맹을 맺을 수 있음을 시사했다. 치프라스는 세계가 더욱 다극화되고 있다고 주장하며 서방 측에 분명한 메시지를 보냈다. 그리스는 재정적으로든 정치적으로든 유럽 바깥에 다른 옵션을 가지고 있다는 것이다.[59]

푸틴의 러시아와 서방의 포퓰리즘 정치 세력들 사이의 관계를 점점 친밀하게 만드는 중요한 동력은 재정 지원을 통해 긴밀한 관계를 맺는 크렘린의 의식적인 전략이다. 그러나 이러한 관계 개선(특히 중유럽·동유럽에서의)에는 이데올로기적 측면도 있다. 여기서 포퓰리즘 정당들과 푸틴의 통합러시아당은 일종의 탈공산 신보수주의로 모여들고, 유럽연합의 현대화 의제에 대한 의구심과 저항으로 하나가 된다.

『뉴욕 타임스』 기고자인 요헨 비트너는 이를 "잃어버린 세계에 대

한 향수"의 공유라고 불렀다. 국경 개방, 주권 공유, 다중 정체성 같은
유럽연합의 복잡한 비전보다는 민족 공동체에 뿌리를 둔 단순한 사회
적 · 도덕적 질서를 선호하는 것이다. 냉전이 끝난 지 사반세기가 지
난 뒤에 많은 러시아인은 사회 질서의 붕괴와 부패, 미래에 대한 전반
적인 확실성 상실을 민주화와 자유주의의 탓으로 돌린다. 유럽의 일
부 지역에서도 세계화가 지역 산업을 붕괴시키고 공동체의 단합을 해
치며 정치적 책임을 희석시킨다고 해서 저항을 받고 있다.[60]

우리가 만드는 세계

　서방의 포퓰리스트들은 계속해서 푸틴에 대한 존경심을 이야기하
고 있다. 그들은 또한 자기네 정부를 압박하고 제재하는 서방의 정책
들을 공개적으로 비판한다. 특히 크림반도 병합 이후 취해진 정책들
에 대해서 그러하다. 일부는 한 발 더 나아가, 이전에 소련의 영향권
에 있던 나라들을 자기네 안보 및 경제 기구로 끌어들이려는 서방의
노력이 현재 러시아와의 긴장에 책임이 있다고 주장한다. 이런 관점
에서는 지나치게 자신감 넘치는 서방이 냉전 종식 이후 러시아의 정
당한 국가 이익과 우려에 충분한 관심을 기울이지 않았고, 러시아의
입장에서는 위협으로 받아들일 수밖에 없는 정책 의제를 추구한 것
이다.
　이런 식의 주장은 러시아의 힘을 지나치게 줄인 것이어서, 러시아

를 여러 가지 서방 정책의 불행한 희생자로 만들어버렸다. 냉전이 끝난 이후, 러시아 사회의 진화는 그 정치 지도자들(특히 푸틴)의 선택과 그런 선택을 지원하려는 지도층, 그리고 보다 광범위한 대중의 의지에 상당한 영향을 받았다. 그럼에도 불구하고 과거의 냉전, 특히 그 초기 단계로부터 끌어낼 수 있는 중요한 교훈이 있다. 지금도 그렇지만 당시에 긴장의 악순환을 만들어낸 것은 한쪽의 행동이 아니라 양쪽 사이의 **상호작용**이었다. 따라서 지금 '러시아를 어떻게 할 것인가'라는 질문을 던지면서 서방의 정책 담당자들은 베를린장벽 붕괴 이후의 자기네 외교정책을 재검토하고 자기네가 내린 결정들을 다시 살펴볼 필요가 있다.

1991년 이후 서방의 확장 전략(그로 인해 독일 통일, NATO와 유럽연합 같은 기구의 동방 확장, 옛 소련 진영 국가들의 민주화가 이루어졌다)은 여러 가지 측면에서 후쿠야마의 '역사의 종말' 명제를 구현하는 것이었다. 그것은 또한 중유럽·동유럽과 발트해 연안 국가들의 많은 자유민주주의자가 품었던 꿈을 실현하는 것이었다. 그러나 이 전략의 약점은 유럽과 대서양에 걸치는 이 기구들을 통한 질서가 러시아를 포괄하도록 진화하지 않았다는 것이다. 실제로 NATO와 유럽연합 같은 기구는 자기네에게 변화가 **필요하다**고 생각지 않는 야심찬 회원국들에게 상당한 영향력을 가지고 있었다. 그 대신 변화의 부담은 다른 쪽으로 옮겨졌다. 당신네 정치·경제체제를 뜯어고쳐 자유민주주의의 교리를 따르든지, 아니면 우리 동아리에 들어오지 말라는 것이었다.

물론 큰 문제는 러시아였다. 많은 분석가가 동의하듯이, 러시아가 변신에 성공하고 서방이 주도하는 기구들에 가입하려 **했다** 하더라도 NATO나 유럽연합은 모두 기구를 상당히 변모시키지 않고는 그렇게 큰 나라(경제적·사회적인 이슈나 안보와 관련된 이슈를 가지고 있는)를 받아들일 수 없었을 것이다. 그래서 러시아는 미국 국무부의 전직 관리들인 새뮤얼 차랍과 제러미 새피로가 말한 "울타리 밖의 동반자" 지위를 부여받았다. 그러나 기구상의 변화가 없고 확장의 행진이 계속되면서 러시아는 NATO와 유럽연합이 그저 "새롭고 보다 현대적인 수단을 통해 소련/러시아의 영향력을 억제한다는 그들의 본래 목표를 계속 추구"[61]하고 있다는 인상을 받았다.

물론 '만약에'로 시작되는 가정 형태의 질문에는 대답이 어렵다. 만약에 서방이 러시아를 받아들이기 위해 더 힘껏 노력했다면? 지금의 현실은 다른 모습이 됐을까? 역사가들은 서방의 확장 전략을 어떻게 평가할까? 푸틴이 우크라이나에서 취한 행동을 침략 행위로 볼까,[62] 아니면 탈공산 유럽에서 민주주의의 소득을 굳히고 취약한 국가들을 러시아의 공격으로부터 보호한 선견지명이 있는 보호 정책으로 볼까? 그리고 우크라이나는 독립이 됐을 때 자기네 나라가 물려받은 문제들을 어떻게 해야 더 잘 해결하는 것이었을까? 동방과 서방 모두에 가깝고 상당수의 러시아어를 사용하는 소수민족이 있는 상황에서 말이다.

지난 사반세기의 역사를 통해 러시아가 본래 서방과 그 가치관에 대해 적대적임이 드러났다는 결론을 내리는 대신, 보다 희망적이고 보다 겸허한 접근을 한다면 서방이 가진 일부 전제를 보다 잘 살피고 세계를 러시아의 눈을 통해 보기 위해 더 노력하게 될 것이다. 그렇게 함으로써 크림반도에서의 푸틴의 행동이 면죄되거나 받아들일 수는 분명 없지만 적어도 (어느 정도) 납득은 될 것이다. 우리는 우크라이나 같은 나라들을 뒤흔들었던 '색깔 혁명'(냉전 종식 이후 옛 공산권 국가 등에서 일어난 체제 변혁을 가리키며, 체코슬로바키아의 벨벳 혁명(1989), 조지아의 장미 혁명(2003), 우크라이나의 오렌지 혁명(2004~2005), 키르기스스탄의 튤립 혁명(2005) 등이 있다—옮긴이)들이 러시아에게는 자기네가 주변 지역에 행사하던 영향력에 대한 위협일 뿐만 아니라 러시아에서도 반복될 수 있는 것으로 비쳤음을 알게 될 것이다(우크라이나의 경우는 서방이 자금과 조직을 동원해 지원했고, 나중에 민주주의의 계속적인 승리의 증거로 칭송됐다).[63] 우리는 또한 러시아의 변경에 서방의 거점을 만들기 위한 일방적인 확장은 지나친 것임도 알게 될 것이다.

러시아의 오만도 마찬가지지만, 서방의 오만이 아마도 현재의 냉랭한 관계의 중심에 있는 듯하다. 이런 인식이 있어야 다음번 위기에 보다 현명하고 보다 효과적으로 대응할 수 있다. 그 위기는 러시아가 중요한 국제적 규범과 합의를 위반하고 권위주의로 빠져 들어가는 경우 이 나라를 계속해서 제재하면서도 더 나은 관계를 위해 문을 열어두는 상황이다. 이것은 냉전 2.0이 아니며, 21세기 지정학의 신중한 관리라 할 만하다.

서방이 최근의 역사를 재검토하고 그 우월주의를 누그러뜨리는 또다른 방법은 자기자신을 돌아보고 새로워진 러시아와의 경쟁 시대에

스스로의 정치·경제 모델의 건강성을 재평가하는 일이 될 것이다. 결국 조지 케넌의 '긴 전문'에서도 소련의 팽창에 대처하는 것은 과도한 위험을 내포하는 군사적 대결이 아니라 '내부에서' 강하고 단합된 사회를 유지하는 것이 최선이라고 결론을 내렸다. 소련의 서방에 대한 위협의 힘은 군사적 잠재력에 뿌리를 두고 있는 것이 아니라 "소련인들이 자유민주주의 사회의 취약성을 알아냈다는 무서운 진실 속에" 있다고 그는 주장했다. 따라서 미국과 그 동맹자들이 가장 먼저 해야 할 일은 "자신의 최고의 전통에 부합"[64]하는 것이었다.

냉전 이후 미국은 무적의 초강대국 지위를 얻지 못했다. 1990년대에 이른바 '단극單極'적인 순간이 있기는 했지만 말이다. 미국 역시 약화됐다. 모험주의적인 외교정책 때문이기도 했고, 국내의 우려스러운 경제적·정치적 사태 전개 때문이기도 했다. 보다 넓게는 2010년대에 서방의 지정학적 영향력과 그 정치·경제 모델이 러시아 같은 전통적인 강대국들에 의해 도전받고 있다. 물론 중국도 있다. 서방은 다시 한 번 스스로를 방어해야 한다. 주로 군사적 능력을 통해서가 아니라 그 자유민주주의적 이상을 다시 계발하면서다.

제 5 장

"우리는 99%다"

불평등의 회귀

냉전에 대한 회상은 주로 대외 관계나 외교정책에 관한 것이다. 자유주의적 자본주의와 공산주의 사이의 세계 규모의 큰 경쟁에 관해서다. 그러나 옛 소련을 저지하기 위한 서방 전략의 핵심 설계자인 조지 케넌이 **국내** 정책과 미국 민주주의의 상황에 대해 똑같이 우려했다는 점을 기억할 필요가 있다. 그는 이렇게 썼다.

소련 공산주의 문제에 대처하는 데 우리에게 닥칠 가장 큰 위험은 우리가 대처하려는 사람들과 우리도 같은 사람이 되도록 스스로를 놔두는 것이다.[1]

미국이 나름대로의 전체주의를 받아들일지도 모른다는 그의 최악의 우려는 현실화되지 않았다. 자유민주주의는 버텨냈고, 케넌이 희망했던 대로 마침내 공산주의에 대항해 승리를 거두었다. 그러나 그가 '긴 전문'을 쓴 때로부터 70년 동안 줄곧 미국이라는 정치체의 현재 상태에 대해(그리고 보다 일반적으로 서방에서의 민주주의의 상황에 대해) 불안감을 느꼈을 것으로 여겨지는 이유들이 있다. 그의 조국 미국에서는 행정부와 입법부 사이의 다툼이 전례 없는 수준의 기능 장애를 일으켜 연방 정부가 거의 법령을 만들지 못할 지경이 됐다. 포퓰리즘 정치가 극에 달해 2016년 공화당 예비선거에서는 "워싱턴 정가에 맞서" 출마한다고 주장하는 후보들이 다수를 차지했다. 가장 우려스러운 것으로, 사상 최고 수준의 경제적 불평등이 수많은 미국 국민의 '아메리칸 드림'을 거의 말살하고 많은 젊은 세대에게서 진정한 잠재력을 발휘할 수 있는 능력을 박탈하고 있다. 실제로 지금 미국 아이 네 명 중에 한 명은 빈곤 속에서 자라고 있다.[2]

그래서 나는 이 마지막 장에서 시선을 나라 안의 문제로 돌리려 한다. 크기도 하고 때로 다루기 힘든 것처럼 보이는 전쟁·이주·지정학 같은 문제에서 한 나라와 도시와 지역 공동체에서 일어나고 있는 일로 말이다. 여기서도 나는 역사가 되풀이되고 있음을 주장하려 한다. 가장 두드러진 것으로 극단적인 불평등이라는 형태로. 따라서 '역사의 종말' 명제의 약점은 국경 밖에서뿐만이 아니라 나라 안에서도 명백하다. 자유민주주의는 냉전이 끝난 시점에 비해 덜 안정적이고 덜 훌륭해졌다. 그것은 그 지속성에 대해서도 확신이 줄었다.

나는 불평등이 되풀이되고 있음을 보여주는 것 외에, 그 부식 효과도 강조하고자 한다. 조지프 스티글리츠나 토마 피케티 같은 유명한 경제학자들이 주장했듯이, 불평등은 경제에 좋지 않을 뿐만 아니라 (많은 신자유주 지지자는 받아들이려 하지 않는 이야기다) 사회의 화합을 위해서도 좋지 않다.[3] 나는 또한 몇몇 사회심리학자의 도발적인 연구를 빌려 불평등이 개인의 행동에 심대하고도 부정적인 영향을 미치고 이에 따라 공감과 사회적 협력의 수준을 낮춘다는 것을 제시하고자 한다.

궁극적으로 나는 이제 불평등이 경제성장에 도움을 준다거나 많은 재산과 소득이 '근면'의 당연한 결과라고 유포되고 있는 신화에 단호히 도전하고, 불평등이 우리의 21세기 자유민주주의에 제기하는 위협을 더욱 심각하게 받아들여야 할 시기임을 주장하고자 한다. 이는 재분배나 추가 과세 이야기 같은 정치적 금기에 대한 도전을 수반한다. 이는 또한 우리 각자가 개인으로서 우리의 자유민주주의 모델과 그 기반이 되는 관념들, 특히 공정성이라는 가치를 지키기 위한 싸움에 훨씬 더 적극적으로 나서야 함을 함축하고 있다. 내가 첫 장에서 주장했듯이, '역사의 종말' 같은 거창한 이야기들은 세계가 나아가는 방향에 대해 우리를 숙명론자로 만들고 우리의 생활 방식이 필연적으로 승리한다는 지나친 낙관론을 가지게 할 수 있다. 그것들은 용기 있는 개인들(잠재적으로 우리들 모두가 여기에 포함된다)의 영향력이라는 중요한 요소의 참여를 배제하게 할 수 있다.

이 책은 대부분 거시적인 문제를 다루었다. 국경을 넘는 이주의 형태 변화, 국제 테러리즘, 악화되는 강대국들 사이의 관계 같은 것들이었다. 요컨대 "저 바깥에서" 일어나고 있고 이루어질 필요가 있는 일들에 관한 것이었다. 그러나 서방국가들 안에서 빈부 격차가 늘어나고 있다는 것은 바로 여기서 역사가 되풀이되고 있다는 얘기다. 그렇다면 이야기는 한 바퀴를 돌아 케넌이 지적했던 것으로 돌아가야 한다. 바로 "우리 사회 자체의 건강성과 활력"[4]이다.

경제적 불평등의 윤곽

가장 자주 인용되는 세계화의 편익 가운데 하나는 그것이 경제성장을 촉진하고 더 나아가 전 세계적으로 빈곤 수준을 낮춘다는 것이다. 10여 년 동안 세계은행의 중진 경제학자였던 브랑코 밀라노비치는 세계 각국의 평균 소득이 냉전이 끝난 이후 수렴되고 있음을 보여주었다. 그가 제시한 수치에 따르면 1988년에서 2008년 사이 산업혁명이 시작된 이래 처음으로 세계 사람들의 경제적 불평등이 감소했다. 이런 추세는 세계 중산층의 상당한 확대(주로 중국의 중산층이 늘어난 덕분이었다) 및 세계 인구 중 하루 1.25달러 이하로 살아가는 사람 즉 세계은행이 규정한 '절대빈곤층' 비율의 뚜렷한 감소와 함께 일어났다.[5]

이런 수치는 틀림없이 진보를 의미한다. 그러나 밀라노비치가 지적했듯이, 세계화에는 승자와 패자가 있다. 경제 피라미드의 맨 꼭대기에 있는 사람들(이른바 지구촌 1퍼센트다)은 엄청나게 돈을 잘 벌어 최근 20년 동안 그들의 실질소득이 60퍼센트 늘었다. 토마 피케티의 베스트셀러 『21세기 자본』은 자본주의 순환 과정에 대한 거대한 역사를 이야기하고 있다. 산업혁명 초기의 경제적 불평등이 매우 심했던 시기로부터, 과세 증가와 복지국가의 등장에 따라 20세기에 보다 공평한 수준이 됐다가, 2010년대에 19세기의 불평등으로 돌아가기까지의 과정이다. 이 순환 과정을 바르게 인식하려면 재산과 소득의 차이를 잘 이해할 필요가 있다.

피케티는 국가의 재산(그는 이를 국민자본이라 부른다)은 재고임을 상기시킨다. 그것은 특정 시점에 특정 국가의 주민들과 정부가 소유하고 있는 모든 것의 시장 가치를 다 합친 것이다. 이전 시기에 취득하거나 축적한 재산도 포함된다. 반면에 국민소득은 흐름이다. 그것은 특정 시기(보통 1년)에 생산되고 유통된 상품의 양이다. 자본/소득 비율은 한 나라의 재고를 그 소득의 연간 흐름으로 나누는 것이다. 따라서 예컨대 6이라는 비율은 한 나라의 자본 재고가 국민소득 6년치에 해당한다는 것이다.[6] 어떤 나라에서 그 비율이 늘었다면 서로 다른 역사적 기간에 축적된 재산(노동에 따른 소득과 반대되는 것이다)의 비중이 커졌다고 이해하면 된다.

제1차 세계대전 직전에는 재산이 인구의 상위 1퍼센트에 집중됐다. 특히 영국과 미국에서 그랬고, 두 나라는 세계의 민주주의 선진국이었다. 이 시기에 자본을 가진 사람들은 투자를 하면 4~5퍼센트의 수익을 낼 수 있었고, 세금은 아주 적게 내거나 내지 않았다. 그들은 또한 사치스러운 생활을 위해 일부만 가져가고 나머지의 대부분은 대개 재투자했다. 그것이 그들의 사유재산을 국가 경제보다 빠르게 성장하도록 보장했다. 요컨대 자본/소득 비율이 비교적 높았다는 것이다.

이 시스템은 노동자의 조직화가 진전되고 노동자의 임금이 올랐음에도 불구하고 20세기에 들어서도 지속됐다. 보다 근본적인 변화는 대공황과 제2차 세계대전 이후에야 이루어졌다. 이 시기에 전후 재건의 일환이었던 공공 인프라 투자와 우호적인 인구구조(높은 출생률과 상대적으로 젊은 인구)가 맞물려 보다 야심찬 소득 재분배 계획을 가능케 하고 자본/소득 비율을 낮추었다.[7] 그러나 1980년대 초, 로널드 레이건 미국 대통령과 마거릿 대처 영국 총리가 이끈 자유 시장과 세금 인하 프로그램으로 자본/소득 비율은 다시 오르기 시작했고, 이와 함께 상위 1퍼센트와 나머지 사이의 격차도 벌어졌다.

1980년대 이후 이런 추세는 미국 등 서방 선진국에서 특히 두드러졌다. 그리고 이들 나라 **안의** 이런 경제적 불평등의 심화는 자유민주주의의 건강성에 심각한 영향을 미쳤다.

미국 예외론?

후쿠야마는 1980년대 말 '역사의 종말' 명제를 쓰면서 미국의 평등주의를 찬양해 이를 "사실상의 계급 없는 사회의 달성"으로 묘사했다. 그는 부자와 빈자 사이의 격차가 일부 있을 것이라고 인정하면서도, 그것이 무슨 근본적인 법적·사회적 장치에 기인한 것은 아니라고 말했다. 미국은 모든 시민에게 자신의 꿈을 실현할 동등한 기회를 주는 진보적인 법과 사회적 관행을 통해 '실존적 불평등'[8](스웨덴 사회학자 예란 테르보른이 인종이나 성별을 바탕으로 한 특정 범주의 사람들 사이의 불평등을 가리키기 위해 만든 말)이 해소된 곳이었다.

그러나 오늘날 세계 자유민주주의의 선도 국가들은 소득 불평등의 수준이 가장 높다는 멋쩍은 명성을 누리고 있다. 2011년, 뉴욕의 금융 지구는 '월 가를 점거하라'라는 시위의 목표가 됐다. 유명한 1 대

2011년 11월 17일 뉴욕 시청 근처 월 가에서 '99%'라고 씌어진 티셔츠를 입은 시위자들.

99의 비율 문제로 집결한 것이었다. 이 집회의 슬로건 '우리는 99퍼센트다'는 미국에서 발생하는 모든 소득의 20퍼센트 이상을 가져가는 상위 1퍼센트와 나머지 인구 사이의 불평등한 소득 분배를 이야기하고 있다. 이 격차는 소득이 아니라 재산(자산의 소유권을 근거로 한)을 이야기하면 더욱 커진다. 2016년, 가장 부유한 미국인 1퍼센트는 국가 전체 재산의 35퍼센트를 보유하고 있다. 그리고 그런 집중은 전체 자산 가운데서 주택 자산을 제외하면 더욱 심해진다.

경기 회복의 과실도 부자들 쪽으로 편향되어 있다. 2008년 금융 위기 이후, 2009년에서 2012년 사이에 모든 소득 증가의 90퍼센트 이상을 가장 부유한 미국인 1퍼센트가 차지했다.[9] 이런 수치는 '경기 대침체'(2000년대 후반부터 시작된 전 세계적 경제 침체—옮긴이)의 발생에 중요한 역할을 했던 금융 부문 전문가들이 실제로 그 영향을 받지 않았음을 시사한다. 주가가 떨어져 부유한 미국인들의 재산이 일시적으로 줄었지만, 그들의 재산은 곧 다시 증가했다. 그러는 사이에 대개의 미국인은 주택 시장의 붕괴와 더불어 저축한 모든 것을 잃어버렸다.

어떤 사람들은 이런 수치들을 보고 그게 뭐 새삼스러운 일이냐고 할 것이다. 가난한 사람들(그리고 엄청난 부자들)은 언제나 있지 않았는가? 그러나 이에 대한 대답은 반드시 그렇지만은 않았다는 것이다. 미국 같은 자유민주주의 국가에서의 불평등은 제1차 세계대전 무렵의 시기로 돌아간 것이고, 어떤 경우에는 더욱 악화되고 있다.

21세기 불평등 수준의 악화를 바르게 인식하려면 미국의 노벨 경제학상 수상자 조지프 스티글리츠가 "평균과 가운뎃값의 차이 증가"라고 규정한 것을 이해할 필요가 있다. 평균적으로 일어나고 있는 일과 전형적인 개인이나 가정에서 일어나고 있는 일 사이의 차이다. 지금 미국의 가운뎃값에 해당하는 가정의 소득은 1989년에 비해 줄어들었다(인플레이션 보정값). 반면에 가장 부유한 1퍼센트 가정은 전형적인 미국인 가정에 비해 225배나 더 부유하며, 이 수치는 냉전 종식 직전인 30년 전의 비율에 비해 두 배로 뛴 것이다.

심지어 상위 1퍼센트 소득자와 재산 보유자들 안에서도 편차가 매우 크다. 미국 인구에서 상위 0.1퍼센트에 해당하는 이른바 갑부들은 국민 전체 소득의 11퍼센트 이상을 가져간다. 30년 전에 비해 서너 배에 해당한다.[10] 미국 경제적 계층의 이 상층부는 점차 미국 국민들보다 다른 나라의 갑부들과 공통점이 더 많아졌다. 캐나다 국제통상부 장관이며 전직 언론인인 크리스티아 프릴랜드는 이 경제 귀족들의 국제적인 공동체를 일컫기 위해 '플루토크라트plutocrat(신흥 부호)'라는 말을 사용했다. 동에 번쩍 서에 번쩍 하는 그들의 생활 방식으로 그들은 '자기네들만의 국가'를 이루었다. 이 극상류층에 속하는 사람들은 대부분 열심히 일하고 교육 수준이 높은 실력자다. 그들은 자기네가 세계 규모의 거친 경제적 경쟁에서 이긴 당연한 승자라고 생각한다. 그 결과로 이들은 성공하지 못한 사람들에게 애증이 엇갈리는 태도를 취하고, 새로운 형태의 경제적 재분배에 아주 미온적이라고 프릴랜드는 주장한다.[11]

플루토크라트들의 재산 증가를 이용하려는 소매업자 및 금융기관들에게 흥미로운 일이었지만, 상위 1퍼센트 안에서 재산 차이가 늘어나는 일은 노동계급 안에서의 심각한 실업과 생활수준 저하를 배경으로 일어났다. 1980년대 말 자유민주주의가 공산주의에 승리한 이래 보통 미국인들의 소득은 제자리걸음을 하거나 줄었지만(종종 중산층의 '몰락'으로 표현되기도 한다) 부자와 거부들은 돈을 더 많이 벌었다. 이런 추세는 레이건 시대에 유명해진 낙수 이론落水理論(trickle-down theory)의 지지자들에게 치명타를 안겼다. 이것은 부자들이 돈을 벌면 나머지 사람들도 혜택을 입는다는 주장을 이론화한 것이다. 오늘날 미국에서는 이런 과정이 반드시 나타나지는 않는다. 상위 1퍼센트의 소득이 늘어도 나머지 99퍼센트는 사실상 소득이 감소할 수 있다.

이렇게 불평등이 심화되는 패턴은 세계 곳곳에서 서로 다른 정도로 반복되고 있다. 각 나라 안에서 가장 중요한 불평등의 지표는 지니계수로 알려진 것이다. 이는 한 경제권에서 개인들(또는 가정들) 사이의 소득 분배가 완전한 균등 분배에서 얼마나 벗어났는지를 측정한다. 완전한 평등이 0이라면 가장 불평등한 것은 1이다. 21개 OECD 회원국 중 다섯 나라만 빼고는 불평등이 심화됐다.[12] 게다가 경제가 과도기에 있는 개발도상국들에서는 걱정스러운 조짐이 나타나고 있다. 중국의 지니계수는 1980년대에 0.30 안팎이었는데, 지금은 0.49로 미국의 경우보다 높다. 세계은행은 계수 0.40 이상이면 소득 불평등이 심한 것으로 보고 있다.

캐나다의 추세는 미국이나 중국만큼 두드러지지 않은지 모르지만, 비슷하게 우려스럽다. 1980년대와 1990년대 초 정부의 재분배 정책은 소득 격차를 상당히 줄였지만, 1990년대 중반 이후로 불평등은 계속 심화됐다. 캐나다의 공공정책 연구자 키스 밴팅과 존 마일스는 이런 추세를 '재분배 점멸漸滅'[13]로 표현했는데, 캐나다의 경우는 OECD 국가들 중에 가장 극적인 축에 속한다. 지난 30년 동안에 캐나다의 소득자 중 상위 1퍼센트가 이 나라의 전체 소득 증가분의 37퍼센트를 차지했다. 전체 소득에서 차지하는 그들의 몫은 1980년대에 약 7퍼센트이던 것이 2008년 금융 위기 직전에 12퍼센트로 늘었다(경기 대침체 이후 이 수치는 10퍼센트로 약간 줄었다). 마지막으로, 최고 소득자들의 소득 증가는 금융 같은 특정 분야와 고위 경영진에서 더욱 컸다. 이 증가는 경쟁적인 능력 시장을 완전히 반영한 것은 아니며, 이에 따라 상위 1퍼센트의 높은 소득은 '지대 채취rent extraction'[14]와 관련이 있다는 일부 경제학자들의 주장을 입증한다.

불평등 이야기는 지역적인 측면도 있다. 토론토는 캐나다에서 불평등이 가장 심한 도시가 됐다. 부유한 가정과 가난한 가정 사이의 격차가 나라 전체의 두 배 속도로 벌어지고 있다. 1980년에서 2005년 사이에 31퍼센트 늘었다. 이 도시에는 지식 분야의 고소득 전문직의 시중을 드는 가난한 노동자들이 점점 더 몰려들고 있다. 현대의 '다운턴 애비Downton Abbey'(20세기 초 영국 귀족의 생활을 배경으로 한 영국 텔레비전 드라마 제목—옮긴이)인 셈이다.[15] 토론토대학의 주거 및 사회복지 교수이며 『토론토 안의 세 도시The Three Cities Within Toronto』[16]의 저자인 데이비드 헐챈스키는 중간 소득 공동체가 사라지고 부자들의 섬이 교외의 가난한 사람들의 바다에 둘러싸이는 현상이 점차 만들어지는 과정을 추적하고 있다. 헐챈스키는 이렇게 주장한다.

서로 존중하며 함께 어울려 사는 대신, 우리는 두 개의 극단적인 생활 방식을 만들어내고 있다. 하나는 사람들이 단지 입에 풀칠을 하기 위해 애쓰는 곳이고, 다른 하나는 세상의 모든 일이 원하면 손에 닿는 곳이다. 평등이라는 측면에서 완벽했던 나라는 일찍이 없었지만, 우리는 반대 방향으로 가고 있다.

캐나다의 지니계수가 슬금슬금 올라가는 데는 여러 가지 원인이 있다. 일부에서는 자유무역을 통한 장기적인 산업 공동화空洞化 과정을 지적한다. 어떤 사람들은 조세 감면과 특히 사회의 상위 소득자들을 위해 만들어진 공공 정책들을, 어떤 사람들은 더욱 규제가 사라지고 계약 지향적인 노동시장에서의 저임금을, 어떤 사람들은 사회적 지출 및 사회복지 프로그램에 따른 이전의 삭감과 캐나다의 세금을 피하기 위한 회사 이윤의 '역외 이전offshoring'을 든다. 그러나 추동 요인이 무엇이든 결과는 똑같다. 캐나다도 불평등의 되풀이에서 예외가 아니라는 것이다.

도금 시대: 우리 시대의 이야기?

그러나 더욱 우려스러운 일은 오늘날 불평등의 근원과 본질이다. 특히 그것이 자유민주주의가 바탕을 두고 있는 실력주의의 가치관을 손상시킨다는 점이다. 피케티는 자본/소득 비율이 높으면 축적되고 상속된 재산이 개인의 행복을 결정하는 데 지나치게 큰 영향력을 발휘한다고 단언한다. 이것이 샬럿 브론테의 『제인 에어』 같은 19세기의 많은 소설이 부잣집 자손과 결혼하는 이야기거나, 마크 트웨인과 찰스 더들리 워너의 『도금 시대The Gilded Age』처럼 가난뱅이가 부자가 되려고 고투하는 것에 관한 이야기인 이유 중에 하나다. 『도금 시대』는 가장인 사이 호킨스를 비롯한 한 테네시 가정이 부자 클럽에 들어가기 위해 3만 헥타르의 땅을 팔려다가 실패한 이야기다.

부자가 되고자 하는 욕망에 관한 이 풍자적인 이야기의 제목은 세

익스피어의 희곡『존 왕』에 나오는 한 장면에서 가져온 것이다. 이 희곡에서 솔즈베리 백작은 도금(금을 입히는 것)을 낭비적이고 지나친 일이라고 비웃는다. 따라서 도금 시대는 19세기 중반부터 20세기 초까지 전 역사 시기를 나타내는 비유가 됐다. 이 시기에 미국을 비롯해 영국·프랑스·러시아 등에서는 물질적인 풍요와 극단적인 빈곤이 병존했다. 한편으로 이 시기에는 이국적인 패션과 고급 맞춤옷, 맥심 Maxim's 같은 큰 식당들, 그리고 거대한 빅토리아 건축이 생겨났다. 다른 한편으로, 이 시기에는 지저분한 도시 빈민가가 생겨나고 경제적 구제를 주장할 수 있는 사람들을 줄이기 위해 구상된 '빈민구제법'이 통과됐다. 벤저민 디즈레일리가 1845년에 쓴 소설『시빌Sybil』에 나오는 노동계급의 과격파 월터 제러드는 영국의 부자와 빈자가 "두 나라"에 살고 있다고 한탄했다.

그들 사이에는 교류나 공감이 없다. 그들은 서로의 습관·생각·정서를 알지 못한다. 마치 그들이 다른 구역에 살고 있거나 서로 다른 행성에 살고 있는 듯하다.[17]

오늘날 불평등을 연구하는 경제학자들은 우리의 시선을 이 시기로 돌려, 우리로 하여금 그 어두운 이면을 떠올리게 한다. 피케티는 현대의 경제적 불평등이 주로 고르지 않은 자산 소유 때문에 생긴다고 주장한다. 재산이 소수의 부유한 가정에 집중되어 있던 제1차 세계대전 직전의 상황과 거의 비슷하다. 그의 발견의 요점은 자본(자산)의 수익률이 생산과 소득의 증가율보다 높은 경제(19세기 말에 그랬고 지금도 그러하다)에서는 물려받은 재산의 중요성이 커지고 자본주의는 "자동 적으로 변덕스럽고 지속 불가능한 불평등을 초래"[18]한다는 것이다.

현재의 미국에서 특히 주목할 만한 것은 상위 1퍼센트의 사람들이 점점 더 자본 소유라는 측면과 고소득 일자리를 통한 소득이라는 측 면 **양쪽**을 통해 부유해지고 있다는 것이다. 이를 미국 예외론의 또 다 른 변형으로 생각할 수도 있다. 그렇지만 전체적인 의미는 여전히 마 찬가지다. 각자는 대개 '아메리칸 드림'이 제시하는 것처럼 일생 동안 열심히 일해서 부자가 되는 것이 아니고 많은 재산을 물려받아 부자 가 된다. 미국 경제학자이자 『뉴욕 타임스』 기고가인 폴 크루그먼은 이렇게 결론지었다.

> 일반적으로 좋은 부모를 두는 것이 (또는 집안 좋은 배우자를 만나 는 것이) 좋은 일자리를 얻는 것보다 더 낫다.[19]

현대의 경제학자들은 이런 냉정한 사실을 제시함으로써 금기를 깨 고 불평등에 대해 공개적으로 이야기할 용의를 더 갖도록 했다. 그들 은 또한 현대 서방의 자유주의 경제가 20세기에 어떻게 진화할 것인 지에 관한 통념의 여러 조목을 드러내주었다.

그런 사례 중에 하나가 이른바 쿠즈네츠 곡선이다. 이것은 전후 미 국의 유명한 경제학자 사이먼 쿠즈네츠의 이름을 딴 것인데, 그는 1950년대에 사회가 공업화 과정을 거치면서 처음에는 경제적으로 덜

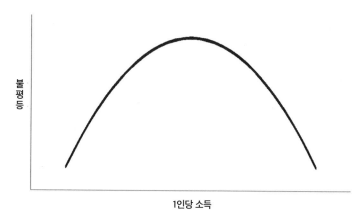

쿠즈네츠 곡선.

평등해지지만(특히 노동력이 농업에서 제조업으로 옮겨가면서다) 곧 경제 성장의 효과가 나타나고 불평등이 줄어드는 시기로 옮겨간다고 주장했다. 요컨대 불평등은 종鐘 모양의 곡선을 그리게 된다. 점점 교육을 받고 숙련된 노동력이 많아지고 사회적 전이轉移가 늘면서 부유한 나라들은 보다 평등해진다.

반면에 피케티는 1945년 이후의 수십 년은 다른 곳에서 흔히 이야기하듯이 진보의 이야기가 아니라 역사 속의 일시적인 변태였다고 주장한다. 전쟁과 가뭄, 경기 침체 같은 재난으로 촉진된 특정한 역사적 상황이 20세기의 불평등 둔화를 가져왔다. 그러나 이제 그 추세가 역전됐다. 경제가 발전한 서방국가들에 관해 피케티가 그리고 있는 미래는 저성장의 자본주의가 높은 수준의 불평등 및 낮은 수준의 사회 유동성과 결합된 사회다. 이런 현상은 궁극적으로 개발도상국에서도 전개될 수 있다. 산업화 과정에서 속도가 둔화된 이후에 말이다.

다른 경제학자들은 조금 덜 결정론적이다. 예컨대 브란코 밀라노비치는 비잔티움제국 시기까지 거슬러 올라가는 긴 역사적 참고 체계를 채택하고 수백 년 동안 이어온 불평등의 오르내림을 고찰한다. 그는 쿠즈네츠의 종 모양 곡선을 완전히 뒤집어놓은 형태가 아니라, 나라 안에서 불평등이 증가하고 감소하는 주기가 있는 '쿠즈네츠 파동'에 관해 이야기한다.[20] 그러나 그의 예측은 역시 준엄하다. 뿌리 깊은 불평등의 요새가 세계적인 거부를 낳고 있다는 것이다. 이는 우리들로 하여금 무엇이 공정한 것이고 정당한 것인지에 관한 우리 공통의 인식을 수정하지 않을 수 없도록 만들 것이다.

자유민주주의에 대한 불평등의 도전

냉전이 끝난 뒤 경제성장은 세계화 확산의 불가피한 산물로 보였다. 이에 따라 서방국가들에서는 영국의 신노동당(토니 블레어 등이 주장한 우경화한 노동당 또는 그 정파를 가리킨다. 기존 노동당과 별개의 정당은 아니다—옮긴이)이나 캐나다의 신민주당 같은 사회민주주의 정당들이 보다 넓고 깊은 형태의 경제적 불평등보다는 빈곤 완화에 초점을 맞추었다. 영국 노동당 정치가였던 피터 맨덜슨이 1998년에 이렇게 빈정댔던 것은 유명한 일이다.

"우리는 겁나게 돈이 많은 사람이라도 세금만 잘 내면 엄청나게 관대하게 대합니다."[21]

그 세금은 빈곤선 아래에서 살고 있는 사람들을 보다 나은 수준으로 끌어올리고 사회복지 서비스를 개선·확대하기 위해 계획된 것이었다. 그 기본적인 수준 위에서 일어나는 일들은 지속적인 경제 확대의 미명하에 받아들일 만한 것으로 여겨졌다.

그러나 단순히 사람들의 절대적인 경제적 행복 수준이 아니라 그들의 **상대적인** 경제적 지위에 초점을 맞추는 것이 왜 자유민주주의의 건강성을 유지하는 데 중요한지는 여러 가지 이유가 있다. 요컨대 경제적 불평등은 특히 오늘날의 역사적 수준에서 도대체 자본주의의 핵심적인 부분으로 받아들일 수 없다.

첫 번째이자 가장 기본적인 이유는 불평등이 경제에 해롭다는 것이 입증됐다는 점이다. 스티글리츠는 『대분열The Great Divide』에서 불평등의 심화는 경제 발전의 필연적인 결과라는 생각이 틀렸음을 보여주었다. 만약 상위 1퍼센트가 소득 증가분의 거의 대부분을 거둬가면 중산층이 너무 약해 역사적으로 경제성장을 추동하는 소비 지출을 만들어내지 못한다. 그 결과 대다수의 사람은 빚을 내야 하는 (대체로 상환 능력에 부치게) 처지가 되고, 이에 따라 경제를 더욱 취약하고 충격에 민감하게 만든다.[22] 2008년 금융 위기(어떤 사람들은 이제 향수에 젖어 그리워하기도 하는 시기다) 이전에 경제는 이미 삐걱거리고 쇠약해지고 있었다. 금융 거품과 지속 불가능한 소비 수준은 "그저 생명 유지 장치 노릇"[23]을 했을 뿐이라고 스티글리츠는 썼다.

국제통화기금IMF은 불평등의 부정적인 경제적 효과, 특히 효율성 및 안정성에 미치는 효과를 경고했다. IMF의 연구는 경제적 불평등 수준이 높은 나라는 성장률이 낮고 불안정의 정도가 높다는 특징이 있음을 보여주었으며,[24] 그럼으로써 흔히 하는 주장 즉 더욱 평등하게 하려는 노력이 경제 실적을 해친다는 주장에 이의를 제기했다. 이런 발견들은 경제성장과 복지에 대해 다른 방식으로 생각하도록 만들었다. 예컨대 OECD는 경제 실적과 사회 진보를 측정하는 데 다차원적인 방법(개인과 가정의 다양한 경험과 생활 조건 같은 것)을 사용하고자 하는 '더 나은 삶' 계획을 시작했다. 이 연구들은 1인당 GDP가 높은 OECD 국가들이 당연히 가계 소득 같은 척도의 측면에서 (상대적으로) 더 낮지만, 일자리의 안정성이나 주택 구입 능력, 일과 생활의 균형 등의 측면에서는 그들 사이에서도 많은 편차가 있음을 보여주었다.[25]

공중보건 연구자 리처드 윌킨슨과 케이트 피켓 역시 사회의 성공을 단지 경제적인 척도만이 아니라 보다 광범위한 여러 가지 척도로 평가할 필요가 있다고 주장했다. 그들의 베스트셀러『알코올 수준기水準器(The Spirit Level)』(2009)에서는 정신 질환, 마약중독, 비만, 사회생활 실패, 유폐, 빈약한 아동복지 같은 사회의 가장 큰 해악들은 사회가 경제적으로 불평등해지면서 광범위하게 증가한다고 지적했다. 이렇게 불평등의 영향은 단지 가난한 사람들에게만 한정되는 것이 아니라 전체 사회 구조에 악영향을 미친다.[26]

경제적 불평등의 두 번째 치명적인 효과는 그것이 아주 빠르게 기회의 불평등으로 옮겨갈 수 있다는 점이다. 이러한 결과는 '미국에서는 누구나 성공할 수 있다'는 미국 안에서 통용되고 있는 주문呪文과 배치된다. 최상위 소득 계층에 있는 사람들은 자기네 자녀들을 위해 특권(특히 교육 영역에서)을 살 수 있고, 그것은 다시 특정 부류의 일자리와 기회에 보다 가까이 다가갈 수 있도록 한다. 그들은 또한 대중교통 같은 공공 인프라가 필요하다는 생각을 덜할 가능성이 높고, 이에 따라 불평등한 사회가 공익을 위해 투자하는 경향을 줄이게 된다.

이러한 효과들은 후쿠야마의 계급 없는 사회에 대한 이미지를 조금씩 갉아먹고, 인종 간 또는 양성 간의 '실존적 불평등'을 다루는 데만 전적으로 초점을 맞추는 일에 의문을 제기한다. 자유민주주의 사회의 시민들은 실존적 불평등을 상대로 한 중요한 싸움에서 승리하기 위해 법을 사용했고, 이런 승리는 축하받을 만하다. 그러나 그것만으로는 사회적 불공정을 줄이는 데 불충분하다. 법적인 평등은 모든 사람을 같은 출발선에 놓는다. 그러나 밀라노비치는 이렇게 주장했다.

그러나 그들은, 어떤 사람은 페라리를 몰고 출발선에 서고 또 어떤 사람들은 자전거를 끌고 선다는 사실을 살피지 않는다.[27]

사회 유동성과 더 나은 사회적 결과를 방해하는 진짜 장벽을 다루기 위해 우리는 소득과 재산의 불평등에도 관심을 기울일 필요가 있다.

이런 기회 균등의 상실은, 상위 1퍼센트의 소득이 반드시 그들이 사회의 번영에 기여한 데 대한 '정당한 보수'는 아니라는 스티글리츠의 주장을 받아들인다면 더욱 심각해진다. 이것은 그의 주장이 정곡을 찌르기 시작하는 부분이다. 불평등에 대한 최고의 변명(그리고 아마도 마지막 요새)은 재산이 버는 것이라는 얘기다. 더 많이 가진 사람은 더 열심히 일하고 특별한 재능을 지니고 또는 엄청난 위험을 감수한 사람이었다. 그러나 경제적으로 불평등한 오늘날의 세계에서는 그런 정당화는 유지되기 어렵다.

몇몇 뚜렷한 예외가 있기는 하지만(두드러진 예가 마이크로소프트 창업자 빌 게이츠다), 상층부 사람들이 사회의 이익을 위해 큰 혁신을 이루어낸 사람은 아니다. 또한 그들이 반드시 많은 일자리를 창출한 사람인 것도 아니다. 그 대신 상위 1퍼센트 사람들 거의 대부분은 경제학자들이 '지대 추구地代追求(rent-seeking)'라고 부르는 것을 추구한다. 새로운 부를 창출하기보다는 기존의 부를 대부분 가져가는 것이다. 상당수는 관계(가족 관계든 정치적 관계든)에서 부를 끌어낸다. 그리고 스티글리츠가 지적했듯이, "국가의 부라는 파이의 크기를 늘리기보다는 그 파이의 더 많은 부분을 얻는 방법을 알아내는 데"[28]에 뛰어나다. 최상위 경제 계층 사람들 가운데 많은 이가 금융 분야에서 일하며, 일부는 수상쩍은 대출 영업과 시장 조작을 통해 2008년 시작된 경기 대침체의 직접적인 원인을 제공했다.

오랫동안 정치철학자들을 성가시게 했던 불평등에 관한 우려스러운 점은 그것이 경제적 우위를 정치적 권력으로 전환시킬 가능성이 있다는 점이다. 이런 동태는 자유민주주의의 근본적인 약속을 갉아먹고 있다. 모든 시민은 자신이 속한 사회의 법과 공공 정책을 정하는 정치 과정에서 동등한 발언권을 가져야 한다는 약속이다.

재산으로 정치적 영향력을 살 수 있다는 의혹은 오래전부터 있어왔고, 미국 정치학자 마틴 길렌스는 그것을 입증할 증거를 수집했다. 미국에서 나온 수많은 정책 변경 제안의 결과와 그에 대한 태도를 검토함으로써 그는 상·하원 의원 같은 정치적 대표자들이 하층이나 중산층이 좋아하는 공공 정책들에 비해 부자가 좋아하는 정책들(예컨대 특정한 형태의 조세 정책)에 따라 움직였음을 보여주었다. 게다가 계급들 사이의 영향력 수준의 현격한 차이는 수십 년 전보다 오늘날 더 진실이 되어가고 있다. 정치가 더 이상 '1인 1표'가 아니라 '1달러 1표'로 되어가고 있다고 스티글리츠가 빈정댄 것은 유명한 일이다.

이렇게 피드백 회로가 만들어졌고, 이를 통해 경제적 불평등이 정치적 불평등으로 옮겨지고 정치적 불평등이 더 많은 경제·사회 계층을 만들어낸다. 이것이 그렇게 많은 평론가가 미국을 민주주의 국가가 아니라 '금권정치plutocracy'(부자에 의한 지배) 국가로 묘사하기 시작한 이유다.[29] 공직을 맡고 있는 사람들이 모두 재산 측면에서 최상위 계층에 속한 것은 아니지만(물론 상당수는 그렇다), 미국의 부자들은 공직에 오르는 사람이나 그들이 취하는 행동에 과도한 영향력을 지니고 있다.

대기업과 부유한 미국인들에게 도움이 되는 입법과 정책 구상의 사례들 중에는 금융 활동을 규제하는 기구의 약화(1990년대 클린턴 행정부에서 시작됐다), 기업계의 압력에 따른 환경보호청EPA의 판정 번복, 이른바 '파나마 페이퍼스'(파나마 최대의 법률사무소 모색 폰세카가 보유한

1천만여 건의 비밀문서로, 국제탐사보도언론인협회ICIJ가 이를 폭로해 전 세계 부유층의 해외 재산 은닉 실태를 보여주었다—옮긴이)에서 매우 분명하게 드러났던 역외 수익의 은폐에 대한 관용, 고소득 미국인에게 혜택을 주기 위한 국세청IRS의 조세법에 대한 '관대한 해석' 등이 있다.[30]

부유한 미국인들에 대한 선호와 부자에게 유리한 특정 정책 결과가 긴밀하게 연결되는 요인으로는 특수한 정당 구조, 선거운동 자금에 관한 법령, 특정한 경제적 이익집단의 우세 등 여러 가지가 있지만, 미국이나 잠재적으로 다른 곳에서도 대의민주주의를 저해하는 것은 진정한 정치적 경쟁이 없고 좁은 범위의 생각들로 집중하는 것이라고 길렌스는 논점을 확대했다.[31]

정치적 의지 부족

미국의 노동사학자 스티브 프레이저는 『묵인의 시대The Age of Acquiescence』에서, 미국인들이 약탈자본주의predatory capitalism보다 낫거나 대안이 되는 체제를 생각해내지 못하고 있음을 한탄한다. 19세기 중반에서 20세기 초까지 미국은 사회적·경제적 특권에 대한 분노와 저항의 시대였다. 특히 노동자의 등을 타고 재산을 모은 대기업들의 '노상 강도 귀족robber baron'(중세 유럽에서 전쟁이 없는 평시에 자기 영지를 지나가는 사람들의 소지품을 강탈하던 기사들을 가리키는 말이었는데, 19세기 미국에서 과점 등 불공정한 방식으로 재산을 축적한 악덕 자본가를 가리키게

1877년 웨스트버지니아 철도 파업.

됐다—옮긴이)에 대한 저항이었다. 그러한 사례로는 실직한 여성들과 그 아이들이 뉴욕 시청으로 행진했던 1874년의 '빵이냐 피냐' 시위와, 1877년 임금 삭감에 항의해 웨스트버지니아에서 시작된 철도 파업 (그것은 미국 역사상 최초의 전국 규모 파업으로 확대됐다) 같은 것들이 있다. 이런 식의 대중 동원은 독과점 금지법 통과나 노동조합 운동의 시작, 하루 8시간 노동제 도입 등 일련의 발전적 변화에 기여했다.[32]

반면에 오늘날에는 비슷한 수준의 경제적 불평등에 대해 대중의 저항이 거의 또는 전혀 없다. '월 가를 점거하라' 운동이 2011년 후반기에 이슈가 되기는 했지만, 결국 흐지부지되고 말았다. 참가자들 사이에 구체적인 의제에 대한 합의가 이루어지지 않았고, 기존 정치기구들과 맞붙어 싸울 최소한의 의지도 없었기 때문이다. 21세기의 미국인들은 (그리고 다른 자유민주주의 국가 사람들에 대해서도 똑같이 말할 수 있을 것이다) 대체로 영원할 것이라고 생각되는 체제에 굴복했다. 그들은 자기네의 에너지를 공익이나 그들이 다른 사람들과 공유하고 있는 정치적 · 경제적 이익을 확대하는 일보다는 개인적인 소비의 즐거움 쪽에 집중한다. 역사의 종말이 오면 소비지상주의 문화가 커지고 "자유주의의 한가운데에 공백"이 생길 것이라는 후쿠야마의 우려는 현실이 된 듯하다.

그 결과 자유 시장 자본주의의 과잉에 의문을 제기하고자 하는 정계 인사들은 누구든 잘해야 주변부의 일원이고 최악의 경우 국가 안보와 번영의 적으로 간주된다. 좌파 정치인 제러미 코빈이 영국 노동당 대표에 선출된 데 대한 반응이 이런 식의 이야기에 대한 분명한 사례다.

2015년 가을, 코빈은 노동당 대표 경선에서 예상을 깨고 1차 투표에서 60퍼센트 가까운 당원의 지지를 얻어 깜짝 당선됐다. 이전 지도자 토니 블레어가 1994년에 얻은 지지보다도 더 강력한 것이었다. 코빈은 2005년 데이비드 캐머런이 영국 보수당 대표로 선출됐을 때보다 10만 표를 더 얻어 당선됐다.

그러나 당선이 확정되자마자 코빈의 정치적 견해에 대한 비판이 빗발쳤다. 가장 두드러진 것이 노동당 소속 여러 의원의 비판이었고, 그들 가운데 일부는 예비 내각의 일원으로 그의 밑에서 일할 수 없다고 선언했다. 코빈은 불평등과 집권당의 경제 긴축 정책을 강력히 비판했던 까닭에, 받아들여지기 어렵고 당선 가능성이 없다고 생각됐다. 통념의 테두리 바깥으로 나간 경제적 공룡이었다. 그는 또한 철도 국유화를 고려하고, 영국의 이라크전쟁 참전을 사과했으며, 보다 누진적인 과세 체계를 요구했다. 영국은 가장 돈 많은 국민 1천 명의 총재산이 2009년에서 2016년 사이 6년 동안에 배로 늘고, 극빈자 식량 배급소가 급증하며, 임대료가 계속 올라 퇴거율이 급증하고 있었다.

언론 감시 기구들은 코빈 노동당 대표의 승리 이후 영국 언론의 상당수가 그에 대한 조직적인 음해에 나섰음을 보여주었다.[33] 언론인들은 그가 "정정당당하게 행동하지 않"거나 필요성을 인식하지 못하고, 한 칼럼니스트의 말대로 "순결이냐 권력이냐"[34] 사이에서 선택을 하려 한다고 비난했다. 심지어 영국 언론에서 정치인의 당선 가능성을 가장 정확하게 예측한다는 BBC조차도 코빈의 승리가 당혹스러운 듯했다. 대체로 여러 해 동안의 신노동당 정책 결과로 BBC의 소중한 불편부당의 받침점은 오른쪽으로 옮겨져, 훨씬 좁은 범위의 정치적 견해를 드러내게 됐다. 『런던 리뷰 오브 북스London Review of Books』의 편집자 폴 마이어스코프는 이를 스포츠에 비유하며 멋지게 요약했다.

코빈은 스스로를 반反기득권층으로 규정함으로써 국외자가 되고 반란자가 됐다. BBC는 예컨대 그 스포츠 채널이 월드컵에서 잉글랜드의 상대 팀에 대해 '공정하게' 보도할 수 있는 정도로만 그에 대해 '공정하게' 논의할 수 있다.[35]

2016년 미국 민주당 예비 선거에서 버니 샌더스의 지구력에 대한 반응 역시 주류의 정치적 교감의 범위가 최근 들어 얼마나 좁아졌는지를 상징적으로 보여준다. 버몬트주 출신의 좌파 상원 의원인 샌더스는 스스로를 전형적인 국외자로 표현하고 있는데, 미국의 경제적 불평등이 한계점에 이르렀다는 메시지를 내세우며 민주당의 주류 후보 힐러리 클린턴에 맞서 출마했다.

그 불평등의 해소책으로 제안한 것은? 최저임금을 시간당 15달러로 올리는 것이다. 사회보장 혜택을 늘리는 것이다. 보다 누진적인 과세 구조다. 민간 보험사와 이원화되어 있는 의료보험 제도를 국가로 단일화하는 것이다. 공립대학의 등록금을 무료화하는 것이다.

예전에 이런 이슈들은 주류 미국 정치에서 자주 논의됐었다. 그러나 로널드 레이건이 1980년대 중반에 누진세를 폐지하고 최저임금을 동결한(이런 시책들은 클린턴이나 오바마 행정부에서도 실제로 이의를 제기하지 않았다) 이후 샌더스의 정책 프로그램은 민주당에서 중도로 생각됐다. 열렬한 사회주의자의 이상주의적인 생각과 다름없었다.

그럼에도 불구하고 민주당은 병석에서 일어나 정신을 차려야 했다. 불평등에 맞선 샌더스 상원 의원의 투쟁은 수많은 유권자의 심금을 울렸다. 특히 젊은 미국인들에게 그러했고, 그들 가운데 상당수는 자신들과 상대적으로 유복한 베이비붐 세대(미국의 경우는 1940년대 중반 이후 약 20년 동안 출생한 사람들을 가리켜서 우리와 조금 다르다—옮긴이)와의 사이에 또 다른 형태의 불평등을 경험하고 있었다. 이들 새로운 유권자들에게 레이건이 도입한 경제구조에 도전하겠다는 샌더스의 의지는 그의 최대 강점이었다.

이는 보다 광범위한 정치적 의미를 제기한다. 오늘날의 경제적 불평등은 경제 요인들이 어우러져 불가피하게 생긴 산물로서 우리에게 떠안겨진 부류의 것은 아니다. 그것은 의식적인 정책 선택의 결과다. 이것은 피케티 · 스티글리츠 · 밀라노비치 같은 중진 경제학자들이 불평등에 관한 자신들의 노작에서 우리들이 가장 받아주기를 바라는 메시지다. 우리가 이 악순환을 되돌릴 힘을 가지고 있다는 것이다.

스티글리츠는 경제법칙이 그렇게 보편적이라면 왜 모든 곳에서 불평등이 똑같이 우려스러운 수준으로 올라가지 않느냐고 반문한다. 선진국들 중 노르웨이와 프랑스는 극단적인 변화는 피한 것으로 보이며, 라틴아메리카에서는 많은 나라가 실제로 경제적 불평등을 줄였다.[36] 불평등을 만들어내고 영속화시킨 것은 특정한 경제적 · 법적 · 사회적 구조다. 교육이나 조세, 기업 지배 구조, 독과점 금지법 및 파산법 등이다.

이런 결정들은 현대 자유민주주의의 기반을 약화시키고 민주주의의 초기 지지자들을 고무시켰던 평등주의를 위태롭게 한다. 1647년 올리버 크롬웰과 영국 헌법의 미래상을 둘러싸고 유명한 '퍼트니 논쟁'을 벌였던 토머스 레인스버러는 동등한 정치 참여라는 민주주의적 가치를 가장 잘 표현했다. 크롬웰은 모든 성인 남성에게 투표권을 주는 것은 무정부 상태와 같은 것이라고 생각했으며, 투표권은 재산 소유자들에게만 제한해야 한다고 주장했다. 반면에 레인스버러는 부자에 의한 통치를 공격하고 1인 1표 원칙을 옹호했다.

나는 잉글랜드에 사는 가난한 남자도 부유한 남자처럼 살아야 한다고 생각합니다. 그리고 의원님, 따라서 나는 정말로 어떤 정부 아래서 살든 모든 사람이 우선 자신의 동의하에 정부에 복종해야 한다는 것이 분명하다고 생각합니다.[37]

퍼트니 논쟁이 있었던 영국 런던 근교에 있는 퍼트니 교회.　© Peter Damian

오늘날의 많은 자유민주주의 국가에서 부자들에게 계속해서 특혜를 주는 금권정치체제에 대한 중요한 대안이 중산층의 불만 증가를 반영한 성난 포퓰리즘인 듯하다. 동등한 기회가 손상되고 특혜가 더 이상 발전을 보장하지 않는다면, 정치적 영향력이 부자 쪽에 편향되어 있다면, 그리고 돈을 잘 버는 사람들이 꼭 사회에 대한 순전한 기여자들은 아니라면, 시민들은 정치·경제 시스템에서 소외된다. 도널드 트럼프의 정치 행로는 이 각성을 상당히 이용한 것이다.

구체적으로, 트럼프의 주적은 세계화와, 미국 중산층의 일자리 및 생계를 공격하는 그 세계화이다. 트럼프의 세계관에서는 재산이 늘어난 중국 같은 개발도상국의 가난한 사람들과, 정치인들에 의해 이익이 침해된 미국의 노동계급 사이에 제로섬 게임이 벌어지고 있다. 트럼프의 천재성은 소득이 시원찮고 꿈을 잃어버리는 경험을 한 사람들과 공감할 수 있는 능력이었다(그가 어마어마한 부자라는 점을 생각하면 역설적인 듯하다). 그는 이에 대한 대응으로 미국의 경제적 맞수들과 '더 나은 거래'를 하고, 세계화의 시계를 되돌리며, 일자리를 보호하기 위해 관세를 다시 부과하고 이민 규정을 강화하겠다고 약속했다. 그가 지지자들에게 제시한 것은 정말로 구체적인 경제적 해법이 아니고, 오히려 자신이 국가의 약화를 낳았다고 생각하는 정책 결정을 무효화하겠다는 반대 약속이다.

그러나 이 의제는 또 다른, 비생산적인 형태의 정치 양극화에 밀려났다. 이번에는 세계의 가난한 사람들과 선진국의 중산층 사이다.[38] 이는 미국의 상위 1퍼센트에게는 안성맞춤의 기분 전환이다. 그들이 재산을 축적하고 영속화할 수 있는 능력은 대체로 영향을 받지 않았다. 국내의 화난 유권자들을 먼 외국 사람들과 맞붙인다 해도, 정치 지도자들은 여전히 정책 우선순위를 광범위한 여러 이해관계자들의 이익과 일치시키는 문제를 해결해야 한다.

앞으로 여러 해 동안 정치학자들과 평론가들은 트럼프의 정치적 승리를 낳은 장기적·중기적 원인을 분석할 것이다. 그러나 그 분석의 공통적인 특징 하나는 이미 나와 있다. 그의 포퓰리즘의 성공은 수십 년 동안 축적되어왔고 통상적인 정치가 처리하기는커녕 이해조차 하지 못했음이 입증된 분노와 공포의 감정을 이용할 수 있는 그의 능력에 바탕을 두고 있었다는 점이다. 많은 미국인은 이미 행동경제학자

(행동경제학behavioral economics은 '합리적인 인간'을 전제로 하지 않고 실제 인간의 행동을 연구해 경제 현상을 규명하는 경제학이다—옮긴이)들이 '손실 회피loss aversion'라고 부르는 것에 시달리고 있다. 개인이 특정한 정도의 소득에 환호하기보다는 같은 크기의 이익을 잃는 것을 두려워하는 경향이다. 그러한 회피의 바탕에는 손실과 관련된 심리적 고통이 더 강하다는 사실이 놓여 있다고 경제학자들은 주장한다.[39] 트럼프는 이 추가 손실에 대한 두려움을 밑천으로 삼고 그것을 다른 곳으로 돌려 갈등의 씨앗을 뿌렸으며 (무슬림과 비무슬림을 다투게 하고, 정규 시민과 '불법' 이민자들을 다투게 함으로써), 사회적 단결을 더욱 무너뜨렸다. 그러나 그의 저항 정치의 재료는 그가 정치적으로 각광을 받기 훨씬 전부터 이미 존재했다.

역사의 되풀이? 이번엔 다르다

이런 걱정스러운 상황에 대한 공통된 반응은 이렇게 말하는 것이다.

"우리는 전에도 이런 경험이 있어."

20세기에 당시로서는 자유민주주의의 종말을 의미하는 듯했던 여러 차례의 위기를 겪었다. 이런 도전 가운데 일부는 경제적인 것이었다. 1930년대의 대공황이나 1970년대의 석유 위기 및 높은 인플레이션 같은 것들이다. 또 다른 일부는 정치적인 것이었다. 이데올로기 경쟁의 형태를 띠거나, 민주주의 체제 내부의 특정한 위기라는 형태를 띠었다. 전자의 예로는 두 차례 세계대전 사이에 나타난 파시즘과 공산주의를 들 수 있고, 후자의 예로는 1970년대의 워터게이트 스캔들(1972년 미국의 닉슨 대통령이 민주당 선거운동 본부 도청 사건에 연루되어 사퇴한 사건―옮긴이)을 들 수 있다.

이런 각 고비에서 평론가들은 민주주의의 파탄 가능성에 시선을 고정시켰다. 그 강점보다는 약점에 집중한 것이다. 소설가이자 역사가인 H. G. 웰스는 파시스트 독재가 떠오르고 있다고 생각되던 1933년, 민주주의가 곧 "긴급한 정치적 · 사회적 난제에 너무 굼뜨기 때문에 파멸과 종말이 임박해"[40] 폐기될 것이라고 예측했다.

영국의 정치학자 데이비드 런시먼은 이 위기와 파탄에 대한 집착이 자유민주주의의 진화의 핵심 특징이라고 주장한다. 그는 이렇게 썼다.

　민주주의의 진보는 (항상) 지식인들의 조바심이라는 끊임없는 북소리와 함께했다.[41]

돌이켜 생각해보면 이 조바심은 부적절했던 것 같다. 자유민주주의는 위기에서 벗어나는 데 놀랄 만큼 유익했음이 입증됐다. 심지어 전쟁과 경기 침체 같은 큰 위기 때도 말이다. 런시먼은 이렇게 주장한다.

성공과 실패는 함께 가는 것이다. 이것이 민주주의적 상황이다.

자유민주주의가 시대를 초월해 작동하게 만드는 핵심 요인들(그 유연성과 민감성 같은 것들이다)은 그것을 때로 잘못되게 만들기도 한다. 그러나 좋은 점은 그것이 자기 수정 능력이 있다는 점이다. 독재국가는 지배자들이 그들을 파멸의 길로 이끌고 들어가는 것을 막을 견제장치가 없다. 반면에 민주주의 국가에는 "벼랑 아래로 떨어지"[42]는 것을 막을 정치적·구조적 안전장치가 있다.

런시먼은 민주주의의 숨은 재능이 그 장수長壽를 보장하는 데 도움을 주었다고 생각하지만, 그는 또한 관련된 위험성도 지적한다. 바로 현실 안주와 과신이다. 만약 경종이 똑같이 들리기 시작한다면 우리는 그것을 흘려버린다. 그래서 자유민주주의는 위기로부터 교훈을 얻어 보다 멀리 내다보기보다는 같은 잘못을 반복한다. 런시먼은 이렇게 썼다.

민주주의는 승리를 거두었다. 그러나 그것은 자라지 못했다.

자유민주주의가 역사에서 배운 듯한 유일한 교훈은 어떠한 위기도 눈에 보이는 것처럼 정말로 그렇게 나쁘지는 않다는 것이다. 민주주의 국가가 위기에 아주 가까이 다가서면 그들은 그때마다 결국 분별력을 찾고 물러난다. 그러나 이 역동성은 무모함을 낳을 수 있고, 민주주의를 위험한 치킨게임으로 변모시킨다.

사태가 정말로 나빠지면 우리는 적응을 할 것이다. 사태가 정말로 나빠지기 전에는 적응할 필요가 없다. 민주주의는 결국 적응할 것이기 때문이다. 양쪽이 모두 이 게임을 한다. 치킨게임은 잘못되기 전까지는 해가 없지만, 그 순간이 되면 치명적이다.[43]

그래서 의문이 일어난다. 이번에는 다른가? 우리가 지금 정말로 곤경에 처한 것인가, 아니면 이것이 그저 또 하나의 도전의 시기여서 자유민주주의가 결국 극복할 수 있는 것인가? 후쿠야마는 여전히 낙관론자다. 그는 자유민주주의의 결함과 그것이 정치 지도자들에게 그들의 이익을 위해 볼모로 잡혀 있음을(특히 미국에서) 인정하고 있지만, 이에 맞설 정치적 이상을 발견하지 못했다. 그의 시선은 여전히 보다 크고 보다 긍정적인 추세에 머물러 있다. 오늘날 민주주의 국가의 수가 1970년에 비해 세 배가 됐다는 사실 같은 것들이다.

나는 자유민주주의의 장래에 관해 비관적인 편이다. 그리고 역사만이 (그것이 전개되면서) 내가 옳은지 그른지 입증할 것이다. 자유민주주의 국가들이 과거에 위기를 헤쳐 나가는 데에는 능숙했음이 입증됐다. 그러나 런시먼이 일깨워주고 있듯이, 이들 나라들은 그런 재난을 인식하고 피하는 데 특히 기민하지는 않았다. 경고 사인이 상당히 많았음에도 말이다. 이는 민주정치의 모든 '표면 잡음'이 종종 진짜 전환점 또는 임계점을 보기 어렵게 만들기 때문이다.[44]

더구나 우리가 자유민주주의의 기원으로부터 역사적으로 더 멀어져가면서, 우리는 부정적인 주장으로 인해 지나치게 그것에 이끌리게 됐다. 적어도 우리 정치 시스템이 사오 년마다 한 번씩 나쁜 자들을 몰아낼 수 있도록 하는 한 말이다. 처칠은 이렇게 한탄했다고 한다.

민주주의는 최악의 통치 형태입니다. 이따금 시도됐던 다른 모든 형태의 것들을 뺀다면 말입니다.[45]

그러나 자유민주주의의 긍정적 매력에 무슨 일이 일어났단 말인가? 그것이 품위를 가져다주고 힘을 주고 집단의식을 형성하게 해줄 능력이 있다고 떠들어대던 목소리들은 어디로 갔는가? 불평등이 심화되면서 민주주의의 긍정적이고 기본적인 가치들에 대한 기억상실증이 확산됐다. 무엇보다도 공정성이라는 가치가 그렇다.

공정성과 자유민주주의

오늘날의 여러 자유민주주의 국가를 괴롭히고 있는 사회적 결속의 파탄은 작고 개인적인 수준에서 일어난다. 이는 경제적 불평등이 개인의 목표와 행동을 변화시킬 수 있기 때문이다. 척도의 가장 낮은 쪽 끝에 있는 사람들에게 그것은 진취성을 약화시키거나, 더욱 나쁘게는 혁명적이거나 폭력적으로 변모할 수 있는 불만을 키울 수 있다. 사회의 상위 계층에게 불평등은 종종 우월 의식으로 변하며, 그것은 다시 사회적 신뢰와 공통의 목표를 저해하는 행동으로 옮겨간다. 지난 10

년 동안 행동심리학자들이 내놓은 획기적인 연구는 불평등이 어떻게 마음의 상태를 바꿔놓는지를 보여주었다. 다시 말해서 재산과 특권에 따라 어떤 심리 상태가 존재한다는 것이다.

우리 모두는 살아가면서 상충하는 욕구들(예컨대 남을 돕기 위해 시간을 들이거나 우리 스스로의 목표를 추구하는 데 초점을 맞추거나 하는 따위)과 씨름하고 있지만, 캘리포니아대학의 심리학 교수 폴 피프와 그의 연구팀은 더 부유한 사람들이 남들에게 해를 끼치더라도 자신의 이익을 더 추구한다는 사실을 보여주었다. 연구자들은 수천 명이 참여한 수십 건의 실험적 연구를 통해 재산 수준이 높아지면 특권의식 또한 커지고 남들에 대한 공감과 책임감은 떨어진다는 점을 꾸준히 밝혀냈다. 이런 경향에는 언제나 두드러진 예외가 있긴 하지만(우리는 모두 억만장자 자선가를 지목할 수 있다), 피프는 통계적으로 말해서 "제 잇속만 챙기"려는 경향은 한 사람이 소득과 지위 체계의 상층부로 오를수록 커진다고 주장한다.[46] 그의 실험에서 이 현상은 이기적이고 비윤리적인 행동을 하는 더 큰 경향으로 바뀐다. 목적한 것을 얻기 위해 속임수를 쓰거나, 일을 하면서 비윤리적 행위를 두둔하거나, 운전하면서 법을 어기는 일 같은 것들이다.

두 가지 실험을 보자.

첫째로, 서로 다른 유형의 자동차를 모는 운전자들을 보행자 횡단보도에서 관찰했다. 운전자의 90퍼센트는 보행자가 교차로에 가까이 다가오는 것을 보면 멈추었다. **예외**는 고급 승용차를 모는 운전자들이었다. 피프의 연구에 따르면 고급차 운전자들은 교차로에서 그대로 주행하는 경우가 사람들이 거리를 건너가도록 기다리는 경우와 거의 비슷했다(46퍼센트가 정지하지 않았다).

두 번째 실험에서 연구자들은 '독점'이라는 리그드게임rigged game (속임수 장치를 사용하는 게임을 일컫는 카지노 용어―옮긴이)을 만들었다. 한 사람에게 더 많은 돈(자원)과 더 많은 주사위(기회)를 주고는 그의 행동이 다른 사람들과 비교해 어떻게 변하는지를 관찰했다. 피프의 팀은 게임이 진행될수록 더 많이 가진 사람의 자존감이 더욱 커지는 것을 관찰했다. 그 사람은 더 시끄러워지고 더 무례해지고 다른 사람들을 더 무시했다. 그는 또한 다른 사람들에 비해 특권이라도 있는 것처럼 더 자주 보드 옆에 놓인 과자 접시에 손이 갔다.

탐욕은 모든 사람에게 영향을 미치지만, 이 연구에 의하면 그것이 모든 사회 계층에 똑같이 존재하는 것은 아니라는 것을 보여준다. 경제적 위계의 꼭대기에 있는 사람들이 이용할 수 있는 더 많은 자원과 자주성이 그들의 행동에 분명한 영향을 미치고 있다. 더 많은 재산을 가지고 있는 사람들은 비윤리적으로 행동한 데 대한 '후과後果'를 보다 효율적으로 처리할 수 있고, 다른 사람들에게 의존하는 일이 적기 때문에 남들의 평가를 덜 우려하게 된다. 이 두 가지의 조합은 탐욕과 자기중심적 행동이라는 적극적인 가치관을 만들어낼 수 있다. 실제로 이 자주 의식은 통상적인 인간관계에서도 나타날 수 있다. 실험들은 경제적으로 상위 계층에 속한 사람들이 사회적 환경에서 보다 자유로우며(자주 휴대전화를 뒤적거리고 확인한다), 남들의 감정을 알아내고 반응하는 데 더 미숙함을 보여주었다.[47]

이에 따라 행동심리학자들은 불평등의 수준이 높으면 사회의 단결을 해치고 피프가 말한 "계층화의 악순환"[48]을 만들어내기 쉬워진다고 결론지었다. 꼭대기에 있는 사람들은 밑바닥에 있는 사람들에 비해 누리는 것이 마땅하다는 생각을 더 많이 한다. 수단을 많이 가졌다는 것은 남들에게 덜 의존할 수 있다는 것이어서, 누군가에게 무언가 덕을 입고 있다는 생각을 덜하게 된다. 이것은 부유한 사람들이 경제적으로 보다 보수적이며 대개 증세나 공공 지출에 반대하는 이유를 설명하는 데 도움이 될 것이다.

다시 말하지만 이런 수단들은 그들의 경제적 이점을 위해 작용하는 것으로 보이는데, 그런 작동에는 심리적 요소도 있다. 재산이 늘고 있음을 인식하면서 특권의식이 함께 느는 것이다. 그러므로 이런 심리적 요인들은 불평등을 악화시킬 수 있다. 경제적 위계는 대체로 매우 부유한 사람들이 과다한 통제권을 행사하고 있는 정책과 기관들에 의존하고 있기 때문이다. 덜 가진 사람들 쪽에서는 자기네 정부와 지도자들에게서 최악의 것을 예상하기 시작한다. 그리고 사회 공통의 목표라는 의식은 점차 사라져간다.

그러나 이 이야기에는 긍정적인 측면도 있다. 우리의 심리 상태와 이에 따른 행동은 길들일 수 있다. 실험들은 이 과정이 거꾸로 작동될 수 있음을 보여주었다. 부유한 사람도 다른 사람에 비해 가난하다는 생각을 하게 되는 경험을 하면 특권의식이 낮아진다. 게다가 그들에게 다른 사람들을 동등한 사람으로서 협력하거나 대하는 것의 이점 세 가지를 들어보라고 하면 그들의 이후 행동은 특권의식이 낮은 계층 사람들 수준으로 내려감을 보여준다.[49] 이러한 결과들은 심리적 개입(과학자들은 이를 '자극nudge'이라 부른다)이 계층화의 악순환을 완화시킬 잠재력이 있음을 시사한다. 이 연구들은 또한 철학자 엘리자베스 S. 앤더슨이 강력하게 주장했듯이, 평등은 사회적 관계이지 단순한 분배의 패턴이 아님을 보여준다.[50] 그러나 그러한 개입이나 자극은 이를 지원하는 공공 정책 및 공정성을 강조하는 새로운 정치적 담론과 부합할 필요가 있다.

경제적 불평등의 심화는 도덕적인 이슈다. 그것은 서로를 존중할 가치가 있는 상대로 보는 개인의 능력을 훼손하고 사회의 단결을 약화시킨다. 경제학자들은 그것이 경제성장에 치명적인 영향을 미친다는 사실을 보여주었다. 사회학자들과 의학 연구자들은 그것이 보건 실태와 기대수명에 미치는 파괴적인 영향을 대체적으로 보여주었다. 그리고 정치학자들은 그것이 자유민주주의의 가장 중요한 기반인 공정성의 가치를 얼마나 훼손하는지를 보여주었다.

나는 공정성이 인간의 기본적인 가치라고 말했다. 그러나 그것은 모든 영장류에까지 미치는 것이다. 네덜란드의 영장류 연구자 프란스 드 발이 실시한 한 유명한 실험에서 두 마리의 꼬리감는원숭이에게 일상적인 일(한 실험자에게 작은 돌멩이를 건네주는 일이었다)을 시키고 그 대가로 보상을 주었다.

실험 초반에 원숭이들은 주어진 일을 해내고 각각 오이 하나씩을 받았다. 그들은 스물다섯 번 이상 그렇게 보상을 받으며 이 일을 재미있게 반복했다. 그러다가 방식이 바뀌었다. 원숭이 '가'에게는 일을 마친 뒤 오이 한 쪽을 주었지만, 원숭이 '나'는 포도(원숭이들에게 더 값비싼 대접을 할 때 주는 것이었다)를 받았다. 원숭이 '가'는 처음에 어리둥절해하더니 금세 일을 계속했다. 자신에게도 포도를 주는지 보려는 것이었다. 그러나 같은 일이 반복되고 차별 대우가 계속되자 원숭이 '가'는 점점 더 화가 났다. 자신은 매번 오이를 받는데 딴 원숭이는 포도를 받는 데 대한 불만이었다. '가'는 오이를 실험자에게 던지고 탁자를 치며 나중에는 화를 참지 못하고 우리를 흔들었다. 원숭이 '가'를 절망에 빠뜨리고 결국 폭력을 휘두르게 한 것은 불공정성 즉 똑같은 일에 대한 다른 보상이었다.

자유민주주의 사회에서 위험과 보상은 나누도록 되어 있다. 우리는 모두 논의와 결정에 참여할 동등한 권리를 통해 하나가 된다. 공정성은 민주주의 DNA의 일부다. 우리가 그 기본적인 공통의 도덕관념을 양보한다면 우리는 용기 있는 개인들이 함께 하나씩 하나씩 쌓아온 것을 파괴하기 시작하는 셈이다.

그러나 현대의 자유민주주의 국가들에서는 공정성에 관해 공개적으로 이야기하고 공정성을 높이는 정책을 진지하게 받아들이려는 사람이 너무 적다. 중도 및 좌파 정당들은 소득세제 변경과 노동자의 기술 향상 프로그램을 통한 온건한 재분배 정책을 비웃고 있다. 이것들은 본래, 그리고 그 자체로 좋은 아이디어다. 그러나 그것들은 변두리를 맴돌고 있다. 『가디언』의 폴 메이슨은 이렇게 쓰고 있다.

사회민주주의와 자유주의가 현재의 정책들로 만들어낼 수 있는 것

이라고는 거부의 요트와 극빈자 식량 배급소가 영원히 공존하는 것뿐이다.[51]

부의 불평등에 대처할 준비 없이는 공정성을 해치는 단단한 패턴을 변화시키지 못한다. 따라서 불평등에 대해 자세히 이야기하는 경제학자들은 근본적인 재분배 해법을 제기한다. 개인 재산에 대한 누진세, 자산 매각을 통한 일시적 소득에 매기는 역진적 부동산세, 모든 은행 거래의 투명성 강제 같은 것들이다.

이런 대담한 처방들은 현대의 정치 계급들에서 멀리 있는 것처럼 보인다. 그러나 결국 불평등 같은 사회 문제들에 대한 우리 사고방식은 정치의 근본적인 변신을 필요로 한다. 그리고 자유민주주의 사회에서 보다 근본적인 변신을 원한다면 우리는 그것을 직접 시작해야 한다. 그것이 20세기 역사가 보여준 것이다. 개인들이 공정성에 대한 관심을 드러내고 더 많은 분배의 평등을 요구하며 공정성을 옹호하기 위해 나아가는 것이다. 그리고 그들은 자기네의 요구가 어느 정도의 개인적인 희생을 수반한다는 것을 알고도 그렇게 했다.

오늘날 자유민주주의 국가들이 직면하고 있는 위기는 우리가 역사를 다시 읽으면서, 우리 사회가 세계적인 도전과 국내의 도전에 어떻게 대처할 것인가를, 그리고 세계에서 가장 훌륭한 정치체제를 만들어낸다는 명분으로 싸우는 구체적인 전투를 더 많이 배울 필요가 있음을 시사한다. 그러고 나서 우리는 그 역사를 현재 속으로 끌어들이고 거기에 우리의 현대적인 요소를 가미해야 할 것이다.

주 석

제1장 역사는 비틀려서 되풀이된다: 역사의 회귀

1. Timothy Garton Ash, *The Magic Lantern: The Revolution of 1989 Witnessed in Warsaw, Budapest, Berlin and Prague* (London, U.K: Random House, 1990), p. 62.

2. Francis Fukuyama, "The End of History", *National Interest* (Summer 1989).

3. *An Agenda for Peace*, Report of the Secretary General, UN doc. A/47/277, 17 June 1992.

4. Francis Fukuyama, "The End of History", *National Interest* (Summer 1989).

5. 예컨대 주권국가에 관한 초기 이론들 가운데 하나인 Jean Bodin, *Les six livres d la République (The Six Bookes of a Commonweale)*, edited by Christiane Frémont, Marie-Dominique Couzinet and Henri Rochais (Paris: Librairie Arthème Fayard, 1986), Book I, Chapters 8 및 10을 보라.

6. James Madison, Federalist Paper No. 10, "The Same Subject Continued: The Union as a Safeguard Against Domestic Faction and Insurrection", November 23, 1787. https://www.congress.gov/resources/display/content/The+Federalist+Papers#TheFederalistPapers-10에서 볼 수 있다.

7. John Dunn, *Setting the People Free: The Story of Democracy* (London, U. K.: Atlantic Books, 2005).

8. Jean-Jacques Rousseau, *The Social Contract*, edited by Maurice Cranston (New York: Penguin Classics, 1968), Book I, Chapter 6.

9. Christian Reus-Smit, *The Moral Purpose of the State* (Princeton, NJ: Princeton University Press, 1999), p. 128.

10. Lynn Festa, "Humanity without Feathers", *Humanity: An International Journal of Human Rights, Humanitarianism, and Development*, Vol. 1, No. 1 (2010), pp. 3 – 27.

11. *Jonathan Israel, A Revolution of the Mind: Radical Enlightenment and the Intellectual Origins of Modern Democracy* (Princeton, NJ: Princeton University Press, 2010).

12. Lynn Festa, "Humanity without Feathers", *Humanity: An International Journal of Human Rights, Humanitarianism, and Development*, Vol. 1, No. 1 (2010), pp. 3 – 27.

13. 이곳의 분석에서는 옥스퍼드대학에서 수집한 'Our World in Data'의 정보를 이용하고 있다. https://ourworldindata.org/democratisation/에서 볼 수 있다.

14. Robert Kagan, "Is Democracy in Decline?: *The Weight of Geopolitics*", *Journal of Democracy*, Vol. 26, No. 1 (2015), p. 23.

15. 같은 책, p. 23.

16. Samuel P. Huntington, *The Third Wave: Democratization in the Late Twentieth Century* (Norman, OK: University of Oklahoma Press, 1991).

17. John Dunn, *Setting the People Free: The Story of Democracy* (London, U.K.: Atlantic Books, 2005).

18. Samuel P. Huntington, *The Third Wave: Democratization in the Late Twentieth Century* (Norman, OK: University of Oklahoma Press, 1991).

19. Robert Kagan, "Is Democracy in Decline?: *The Weight of Geopolitics*", *Journal of Democracy*, Vol. 26, No. 1 (2015), p. 27.

20. Francis Fukuyama, "The End of History", *National Interest* (Summer 1989).

21. Eliane Glaser, "Bring Back Ideology", *Guardian*, 21 March 2014.

22. Walter Russell Mead, "The Return of Geopolitics", *Foreign Affairs*, May/June 2014.

23. 난민 수는 이산(離散)을 추적해 기록하기 시작한 이래 최고치다. United Nations

High Commissioner for Refugees, "Global Trends 2015"를 보라. http://www.
unhcr.org/news/latest/2016/6/5763b65a4/global-forced-displacement-hits-
record-high.html에서 볼 수 있다.

24. Timothy Garton Ash, "Europe's Walls Are Going Back Up—It's Like 1989 In
Reverse", *Guardian*, 29 November 2015.

25. Francis Fukuyama, "At the 'End of History' Still Stands Democracy", *Wall
Street Journal*, 6 June 2014.

26. *Freedom in the World 2016*. 전문은 https://freedomhouse.org/report/free
dom-world/freedom-world-2016에서 볼 수 있다.

27. Larry Diamond, "Facing Up to the Democratic Recession", *Journal of Demo-
cracy*, Vol. 26, No. 1 (January 2015), pp. 141–155.

28. Michelle Shephard, "The Daesh Files: Database Provides Snapshot of Recruits,
Toronto Star, 30 May 2016. https://www.thestar.com/news/atkinsonseries/
generation911/2016/05/30/the-daesh-files-database-provides-snapshot-of-
recruits.html에서 볼 수 있다.

29. Fareed Zakaria, "The Rise of Illiberal Democracy", *Foreign Affairs*, Vol. 76,
No. 6 (1997), pp. 22–43.

30. 같은 책, p. 40.

31. Sidney Verba, "Fairness, Equality, and Democracy: Three Big Words", *Social
Research*, Vol. 73, No. 2 (2006), pp. 499–440.

32. OECD, *Focus on Inequality and Growth*, December 2014.

33. Thomas Piketty, *Capital in the Twenty-First Century*, translated by Arthur
Goldhammer (Cambridge, MA: The Belknap Press of Harvard University
Press, 2014).

34. Institute for International Strategic Studies, *Armed Conflict Survey 2015*.
https://www.iiss.org/en/topics/armed-conflict-survey/armed-conflict-
survey-2015-46e5에서 볼 수 있다.

35. Eric Melander, "Organized Violence in the World 2015: An Assessment by the Uppsala Conflict Data Program", Uppsala, 2015. http://www.pcr.uu.se/data/overview_ucdp_data/에서 볼 수 있다.

36. "Civilians Under Fire", *Interaction*, Policy Brief, February 2016. http://www.interaction.org에서 볼 수 있다.

37. Walter Russell Mead, "The Return of Geopolitics", *Foreign Affairs*, May/June 2014. https://www.foreignaffairs.com/articles/china/2014-04-17/return-geopolitics에서 볼 수 있다.

38. 같은 책.

39. William McCants, *The ISIS Apocalypse: The History, Strategy and Doomsday Vision of the Islamic State* (New York: St. Martin's Press, 2015).

40. Aatish Taseer, "The Return of History", *International New York Times*, 12 – 13 December 2015.

41. Francis Fukuyama, "At the 'End of History' Still Stands Democracy", *Wall Street Journal*, 6 June 2014. http://www.wsj.com/articles/at-the-end-of-history-still-stands-democracy-1402080661에서 볼 수 있다.

42. Robert Kagan, "Is Democracy in Decline?: The Weight of Geopolitics", *Journal of Democracy*, Vol. 26, No. 1 (2015), p. 23.

43. 이 이야기는 Timothy Garton Ash, "1989!", *New York Review of Books*, October 2009에 나와 있다.

44. Mary Elise Sarotte, *1989: The Struggle to Create Post-Cold War Europe* (Princeton, NJ: Princeton University Press, 2009).

45. Michael Meyer, *The Year that Changed the World: The Untold Story Behind the Fall of the Berlin Wall* (New York: Simon and Schuster, 2009).

46. David Runciman, *The Confidence Trap: A History of Democracy in Crisis from World War I to the Present* (Princeton, NJ: Princeton University Press, 2014).

제2장 IS는 중세의 괴물인가?: 야만의 회귀

1. 'Our Generation is Gone'—The Islamic State's Targeting of Iraqi Minorities in Ninewa", *Bearing Witness* Trip Report, U.S. Holocaust Memorial Museum and Simon-Skjodt Center for the Prevention of Genocide, November 2015.

2. *The Global Terrorism Index 2015*, Institute for Economics and Peace. http://economicsandpeace.org/wp-content/uploads/2015/11/Global-Terrorism-Index-2015.pdf에서 볼 수 있다.

3. Sheri Berman, "In Political Development, No Gain Without Pain", *Foreign Affairs*, January/February 2013.

4. *The Iraq Inquiry*, July 2016. 전문은 http://www.iraqinquiry.org.uk에서 볼 수 있다.

5. Report of the United Nations Office of the High Commissioner for Human Rights on the human rights situation in Iraq in light of abuses committed by the so-called Islamic State in Iraq and the Levant and associated groups, A/HRC/28/18, 13 March 2015.

6. Hugo Slim, *Killing Civilians: Method, Madness and Morality in War* (London: Hurst, 2007).

7. Richard Tuck, *The Rights of War and Peace: Political Theory and the International Order from Grotius to Kant* (Oxford, U.K.: Oxford University Press, 1999).

8. John Fabian Witt, "Two Conceptions of Suffering in War", in Austrian Sarat, ed., *Knowing the Suffering of Others* (Tuscaloosa: University of Alabama Press, 2014), pp. 129–157.

9. Hugo Slim, "Civilians, Distinction and the Compassionate View of War", in Marc Weller, Haidi Willmot, and Ralph Mamiya, eds., *The Protection of Civilians in International Law* (Oxford, U.K.: Oxford University Press, 2015).

10. John Fabian Witt, *Lincoln's Code: The Laws of War in American History* (New

York: Free Press, 2012).

11. Graeme Wood, "What ISIS Really Wants", *The Atlantic*, 15 March 2015. http://www.theatlantic.com/magazine/archive/2015/03/what-isis-really-wants/384980/에서 볼 수 있다.

12. Bernard Haykel, 같은 책.

13. James Meek, "After the Vote", *London Review of Books*, Vol. 37, No. 24 (December 2015).

14. Graeme Wood, "What ISIS Really Wants", *The Atlantic*, 15 March 2015. http://www.theatlantic.com/magazine/archive/2015/03/what-isis-really-wants/384980/

15. Margaret Coker, "How Islamic State's Win in Ramadi Reveals New Weapons, Tactical Sophistication and Prowess", *Wall Street Journal*, 25 May 2015.

16. Rukmini Callimachi, "To Maintain Supply of Sex Slaves, ISIS Pushes Birth Control", *New York Times*, 12 March 2016.

17. Plan of Action to Prevent Violent Extremism, Report of the United Nations Secretary General, UN doc. A/70/674, 24 December 2015.

18. David Malet, *Foreign Fighters: Transnational Identity in Civil Conflicts* (New York: Oxford University Press, 2013).

19. Olivier Roy, "What Is the Driving Force Behind Jihadi Terrorism?" Paper presented to theBundeskriminalamt Autumn Conference, Mainz, Germany, 18–19 November 2015.

20. *The Iraq Inquiry*를 보라. http://www.iraqinquiry.org.uk.

21. Adam Hanieh, "A Brief History of ISIS", *Jacobin*, 3 December 2015. https://www.jacobinmag.com/2015/12/isis-syria-iraq-war-al-qaeda-arab-spring/에서 볼수 있다.

22. Hugo Slim, "Civilians, Distinction and the Compassionate View of War", in Marc Weller, Haidi Willmot, and Ralph Mamiya, eds., *The Protection*

of Civilians in International Law (Oxford, U.K.: Oxford University Press, 2015).

23. International Committee of the Red Cross, "Interpretive Guidance on the Notion of Direct Participation in Hostilities under International Humanitarian Law" (Geneva, 2009).

24. "Attacks on Ghouta: Analysis of Alleged Use of Chemical Weapons in Syria", *Human Rights Watch*, 10 September 2013.

25. "United Nations Mission to Investigate Allegations of the Use of Chemical Weapons in the Syrian Arab Republic—Report on the Alleged Use of Chemical Weapons in the Ghouta Area of Damascus on 21 August 2013." UN doc A/67/997, 16 September 2013. http://www.un.org/zh/focus/northafrica/cwinvestigation.pdf에서 볼 수 있다.

26. 2013년 8월 21일 다마스쿠스의 고타 지역에서 발생한 사건에 관한 'UN 화학무기 사용 혐의 조사단'의 보고서를 두고 2013년 9월 16일 반기문 사무총장이 안전보장 이사회에서 한 발언. http://www.un.org/sg/statements/index.asp?nid=7083 에서 볼 수 있다.

27. "Syria/Syrian Chemical Programme—National Executive Summary of De-classified Intelligence", Paris, France, 3 September 2013. http://www.diplo matie.gouv.fr/en/IMG/pdf/Syrian_Chemical_Programme.pdf에서 볼 수 있다.

28. "Syria Chemical Attack: What We Know", BBC News, 24 September 2013. http://www.bbc.com/news/world-middle-east-23927399에서 볼 수 있다.

29. George H. Cassar, *Hell in Flanders: Canadians at the Second Battle of Ypres* (Toronto: Dundurn, 2010)에서 재인용.

30. "One Humanity: Shared Responsibility." 세계 인도주의 정상회담에서의 UN 사무총장 보고 (A/70/709), para 23.

31. Helen Durham, "Atrocities in conflict mean we need the Geneva Conventions more than ever", *Guardian*, 5 May 2016.

32. Hugo Slim, "Civilians, Distinction and the Compassionate View of War", in Marc Weller, Haidi Willmot, and Ralph Mamiya, eds., *The Protection of Civilians in International Law* (Oxford, U.K.: Oxford University Press, 2015).

33. *Anna Reid, Leningrad: Tragedy of a City Under Siege, 1941–1944* (London, U.K.: Bloomsbury, 2011).

제3장 당신의 국경 안에 들어가도 되겠습니까: 대량 탈주의 회귀

1. http://www.theguardian.com/world/2015/dec/31/alankurdi–death–canada–refugee–policy–syria–boy–beach–turkey–photo?CMP=fb_gu

2. http://www.theguardian.com/world/2015/sep/03/refugee–crisis–friends–and–family–fill–in–gaps–behind–harrowing–images

3. http://www.theguardian.com/world/2015/dec/31/alan–kurdi–death–canada–refugee–policy–syria–boy–beach–turkey–photo?CMP=fb_gu

4. http://www.ctvnews.ca/world/they–were–all–dead–abdullah–kurdi–describes–losing–his–family–at–sea–1.2546299

5. http://www.npr.org/sections/thetwo–way/2015/11/28/457697276/relatives–of–drowned–syrian–boy–will–move–to–canada

6. *UNHCR Global Trends: Forced Displacement in 2015*. https://s3.amazonaws.com/unhcrsharedmedia/2016/2016-06-20-global-trends/2016-06-14-Global-Trends-2015.pdf에서 검색할 수 있다.

7. http://missingmigrants.iom.int

8. Frank Dikötter, *The Cultural Revolution: A People's History, 1962–1976* (London, U.K.: Bloomsbury, 2016).

9. Marí–Teresa Gil-Bazo, "Asylum as a General Principle of International Law", *International Journal of Refugee Law*, Vol. 27, No. 1 (2015), pp. 20 – 22.

10. 같은 책.

11. Emma Haddad, *The Refugee in International Society: Between Sovereigns* (Cambridge, U.K.: Cambridge University Press, 2008), pp. 51-53.

12. María-Teresa Gil-Bazo, "Asylum as a General Principle of International Law", *International Journal of Refugee Law*, Vol. 27, No. 1 (2015), p. 23.

13. Marjoleine Zieck, "The 1956 Hungarian Refugee Emergency, an Early and Instructive Case of Resettlement", *Amsterdam Law Forum*, Vol. 5 No. 2 (2013), pp. 45-63.

14. *Gary Sheffield, A Short History of the First World War* (London, U.K.: One-world, 2014). 또한 BBC 라디오 프로그램 Start the Week에서 방영된 역사가 Hew Strachan의 1914년 벨기에인 이주에 관한 논의를 보라. http://www.bbc. co.uk/programmes/b07bb89x에서 볼 수 있다.

15. Anna Holian and G. Daniel Cohen, "Introduction to Special Issue: The Refugee in the Postwar World, 1945-1960", *Journal of Refugee Studies*, Vol. 25, No. 3 (2012), pp. 313-325를 보라.

16. UNHCR의 역사에 관해서는 Gil Loescher, "UNHCR and Forced Migration", in Elena Fiddian-Qasmiyeh, Gil Loescher, Katy Long, and Nando Sigona, eds., *The Oxford Handbook of Refugee and Forced Migration Studies* (Oxford, U.K.: Oxford University Press, 2014)를 보라.

17. 같은 책.

18. http://www.historylearningsite.co.uk/vietnam-war/vietnamese-boat-people/

19. http://www.grida.no/graphicslib/detail/refugees-and-displaced-people-from-the-former-yugoslavia-since-1991_0c5a

20. *UNHCR Global Trends: Forced Displacement in 2015.* https://s3.amazonaws. com/unhcrsharedmedia/2016/2016-06-20-global-trends/2016-06-14-Global-Trends-2015.pdf에서 볼 수 있다.

21. 같은 책.

22. 상위 5개국은 터키(250만 명), 파키스탄(160만 명), 레바논(110만 명), 이란(97만 9,400명), 에티오피아(73만 6,100명)였고, 6위는 요르단(66만 4,100명)이었다.

23. Jodi Kantor and Catrin Einhorn, "Refugees Encounter a Foreign Word: Welcome", *New York Times*, 1 July 2016. http://www.nytimes.com/2016/07/01/world/americas/canada-syrian-refugees.html?_r=0에서 볼 수 있다.

24. http/www.zeit.de/politik/deutschland/2015-11/anti-immigrant-violence-germany

25. Standard Eurobarometer 84. http://ec.europa.eu/COMMFrontOffice/Public Opinion/index.cfm/Survey/getSurveyDetail/instruments/STANDARD/surveyKy/2098에서 볼 수 있다.

26. 협정의 개관을 위해서는 http://www.bbc.com/news/world-europe-35854413 을 보라.

27. http://www.marina.difesa.it/EN/operat ions/Pagine/MareNostrum.aspx

28. 예를 들어 영국 상원에서 발표한 소피아 작전에 관한 보고서를 보라. http://www.publications.parliament.uk/pa/ld201516/ldselect/ldeucom/144/14404.htm#_idTextAnchor005에서 볼 수 있다.

29. Patrick Kingsley, "More than 700 migrants feared dead in three Mediterranean sinkings", *Guardian*, 29 May 2016. https://www.theguardian.com/world/2016/may/29/700-migrants-feared-dead-mediterranean-says-un-refugees에서 볼 수 있다.

30. *Obstacle Course to Europe: A Policy-Made Humanitarian Crisis at EU Borders*, Médecins Sans Frontières, December 2015. http://www.msf.org/sites/msf.org/files/msf_obstacle_course_to_europe.pdf에서 볼 수 있다.

31. '혼류' 현상에 대한 개관을 위해서는 Nicholas Van Hear, Rebecca Brubaker and Thais Bessa, "Managing Mobility for Human Development: The Growing Salience of Mixed Migration", *Human Development Research Paper 2009/20*.

United Nations Development Program을 보라. https://mpra.ub.uni-muen chen.de/19202/1/MPRA_paper_19202.pdf에서 볼 수 있다.

32. http://www.wired.com/2015/12/smartphone-syrian-refugee-crisis/

33. http://www.independent.ie/business/technology/news/how-tech-firms-are-helping-to-solve-the-refugee-crisis-34262301.html

34. http://news.psu.edu/story/350156/2015/03/26/research/ist-researchers-explore-technology-use-syrian-refugee-camp

35. http://europe.newsweek.com/five-ways-technology-helping-refugee-crisis-333741

36. Thomas Grammeltoft-Hansen, *Access to Asylum: International Refugee Law and the Globalisation of Migration Control* (Cambridge, U.K.: Cambridge University Press, 2011).

37. Ruth Wodak, *The Politics of Fear: What Right-Wing Populist Discourses Mean* (Thousand Oaks, CA: Sage Publications, 2015).

38. Joanne van Selm, "Resettlement", in Elena Fiddian-Qasmiyeh, Gil Loescher, Katy Long, and Nando Sigona, eds., *The Oxford Handbook of Refugee and Forced Migration Studies* (Oxford, U.K.: Oxford University Press, 2014), p. 514.

39. Eiko Thielemann, *Does Policy Matter? On Governments' Attempts to Control Unwanted Migration*. IIIS Discussion Paper No. 9 (2003). http://papers.ssrn.com/sol3/papers.cfm?abstract_id=495631에서 볼 수 있다.

40. Michael Ignatieff, *The Rights Revolution*, 2nd Edition (Toronto: House of Anansi Press, 2007).

41. *The United States and the Syrian Refugee Crisis: A Plan of Action*, Shorenstein Center on Media, Politics, and Public Policy, Harvard University, January 2016에 나오는 이 위험에 대한 논의를 보라. http://shorensteincenter.org/united -states-syrian-refugee-crisis-plan-action/에서 볼 수 있다.

42. http://migrationpolicycentre.eu/docs/policy_brief/P.B.2015-12.pdf?utm_
source = MPC + Newsletter & utm_campaign = 5d651e0cf8-New_MPC_
Policy_Brief_12_22_2015 & utm_medium = email & utm_term = 0_5739ea1f8b-
5d651e0cf8-40570957

43. Laura Hammond, "'Voluntary' Repatriation and Reintegration", in Elena
Fiddian-Qasmiyeh, Gil Loescher, Katy Long, and Nando Sigona, eds., *The
Oxford Handbook of Refugee and Forced Migration Studies* (Oxford, U.K.:
Oxford University Press, 2014).

44. Seyla Benhabib, *The Rights of Others: Aliens, Residents, and Citizens* (Camb-
ridge, U.K.: Cambridge University Press, 2004), p. 87.

45. 전자의 사례로 Michael Walzer, *Spheres of Justice: A Defense of Pluralism and
Equality* (New York: Basic Books, 1984)를, 후자의 사례로 Joseph Carens,
"Aliens and Citizens: The Case for Open Borders", *The Review of Politics*,
Vol. 49, No. 2 (1987), pp. 251–273를 보라.

46. Garrett Hardin, "Lifeboat Ethics: The Case against Helping the Poor",
Psychology Today, Vol. 8, No. 4 (1974). http://web.ntpu.edu.tw/~language/
course/research/lifeboat.pdf에서 볼 수 있다.

47. http://www.utilitarian.net/singer/by/199704--htm

48. Anna Badkhen, "The New Reorder", *Foreign Policy*, Vol. 216 (January/
February 2016).

49. Alexander Betts, *Survival Migration: Failed Governance and the Crisis of
Displacement* (Ithaca, NY: Cornell University Press, 2013).

50. Seyla Benhabib, *The Rights of Others: Aliens, Residents, and Citizens* (Cam-
bridge, U.K.: Cambridge University Press, 2004), p. 221.

제4장 푸틴의 러시아를 어떻게 할 것인가: 냉전의 회귀

1. Louis Charbonneau, "Russia: Yanukovych asked Putin to Use Force to Save Ukraine", Reuters, 3 March 2014. http://www.reuters.com/article/us-ukraine-crisis-unidUSBREA2224720140304에서 볼 수 있다.

2. 냉전 동안 미국과 소련이 내세운 명분의 사례로는 Thomas M. Franck and Edward Weisband, *Word Politics: Verbal Strategy Among the Superpowers* (Oxford, U.K.: Oxford University Press, 1972)를 보라.

3. Melvyn Leffler, *For the Soul of Mankind: The United States, the Soviet Union, and the Cold War* (New York: Hill and Wang, 2007).

4. Chrystia Freeland, *Sale of the Century: Russia's Wild Ride from Communism to Capitalism* (New York: Crown Business, 2000).

5. http://foreignpolicy.com/2014/03/04/welcome-to-cold-war-ii/

6. http://www.theguardian.com/world/2014/nov/19/new-cold-war-back-to-bad-old-days-russia-west-putin-ukraine

7. George F. Kennan, "The Long Telegram", February 1946. 이 전문은 그 뒤에 수정되고 X라는 필명으로 발표되어 'X 논문(X Article)'으로 널리 알려졌다. "The Sources of Soviet Conduct", *Foreign Affairs,* Vol. 25, No. 4 (1947), pp. 566–582.

8. Strobe Talbott, "The Making of Vladimir Putin", *Politico Magazine,* 19 April 2014.

9. Liudas Zdanavičius and Matthew Czekaj, eds., *Russia's Zapad 2013 Military Exercise: Lessons for Baltic Regional Security* (Jamestown Foundation, 2015). http://www.jamestown.org/uploads/media/Zapad_2013_–_Full_online_final.pdf에서 볼 수 있다.

10. http://www.europeanleadershipnetwork.org/medialibrary/2014/11/09/6375 e3da/Dangerous%20Brinkmanship.pdf

11. Office of the United Nations High Commissioner for Human Rights, *Report on the Human Rights Situation in Ukraine, 16 November 2015 to 15 February 2016*. http://www.ohchr.org/Documents/Countries/UA/Ukraine_13th_ HRMMU_Report_3March2016.pdf에서 볼 수 있다.

12. Somini Sengupta, "Russian Foreign Minister Defends Airstrikes in Syria", *New York Times*, 1 October 2015. http://www.nytimes.com/2015/10/02/wor ld/europe/russia-airstrikes-syria-assad.html에서 볼 수 있다.

13. "Taking Sides: Major Split in the UNSC after Syria Veto", *Russia Today*, 5 February 2012. https://www.rt.com/news/lavrov-clinton-syria-resolution -517/에서 볼 수 있다.

14. http://www.syriahr.com/en/2016/03/31/russian-warplaneskill-5081- civilians-40-of-them-were-civilians/

15. John Lewis Gaddis, *Strategies of Containment* (Oxford, U.K.: Oxford University Press, 1982), Chapter Two.

16. http://www.energypost.eu/case-nord-stream-2/

17. http://www.fiia.fi/en/publication/571/dividing_the_eu_with_energy/

18. Edward Lucas, *The New Cold War: Putin's Russia and the Threat to the West*, 3rd edition (New York: Palgrave Macmillan, 2014); and Lucas Kello, "The Meaning of the Cyber Revolution: Perils to Theory and Statecraft", *International Security*, Vol. 38, No. 2 (Fall 2013), pp. 7–40.

19. https://www.fbi.gov/news/stories/2011/october/russian_103111/russian_ 103111

20. http://www.reuters.com/article/us-usa-russia-put-in-idUSKCN0PE0CO 20150704

21. John Lewis Gaddis, *We Now Know: Rethinking Cold War History* (Oxford, U.K.: Oxford University Press, 1997), p. 291.

22. 같은 책., p. 152.

23. Halford J. Mackinder, "The Geographical Pivot of History" in *Democratic Ideals and Reality* (New York: Norton and Company, 1962).

24. Walter Russell Mead, "The Return of Geopolitics", *Foreign Affairs*, Vol. 93, No. 3 (May/June 2014).

25. Alexis de Tocqueville, *Democracy in America*, ed. J. P. Mayer, trans. George Lawrence (New York: Doubleday, 1969), pp. 412 – 413.

26. Edward Lucas, *The New Cold War: Putin's Russia and the Threat to the West*, 3rd edition (New York: Palgrave Macmillan, 2014).

27. James Stavridis, "Are We Entering a New Cold War? It's Not a Strong Russia We Should Fear, But a Weak One", *Foreign Policy*, 16 February 2016. http://foreignpolicy.com/2016/02/17/are-we-entering-a-new-cold-war-russia-europe/에서 볼 수 있다.

28. Robert Legvold, "Managing the New Cold War: What Moscow and Washington Can Learn from the Last One", *Foreign Affairs*, Vol. 93, No. 4 (2014). https://www.foreignaffairs.com/articles/united-states/2014-06-16/managing-new-cold-war에서 볼 수 있다.

29. Andrew Kuchins, "Crimea One Year On: Where Does Russia Go Now?" *Center for Strategic and International Studies*, Vol. 18 (March 2015).

30. James Stavridis, "Are We Entering a New Cold War? It's Not a Strong Russia We Should Fear, But a Weak One", *Foreign Policy*, 16 February 2016. http://foreignpolicy.com/2016/02/17/are-we-entering-a-new-cold-war-russia-europe/에서 볼 수 있다.

31. Michael McFaul, "Putin the (Not So) Great", *Politico Magazine,* 4 August 2014.

32. Sergey Karaganov, "Europe and Russia: Preventing a New Cold War", *Russia in Global Affairs*, No. 2 (April/June 2014). http://eng.globalaffairs.ru/number/Europe-and-Russia-Preventing-a-New-Cold-War-16701에서 볼 수 있다.

33. http://www.ecfr.eu/article/commentary_in_search_of_russias_elusive_
repression_strategy_6021. 이런 활동들을 금지한 러시아 법령은 러시아연방 형
법 제280조와 제282조다.

34. http://news.bbc.co.uk/2/hi/europe/7124585.stm

35. https://www.amnesty.org/en/press-releases/2007/11/russian-federation-
systematic-repression-eve-elections-20071128/

36. http://www.theguardian.com/world/2012/mar/05/russian-election-skewed-
putin-favour

37. http://www.osce.org/odihr/elections/88661

38. http://www.forbes.com/sites/paulroderickgregory/2016/03/14/putin
-changes-september-election-rules-to-prop-up-his-unite-drussia-
party/#7e6b61c958a2

39. Edward Lucas, *The New Cold War: Putin's Russia and the Threat to the West*,
3rd edition (New York: Palgrave Macmillan, 2014).

40. http://www.nytimes.com/2016/01/22/world/europe/alexander-litvinenko-
poisoning-inquiry-britain.html?_r=0

41. http://www.themoscowtimes.com/article/502258.html

42. http://www.theatlantic.com/international/archive/2015/04/how-the-media-
became-putins-most-powerful-weapon/391062/

43. Edward Lucas, *The New Cold War: Putin's Russia and the Threat to the West*,
3rd edition (New York: Palgrave Macmillan, 2014).

44. Maya Atwal and Edwin Bacon, "The Youth Movement Nashi: Contentious
Politics, Civil Society, and Party Politics", *East European Politics*, Vol. 28,
No. 3 (2012), pp. 256 – 266.

45. Robert Kagan, "The End of the End of History", *The New Republic*, 23 April
2008.

46. Edward Lucas, *The New Cold War: Putin's Russia and the Threat to the West*,

3rd edition (New York: Palgrave Macmillan, 2014).

47. https://www.wilsoncenter.org/publication/putin-and-the-russian-tradition-illiberal-democratic#sthash.3t29Kguf.dpuf

48. http://www.theguardian.com/world/datablog/2015/jul/23/vladimir-putins-approval-rating-at-record-levels

49. Sergey Lavrov, "The Present and the Future of Global Politics", *Russia in Global Affairs*, No. 2, April/June 2007. http://eng.globalaffairs.ru/print/number/n_8554에서 볼 수 있다.

50. Fareed Zakaria, *The Future of Freedom: Illiberal Democracy at Home and Abroad* (New York: W. W. Norton, 2001).

51. Edward Lucas, *The New Cold War: Putin's Russia and the Threat to the West*, 3rd edition (New York: Palgrave Macmillan, 2014), p. 6.

52. Vladislav Surkov, "Nationalization of the Future" (2006), cited in Andrey Okara, "Sovereign Democracy: A New Russian Idea or a PR Project?" *Russia in Global Affairs*, No. 3, 2007. http://eng.globalaffairs.ru/number/n_9123에서 볼 수 있다.

53. Ivan Krastev, "'Sovereign Democracy', Russian Style", *Open Democracy*, 16 November 2006. https://www.opendemocracy.net/globalization-institutions_government/sovereign_democracy_4104.jsp을 보라.

54. Edward Lucas, *The New Cold War: Putin's Russia and the Threat to the West*, 3rd edition (New York: Palgrave Macmillan, 2014), pp. 156–157.

55. Leonid Polyakov, "Sovereign Democracy as a Concept for Russia", *Russia Beyond the Headlines*, 24 October 2007. http://rbth.com/articles/2007/10/25/sovereigndemocracy_as_a_concept_for_russia.html에서 볼 수 있다.

56. Robert Kagan, "The End of the End of History", *The New Republic*, 23 April 2008.

57. http://www.theguardian.com/commentisfree/2014/dec/08/russia-europe-

right-putin-front-national-eu

58. http://www.kormany.hu/en/the-prime-minister/the-prime-minister-s-speeches/prime-minister-viktor-orban-s-speech-at-the-25th-balvanyos-summer-free-university-and-student-camp

59. http://www.independent.co.uk/news/world/europe/greece-crisis-alexis-tsipras-woos-vladmir-putin-as-greeks-rush-for-their-savings-10333104.html

60. http://www.nytimes.com/2014/05/21/opinion/bittner-putin-mr-putins-far-right-friends.html?_r=0

61. Samuel Charap and Jeremy Shapiro, "How to Avoid a New Cold War", *Current History* (October 2014), pp. 265 –271.

62. 이런 관점을 강력하게 내세운 것으로는 John Mearsheimer, "Why the Ukraine Crisis is the West's Fault: Liberal Delusions that Provoked Putin", *Foreign Affairs*, Vol. 93, No. 5 (2014)를 보라.

63. Robert Kagan, "The End of the End of History", *The New Republic*, 23 April 2008.

64. George F. Kennan, cited in Gaddis, *Strategies of Containment*, p. 35.

제5장 "우리는 99%다": 불평등의 회귀

1. George F. Kennan, "The Long Telegram", February 1946.

2. 이 수치는 미국 인구조사 자료를 바탕으로 한 것이다. http://carseyinstitute.unh.edu/publication/IB-Same-Day-Child-Poverty-2012에 나오는 카시연구소가 수행한 연구를 보라.

3. Joseph E. Stiglitz, *The Price of Inequality: How Today's Divided Society Endangers Our Future* (W. W. Norton, 2012); and ThomasPiketty, *Capital in the Twenty-First Century*, translated by Arthur Goldhammer (Cambridge,

MA: The Belknap Press of Harvard University Press, 2014).

4. George F. Kennan, "The Long Telegram", February 1946.

5. Branko Milanović *Global Inequality: A New Approach for the Age of Globalization* (Cambridge, MA: Harvard University Press, 2016).

6. Thomas Piketty, *Capital in the Twenty-First Century*, translated by Arthur Goldhammer (Cambridge, MA: The Belknap Press of Harvard University Press, 2014), pp. 41 – 42.

7. 같은 책, pp. 35 – 36.

8. Göan Therborn, *The Killing Fields of Inequality* (Cambridge, U.K.: Polity Press, 2013).

9. Joseph E. Stiglitz, *Rewriting the Rules of the American Economy: An Agenda for Growth and Shared Prosperity* (London, U.K.: W. W. Norton & Company, 2015).

10. Facundo Alvaredo, Anthony B. Atkinson, Thomas Piketty, Emmanuel Saez, and Gabriel Zucman, *The World Wealth and Income Database*. http://www.wid.world/에서 볼 수 있다.

11. Chrystia Freeland, *Plutocrats: The Rise of the New Global Super-Rich and the Fall of Everyone Else* (New York: Penguin, 2012).

12. OECD, *Focus on Inequality and Growth*, December 2014.

13. Keith Banting and John Myles, eds:, *Inequality and the Fading of Redistributive Politics* (Vancouver, B.C.: University of British Columbia Press, 2013).

14. Thomas Lemieux and W. Craig Riddell, "Who are Canada's Top 1%?" Institute for Research on Public Policy, 9 July 2015. http://irpp.org/research-studies/aots5-riddell-lemieux/?mc_cid=98dd3664a8&mc_eid=6e34c36680 에서 볼 수 있다.

15. https://www.thestar.com/news/gta/2015/02/27/toronto-nowcanadas-inequality-capital-united-way-study-shows.html

16. http://3cities.neighbourhoodchange.ca에서 볼 수 있다.

17. Benjamin Disraeli, *Sybil, or the Nations*, Oxford World Classics paperback edition (Oxford: Oxford University Press, 1998), p. 66.

18. Thomas Piketty, *Capital in the Twenty-First Century*, translated by Arthur Goldhammer (Cambridge, MA: The Belknap Press of Harvard University Press, 2014), p. 8.

19. Paul Krugman, "Why We're In A New Gilded Age", *New York Review of Books*, 8 May 2014. http://www.nybooks.com/articles/2014/05/08/thomas-piketty-new-gilded-age/에서 볼 수 있다.

20. Branko Milanović, *Global Inequality: A New Approach for the Age of Globalization* (Cambridge, MA: Harvard University Press, 2016).

21. Cited in Christian Schweiger, *The EU and the Global Financial Crisis: New Varieties of Capitalism* (Cheltenham, U.K.: Edward Elgar Publishing, 2014), p. 96.

22. Joseph E. Stiglitz, *The Great Divide* (London, U.K.: Allen Lane, 2015).

23. Joseph E. Stiglitz and Linda J. Bilmes, "The Book of Jobs", *Vanity Fair*, 6 December 2011. http://www.vanityfair.com/news/2012/01/stiglitz-depression-201201에서 볼 수 있다.

24. 예를 들어 Andrew Berg and Jonathan Ostry, "Inequality and Unsustainable Growth: Two Sides of the Same Coin?" International Monetary Fund Staff Discussion Note No. 11/08, April 2011: International Monetary Fund, "Fiscal Policy and Income Inequality", Policy Paper, 23 January 2014를 보라. http://www.imf.org/external/np/pp/eng/2014/012314.pdf에서 볼 수 있다.

25. OECD, "How's Life", 23 October 2015. http://www.oecd.org/std/how-s-life-23089679.htm에서 볼 수 있다.

26. Richard Wilkinson and Kate Pickett, *The Spirit Level: Why More Equal Societies Almost Always Do Better* (London: Allen Lane, 2009).

27. Branko Milanović, *Global Inequality: A New Approach for the Age of Globalization* (Cambridge, MA: Harvard University Press, 2016).

28. Joseph E. Stiglitz, *The Price of Inequality: How Today's Divided Society Endangers Our Future* (W. W. Norton, 2012), p. 384.

29. 예를 들어 Tom Englehardt, "5 Signs America is Devolving into a Plutocracy", *Salon*, 22 March 2015를 보라. http://www.salon.com/2015/03/22/5_signs_america_is_devolving_into_a_plutocracy_partner/에서 볼 수 있다.

30. Michael Brenner, "Plutocracy in America", *Huffington Post*, 1 April 2013. http://www.huffingtonpost.com/michael-brenner/plutocracy-in-america_b_2992965.html에서 볼 수 있다.

31. Martin Gilens, *Affluence and Influence: Economic Inequality and Political Power in America* (Princeton, NJ: Princeton University Press, 2014).

32. Steve Fraser, *The Age of Acquiescence: The Life and Death of American Resistance to Organized Wealth and Power* (New York: Little, Brown, 2015).

33. Media Reform Coalition, "The Media's Attack on Corbyn", 26 November 2015를 보라. http://www.mediareform.org.uk/press-ethics-and-regulation/the-medias-attack-on-corbyn-research-shows-barrage-of-negative-coverage에서 볼 수 있다.

34. Martin Kettle, "For Labour the Choice Is Stark: Purity or Power", *Guardian*, 25 June 2015.

35. Paul Myerscough, "Corbyn in the Media", *London Review of Books*, Vol. 37, No. 2 (October 2015), pp. 8-9.

36. Joseph E. Stiglitz, *The Price of Inequality: How Today's Divided Society Endangers Our Future* (W. W. Norton, 2012).

37. Thomas Rainsborough, "The Putney Debates: The Debate on the Franchise (1647)", in *Divine Right and Democracy*, ed. David Wooton (Harmondsworth: Penguin, 1986), pp. 285-317.

38. Marshall Steinbaum, "Should the Middle Class Fear the World's Poor?" *Boston Review*, 11 May 2016.

39. 손실 회피에 대한 초기의 설명은 Daniel Kahneman and Amos Tversky, "Prospect Theory: An Analysis of Decision Under Risk", *Econometrica*, Vol. 47 (1979), pp. 263 – 291에서 볼 수 있다.

40. H. G. Wells, *The Shape of Things to Come* (London, U.K.: Penguin Classics, 2005), Chapter 14.

41. David Runciman, "The Confidence Trap", *Foreign Policy*, 17 October 2013. http://foreignpolicy.com/2013/10/17/the-confidence-trap/에서 볼 수 있다. 또한 그의 전체 연구서 *The Confidence Trap: A History of Democracy in Crisis from World War I to the Present*를 보라.

42. 같은 책.

43. 같은 책.

44. David Runciman, *The Confidence Trap: A History of Democracy in Crisis from World War I to the Present* (Princeton, NJ: Princeton University Press, 2013), p. 29.

45. *Churchill By Himself: The Definitive Collection of Quotations*, Richard Langworth, ed. (New York: Public Affairs, 2008), p. 574.

46. Paul K. Piff, "Wealth and the Inflated Self: Class, Entitlement, and Narcissism", *Personality and Social Psychology Bulletin*, Vol. 40, No. 1 (2014), pp. 34 – 43; and Paul K. Piff et al., "Higher Social Class Predicts Increased Unethical Behavior", *Proceedings of the National Academy of Sciences of the USA*, Vol. 109, No. 11 (March 2012), pp. 4086 – 4091.

47. Michael W. Kraus, Stéphan Côté and Dacher Keltner, "Social Class, Contextualism, and Empathetic Accuracy", *Psychological Science*, Vol. 21 (2010), pp. 1716 – 1723.

48. Paul K. Piff, "Wealth and the Inflated Self: Class, Entitlement, and Narcissism",

Personality and Social Psychology Bulletin, Vol. 40, No. 1 (2014).

49. 피프의 TED 강연 "Does Money Make You Mean?"을 보라. 본래 2013년 12월 20일에 방송됐고, https://tedsummaries.com/2014/09/05/paul-piff-does-money-make-you-mean/에서 볼 수 있다.

50. Elizabeth Anderson, "What Is the Point of Equality?" *Ethics*, Vol. 9, No. 2 (1999).

51. Paul Mason, "Thomas Piketty's Capital", *Guardian*, 28 April 2014. https://www.theguardian.com/books/2014/apr/28/thomas-piketty-capital-surprise-bestseller에서 볼 수 있다.

감 사 의 말

'역사의 회귀the Return of History'라는 아이디어는 CBC 라디오 「아이디어Ideas」의 프로듀서인 나의 오랜 친구 그레그 켈리와 대화하면서 발전된 것이다. 그는 또한 버클리대학의 행동심리학자들의 연구를 포함해 경제적 불평등의 여러 가지 해로운 영향에 대해서도 지적해주었다. 그레그는 유례를 찾기 힘든 사람이고, 나는 그레그와 같은 사람들이 더 많았으면 한다. 그의 창의성, 기발한 유머, 그리고 친절은 그를 알고 그와 함께 일하는 모든 사람을 풍요롭게 만들었다. 무엇보다도 나는 그레그가 나에게 매시 강연을 할 수 있는 특전을 준 데 대해 감사한다.

CBC의 필립 쿨터는 내가 강연을 하고 책을 만들어 나가면서 대단한 영감의 원천이 됐다. 필립은 정말로 여러 언어에 능통했고, 과거에서 현재적 의미를 찾아내는 그의 열정은 큰 영향을 미쳤다. 어낸시출판사의 제이니 윤 또한 이 책의 핵심 주장을 끌어내기 위한 많은 가능성을 찾을 수 있게 도와주었다. 그리고 제니는 편집자로서 내가 함께 일한 그 누구와도 비교할 수 없을 정도로 가장 성실했다. 세심하고 적절한 요구를 했으며, 그러면서도 언제나 도움을 주었다. 우리가 이 일을 마치지 못하는 것이 아닌가 걱정하는 듯 보이기도 했지만, 제니는 그런 일이 일어나도록 버려두지 않았다. 출판계가 변화하고 있는 시기에 제니는 드물지만 귀한 자산이다.

이탈리아 피렌체의 유럽대학원EUI의 박사 연구원 주앙 라바레다와 룻거 버니는 연구 조수 이상의 역할을 해주었다. 그들은 지난 1년 동안 나의 지적 동반자였다. 두 사람은 모두 『왜 나쁜 역사는 반복되는가(원제 the Return of History)』에서 무엇을 전달할 필요가 있는지를 알았고(때로는 나보다 더 잘 알았다), 증거와 더 넓은 맥락에서 메시지를 개선하도록 나를 도와주었다. 그들은 또한 내가 빠뜨린 이곳저곳의 줄거리들을 집어내(때로는 밤늦게 이메일을 통해) 내가 더 넓은 태피스트리를 짤 수 있도록 해주었다. 나는 내가 그들의 노력과 아이디어를 제대로 처리했기를 바랄 뿐이다. 그들에게 이 말을 전한다. 그라치에 밀레grazie mille(정말 감사합니다)!

엄청나게 유능하고 명랑한 유럽대학원의 조수 마르티나 셀미는 내가 학교 일과 UN에서의 역할과 이 책을 쓰는 일을 관리해줌으로써 내가 몹시도 바쁜 한 해를 버텨낼 수 있도록 도와주었다. 마르티나는 나의 '집필 시간'을 꼼꼼하게 지켜주었고, 일일이 말하기 어려운 수많은 방식으로 나를 지원해주었다.

나는 내 가족에게 가장 큰 감사를 표해야겠다. 내 아이들인 엘리와 맥스는 올해 너무도 자주 나를 놓아줘야 했다. 그들은 또한 집의 작업실 문이 계속 닫혀 있는 것을 봐야 했고, 내가 아이맥 컴퓨터를 독점하는 것을 참아야 했다. 나는 이제 그들에게 엄마의 최종 산물을 보여줄 것을 고대하고 있다. 그러나 나는 남편 프랭크에게 가장 많은 빚을 졌다. 저녁에 불쑥 홍차 한 잔(또는 와인 한 잔!)을 들고 내 책상 앞에 나타난 것이 부지기수였다. 프랭크는 우리가 여생을 함께 보낼 수 있도록 지켜주었다. "당신이 없었으면 이 일을 할 수 없었을 것"이라는 말은 진부하지만, 그보다 더 적절한 말은 없을 것이다. 그는 불가능한 것을 가능해 보이도록 만든다. 무엇보다도 그는 나를 늘 웃게 한다.

2016년 7월
이탈리아 피렌체에서
제니퍼 웰시

옮긴이의 말

번역을 끝내고 후기를 쓰는 지금, 우리나라는 역사적인 변혁의 기로에 서 있는 듯하다. 탄핵에 의해 대통령이 물러나고, 새 대통령을 뽑기 위한 선거 열기가 뜨겁다. 이 책이 나올 때쯤이면 새로운 정부가 들어서 있을 것이다. 민주주의 외피를 쓴 우리의 현대 정치사에서 국정 최고 책임자가 비정상적으로 퇴진한 사례가 몇 번 있긴 하지만, 이번 사태는 탄핵에 의한 대통령 퇴진의 첫 사례라는 점에서 또 하나의 이정표가 될 것이다. 이와 더불어 대의민주주의가 제대로 작동하지 않는 상황을 수백만 주권자의 힘으로 뚫어냈다는 측면에서도 의미가 크다. 더욱 대단한 것은, 이런 일을 피 한 방울 흘리지 않고 결실을 이루었다는 점이다. 한국판 명예혁명인 셈이다.

이 책은 이런 시점의 우리에게 매우 시의적절한 성찰의 자료를 제공하고 있다. 이번 사태를 계기로 지난 30년 동안 유지돼온 정치체제의 변혁이 시급한 과제로 떠올랐는데, 이 책은 바로 현대 사회에서 정치가 무엇을 지향해야 하는지를 이야기하고 있기 때문이다.

한국에서 87년 체제가 시작된 직후 세계도 새로운 시대를 맞았다. 베를린장벽 붕괴로 상징되는 냉전 체제의 종말이다. 양극의 한 축이었던 옛 소련이 붕괴하면서, 체제 경쟁에서 자유민주주의의 승리가 선포됐다. 그러나 그로부터 30년이 지난 지금 냉전은 약간 다른 형태로 부활하고 있다고 저자는 주장한다.

냉전뿐만이 아니다. 중동에서 벌어지고 있는 내전들은 중세의 야만성을 부활시키고 있다. 시리아와 이라크 일부를 차지하고 있는 IS의 행태가 대표적이다. 또한 그런 전쟁 등의 여파로 제2차 세계대전 때와 같은 대규모 난민 문제도 다시 생겨났다. 서방 세계의 복지국가 정책으로 완화되고 있던 불평등도 다시 심화돼 사회 문제로 떠오르고 있다. 여러 가지 측면에서 역사의 물결이 되돌려져 과거로 회귀하고 있는 현상이 발견된다. 냉전 종식 이후 프랜시스 후쿠야마가 자유민주주의의 승리를 주장하며 단언했던 '역사의 종말' 명제가 깨지고 있는 것이다.

그러나 저자가 자유민주주의의 승리에 의문을 표한다고 해서, 자유민주주의 모델의 가능성까지 부정하는 것은 아니다. 저자는 별다른 대안이 없는 상황에서 자유민주주의 체제의 원론을 상기시키며 그 생존 가능성을 짚어본다. 특히 전 세계적으로 심각해져가고 있는 경제적 불평등의 문제를 정치 과정의 왜곡이라는 측면에서 접근한다. 조지프 스티글리츠나 토마 피케티 등의 분석이 원용된다. 요컨대 노동을 통한 소득보다 상속 등 누적된 재산이 결정적인 역할을 하기 때문에 불평등이 심화된다는 것이다.

이런 역사의 회귀 현상은 자유민주주의의 이상에서 다시 멀어짐을 의미한다. 회귀 이전의 역사의 발걸음이 자유민주주의의 이상을 향한 진보의 과정이라는 관점에서다. 예컨대 불평등의 완화가 자유민주주의의 이상을 향해 나아가는 과정이었다면 불평등의 심화는 당연히 자유민주주의의 이상에서 멀어지는 일이다. 그런 의미에서 저자는 역사의 회귀에 우려를 표명한다.

우리의 상황을 보자. 세계는 냉전이 종식됐다가 이제 부활하고 있다는데, 우리에게는 종식 자체가 없었다. 분단의 특수성 때문이라지만 87년 이후에도 정치는 이른바 보수 세력과 진보 세력 사이의 냉전의 무대였다. 이번의 탄핵 사태를 초래한 바탕에는 이렇게 계속되고 있던 냉전이 왜곡시킨 정치 구조가 있었다. 냉전의 논리가 투명하지 못한 정치 구조를 온존시킨 것이다. 그런 정치 구조는 우리나라에서도 이 책의 또 하나의 주제인 불평등의 심화를 낳는 배경이 됐고, 더 나아가 경제 체질을 허약하게 만들고 성장을 저해하는 원인이 됐다.

역사의 회귀는 세계의 자유민주주의자들에게 자유민주주의의 이상에 대한 성찰을 요구하고 있고, 그것은 마침 성찰이 필요해진 시점의 우리 문제와도 맞닿아 있다. 특히 '자유민주주의'라는 말을 입에 달고 사는 우리의 이른바 보수 세력에게는 자유민주주의의 이상에 대해 진지하게 생각해볼 수 있는 기회가 될 것이다.

이 책은 어쩌면 원론적인 이야기일지 모른다. 그러나 우리는 오랜 시간 이런 원론을 잊고 살았다. 우리 정치판에서 이루어지고 있던 논의는 심하게 말해서 썩은 이념 대결과 포퓰리즘뿐이었다. 선진국이라고 하는 나라들도 오십보백보였던 듯하니, 그걸 위안 삼아야 할까. 미국에서 트럼프가 대통령에 당선되거나 영국이 국민투표를 통해 유럽연합 탈퇴를 결정하는 등의 왜곡된 민심이 표출된 이유다. 새로운 전기를 맞고 있는 우리 정치 상황에서, 이 책에서와 같은 정치의 근본에 대한 성찰이 꼭 필요할 듯하다.

3년 만에 모습을 드러낸 세월호의 처참한 모습은 우리의 과거를 상징하는지도 모른다. 그런 모습을 되풀이하지 않으려면 적어도 이 책에서 제기하고 있는 우려 정도는 공유하는 바탕 위에서 정치가 이루어져야 하지 않을까 생각해본다.

2017년 4월

옮긴이 이재황

㉠

㉤

왜 나쁜 역사는 반복되는가
21세기의 야만, 난민, 냉전, 불평등

지은이 제니퍼 웰시
옮긴이 이재황
펴낸이 윤양미
펴낸곳 도서출판 산처럼

등 록 2002년 1월 10일 제1-2979호
주 소 서울시 종로구 사직로8길 34 경희궁의 아침 3단지 오피스텔 412호
전 화 02-725-7414
팩 스 02-725-7404
E-mail sanbooks@hanmail.net
홈페이지 www.sanbooks.com

제1판 제1쇄 2017년 5월 20일

값 15,000원

＊잘못된 책은 서점에서 바꾸어드립니다.
ISBN 978-89-90062-74-1- 03900